RETRODESIGN

stylelab

ACHIM BÖHMER & SARA HAUSMANN

VERLAG HERMANN SCHMIDT MAINZ

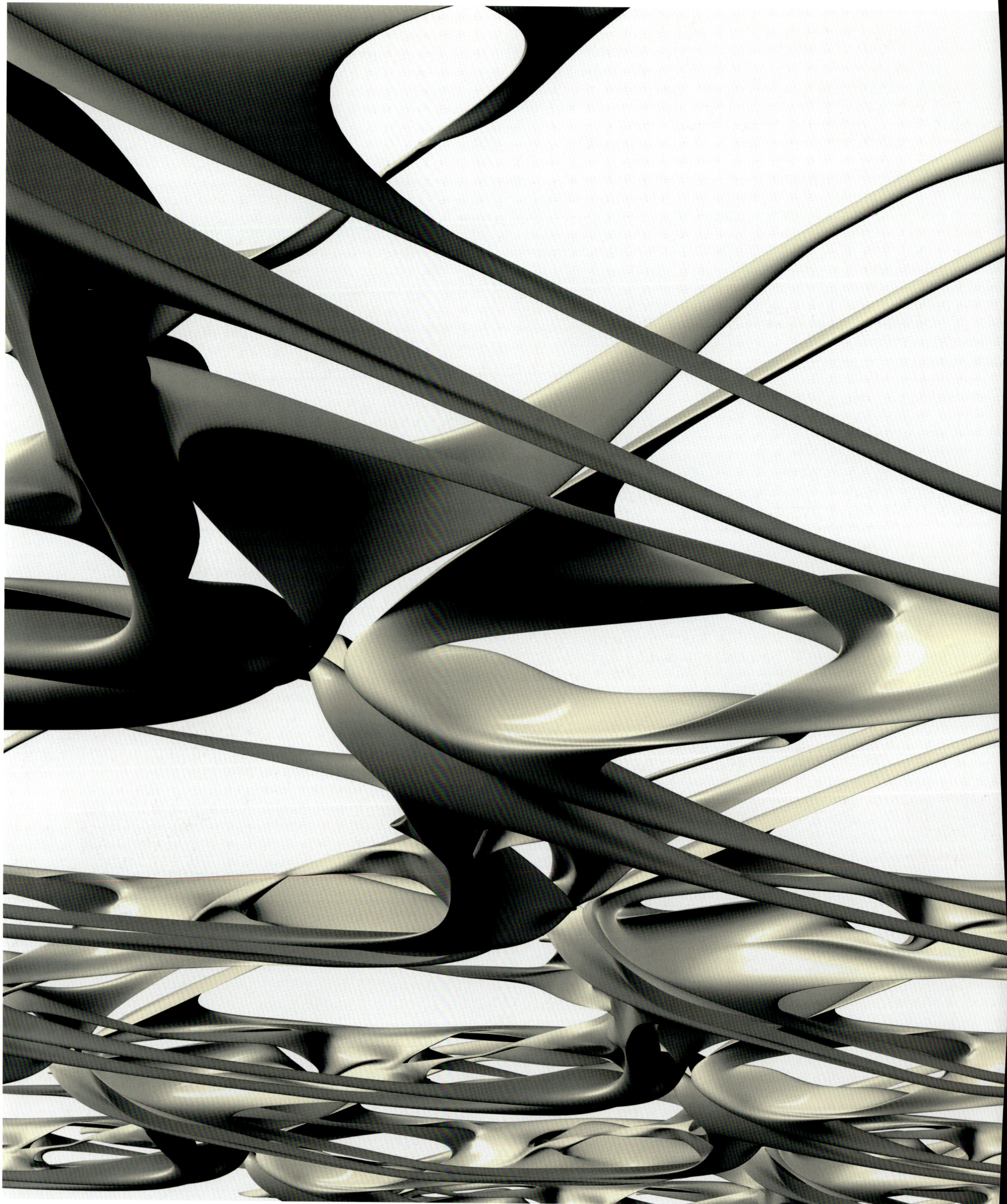

Retrodesign ist Zukunft

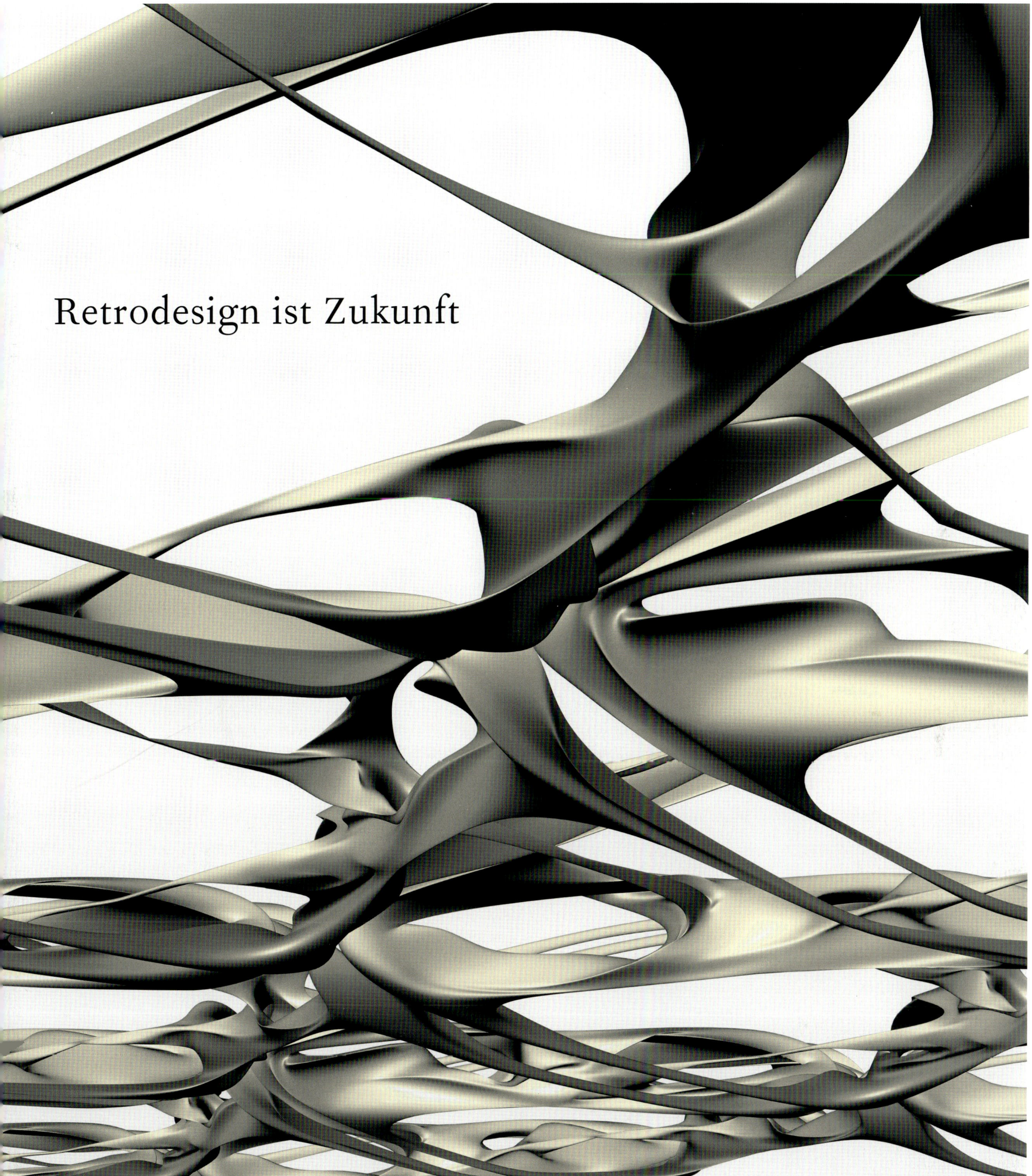

Retrodesign ist Systematik

Retrodesign ist Styling

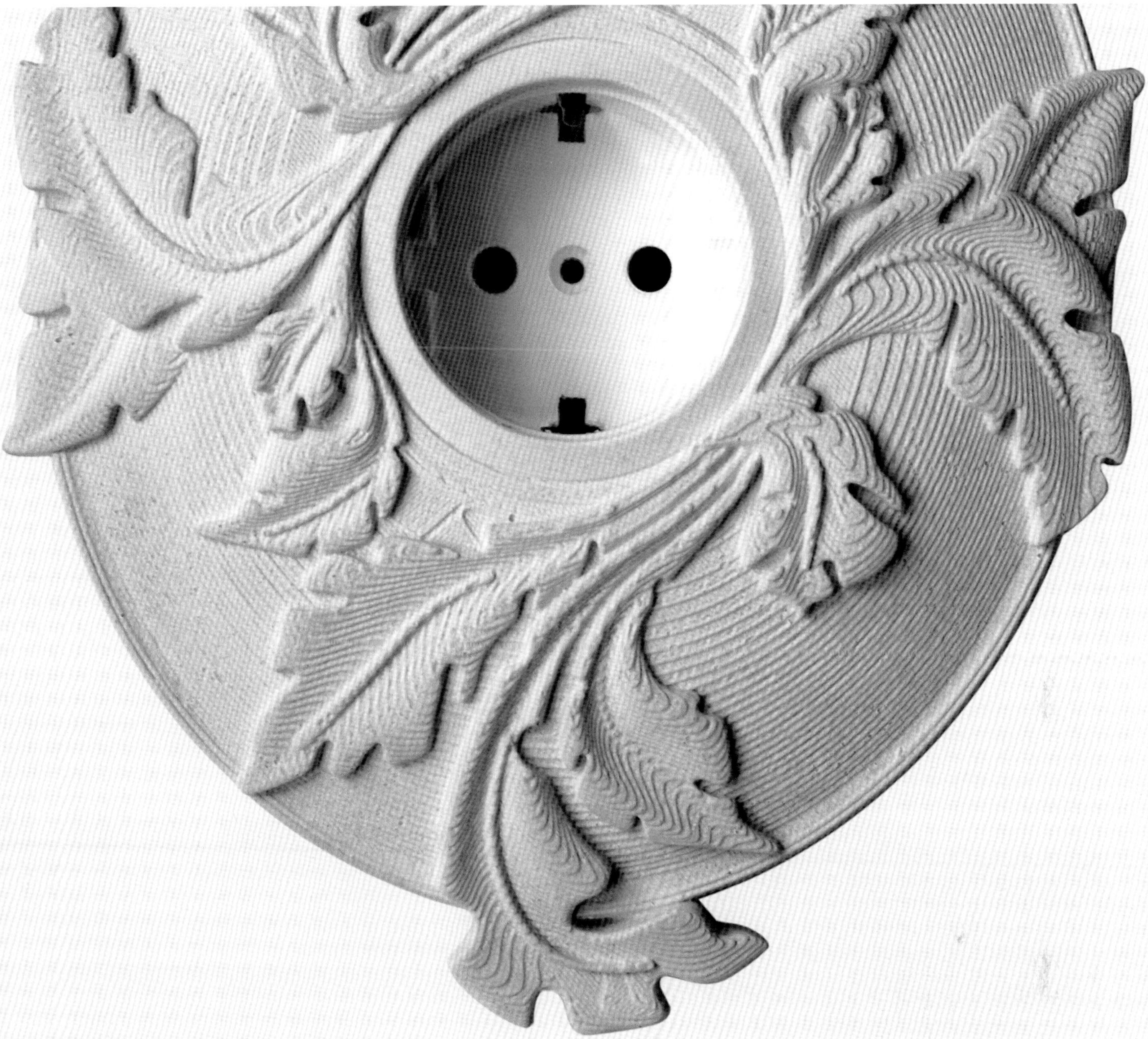

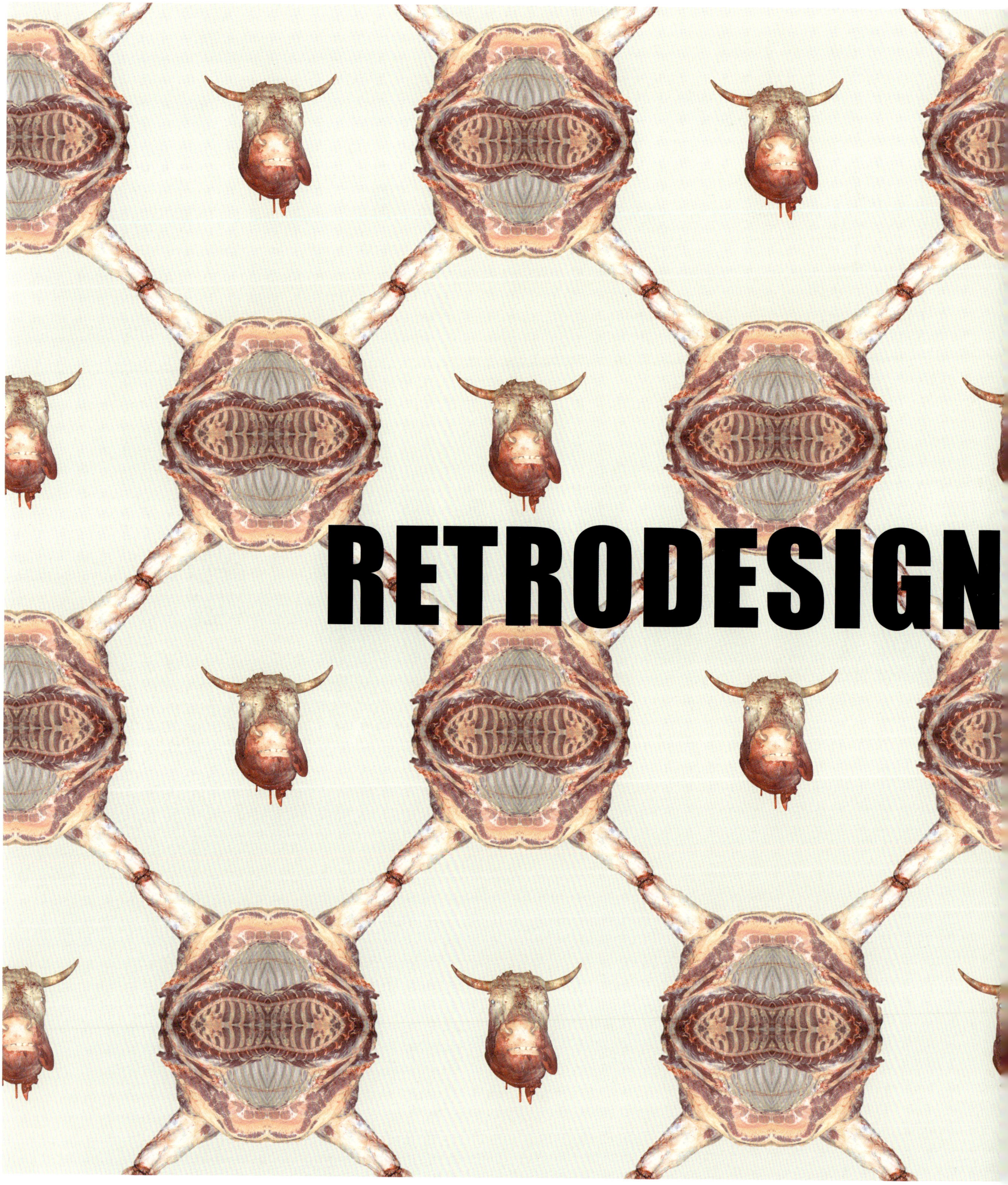
RETRODESIGN

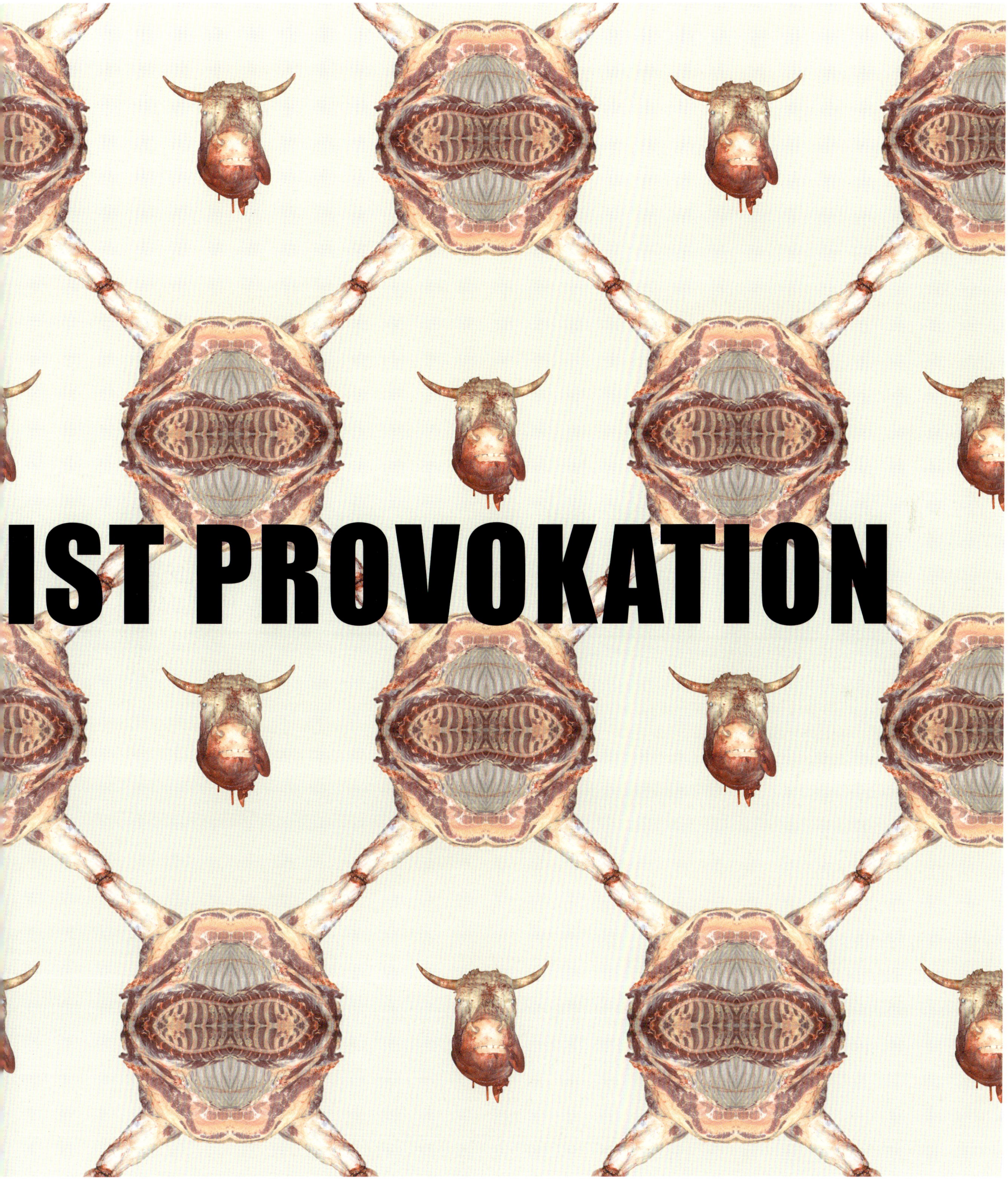

IST PROVOKATION

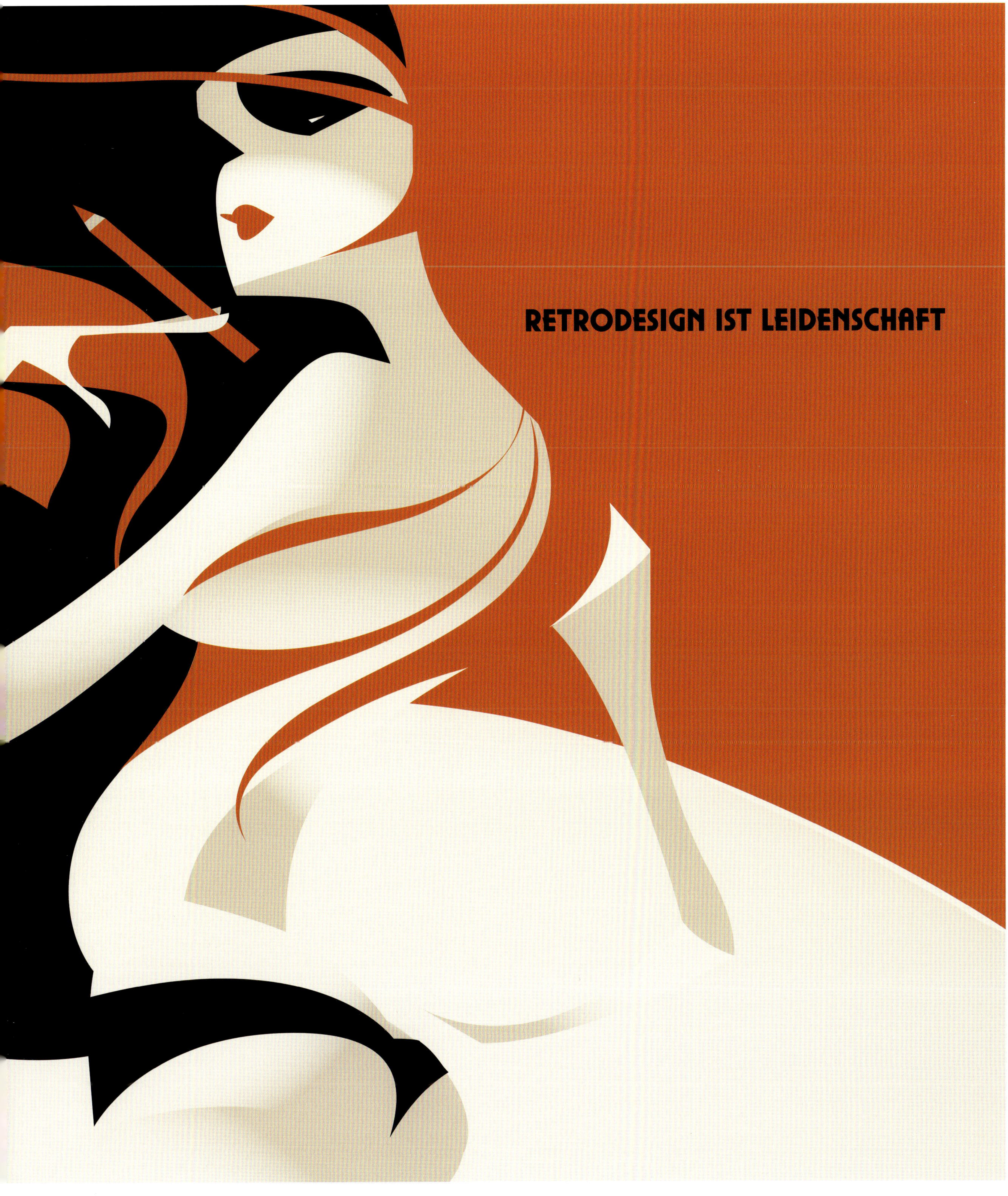

RETRODESIGN IST LEIDENSCHAFT

S. 002–003
Luc Merx,
Torsten Bodschwinna
(Supported by fonds
BKVB, Amsterdam):
»Rokokorelevanz«,
Ornamentale Studie,
2005

S. 004–005
Eduard Cehovin:
»Europe 2020«
Wandbemalung, 2005

S. 006–007
LivaLike,
Phoebe Helmbold:
Steckdosenüberrahmen
»Rosetta«, 2007

S. 008–009
Raphaël Garnier:
Tapete »Beauté
Bovine«, 2005

S. 010–011
Mads Berg:
»Diva Poster« für das
Jubiläum von »The
Illustration Agency«
(Ausschnitt), 2005

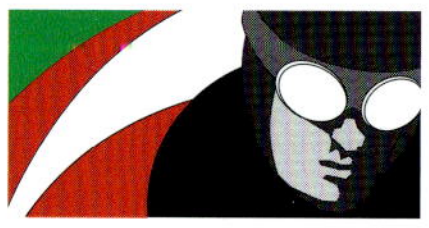

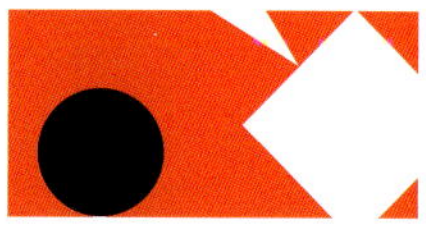

If I have seen further, it is only
by standing on the shoulders of giants.

Sir Isaac Newton, 1676

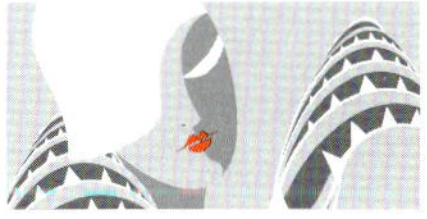     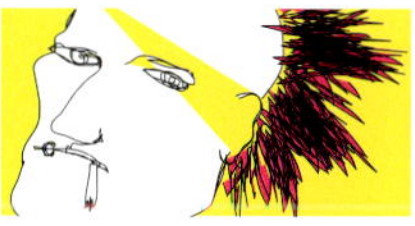 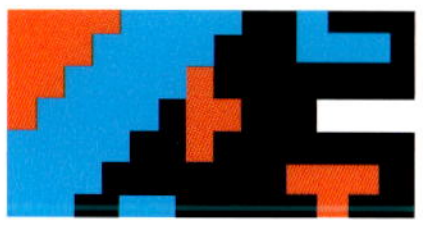

Rückblicke sind nötig, um vorausschauen zu können!

Da sind sie wieder, die Prilblumen, Leggins, die Helvetica, Flowerpowermuster, aber auch Ornamente der Arts-and-Crafts-Bewegung – alles schon mal da gewesen und doch alles neu. Retrodesign ist »in« und verlangt sehr viel mehr als Kramen in der Mottenkiste vergangener Zeiten. Retrodesign ist Adaption, Abstraktion, Assoziation, Interpretation und Kreation, es ist ein Spiel, das nur virtuos gespielt überzeugt.

Retrodesign ist ein Phänomen, das nur beurteilen kann, wer das Stilbildende der Epochen destillieren und transferieren kann. Achim Böhmer und Sara Hausmann nehmen Sie mit auf eine analytische Reise durch die Stilepochen, sie schärfen Ihren Blick durch raffinierte und überraschende Gegenüberstellungen. Vor allem aber geben Sie Ihnen ein powervolles »stylelab« an die Hand, ein Destillat der Stile, Farben, Muster, Zeichen, charakteristischen Schriften, Layouts, Objekte und Bauten – als solide Grundlage für Ihr Retrodesign!

Ihre Karin & Bertram Schmidt-Friderichs

POP
70ER

SPACE AGE
60ER

ORGANISCHES DESIGN
50ER

DADA
ENDE 10ER

PLAKATSTIL
10ER

ART NOUVEAU
UM 1900

KLASSIZISMUS
ENDE 18. JH.

BAROCK/ROKOKO
18.–17. JH.

RENAISSANCE
16.–15. JH.

Retrodesign ist Emotion.
Retrodesign ist Tradition.
Retrodesign ist Experiment.

Das Buch »Retrodesign« lädt das Thema neu auf und setzt ein deutliches Statement gegenüber einer veralteten, viel zu engen Sichtweise des Begriffes. Retrodesign kann mit seiner enormen Symbolkraft hohe Aufmerksamkeit erzielen und befriedigt in unserer hochtechnisierten Welt die Sehnsucht nach starken Emotionen. Nicht die bekannten Klischees oder stereotype Kopien historischer Entwürfe machen Retrodesign aus. Vielmehr zeigen virtuose Designentwicklungen namhafter und aufstrebender Designer, die durch raffinierte Stil-Zitate aktuelle Entwürfe in den Bereichen Grafik, Produktdesign und Architektur kreieren, welche Bedeutung Retrodesign hat.

Was ist Retrodesign? Dieses Nachschlagewerk gibt hierauf aus dem Blickwinkel des Gestalters eine facettenreiche Antwort.

Durch Gegenüberstellungen faszinierender Designentwürfe der Retro-Avantgarde mit den Klassikern der Designpioniere und einen reichhaltigen Überblick über die Charakteristika der unterschiedlichen Design-Stile eröffnen sich neue Wege für innovative Designentwicklungen.
Darüber hinaus werden die entscheidenden Impulse für das Entstehen der bedeutendsten Designströmungen beleuchtet. So bietet das »Retrodesign stylelab« die Möglichkeit, Retrodesign als anspruchsvolle Sprache intelligenten Designs gezielt einzusetzen.

Werfen Sie mit uns einen spannenden Blick zurück in die Zukunft.

Achim Böhmer & Sara Hausmann
achta design

The heritage is our future.

Ex-Adidas-Manager René C. Jäggi zu Beginn der 90er Jahre

RETRO DESIGN

Gegenüberstellung

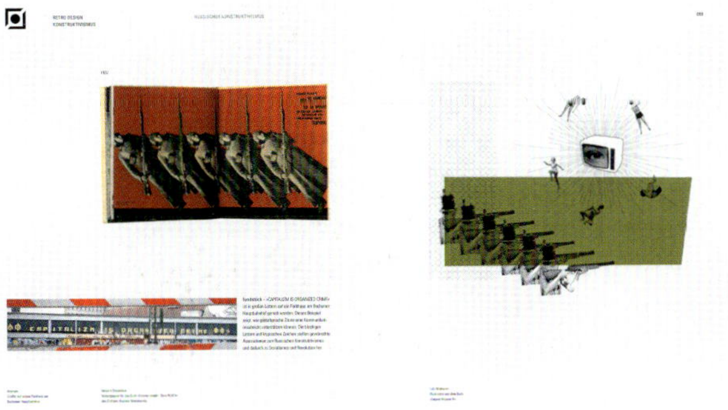

stylelab-modul 1

> Innovative Retrodesignentwicklungen
> Klassiker und Retrodesign in der Gegenüberstellung
> Fundstücke zeigen Retrodesign im Alltag
> 18 Stile von Dekonstruktivismus bis Renaissance

RETRO STYLE

Charakteristik

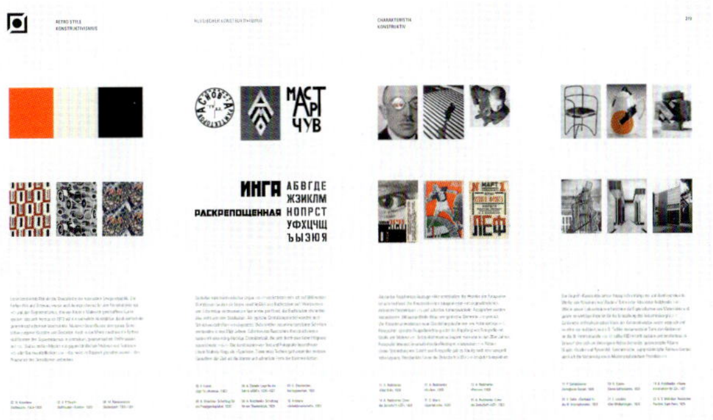

stylelab-modul 2

> Überblick über die Charakteristika unterschiedlicher Stile
> Jeder Stil ist in folgende Bausteine unterteilt

FARBE	ZEICHEN	BILDSTIL	OBJEKT
MUSTER	SCHRIFT	LAYOUT	ARCHITEKTUR

> 18 Stile formal geordnet
dekonstruktiv > konstruktiv > konstruktiv-organisch > organisch

RETRO REVIEW

Zeitimpuls

stylelab-modul 3

> Impulse für die Entstehung der Stile
> Bedeutende Protagonisten und ihre Ideen
> Stiltypische Schriften
> 18 Stile von Renaissance bis Dekonstruktivismus

NAVIGATION

Iconsystem

Icon als Schlüssel
> Jedes Icon steht für einen Stil
> Zuordnung der 18 Stile siehe Inhaltsverzeichnis

RETRO PREVIEW

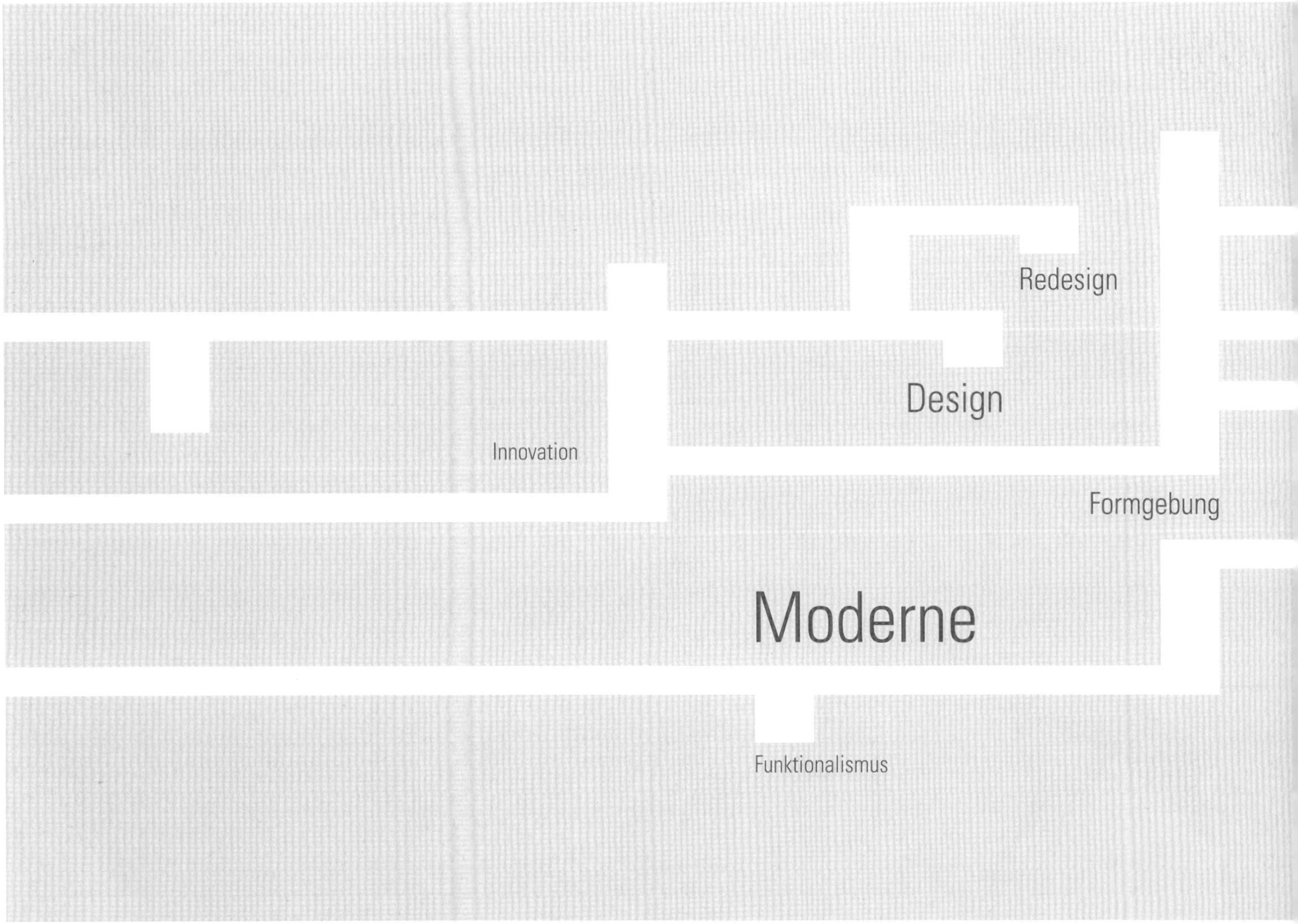

DEFINITION
INSPIRATION
KONTRAPUNKT

Pluralismus

Eklektizismus

Reedition

Revival

Retrodesign

Styling

Retromarken

Postmoderne

Inspiration

Nostalgia

Radical Design

retrodesign – Der Begriff Retrodesign bezeichnet die Praxis von Designern, sich bei neuen Designentwicklungen an historischen Stilen zu orientieren, Stilzitate zu gebrauchen, bekannte Gestaltungsmerkmale mit aktuellen zu kombinieren oder sie in einem neuen Material bzw. neuester Technik umzusetzen. Dabei handelt es sich jedoch nicht um Kopien, sondern um die Neuinterpretation bzw. die Wiederbelebung historischer Entwürfe.
Retrodesign gibt es in allen Designdisziplinen. Besonders populär wurden Beispiele aus dem Bereich Automobildesign.

Der »Fiat 500« ist neben dem »VW New Beetle« und dem »Mini« von BMW ein typisches Beispiel für Retrodesign im Automobildesign

redesign – Ein Redesign ist eine Überarbeitung bzw. Weiterentwicklung eines bereits bestehenden Designs.
Besonders häufig findet man Redesigns in der Logogestaltung, wo schrittweise, kaum erkennbare Aktualisierungen die Kontinuität in der Unternehmensentwicklung betonen und den Markenwert erhalten.

reedition – Bei Reeditionen handelt es sich um die möglichst originalgetreue Wiederauflage von Produkten.
Firmen wie Cassina, ClassiCon oder Tecta produzieren z.B. Reeditionen bzw. Reproduktionen von Designklassikern der Moderne, vor allem von Designerstühlen.

Die »Audiorama«-Lautsprecherboxen von Grundig sind eher ein Redesign als eine Reedition ihrer Vorläufer aus den 70er Jahren, da sie sowohl technisch als auch formal modernisiert wurden

Diese Fernsehgeräte von Brionvega visualisieren deutlich den Unterschied zwischen Reedition und Retrodesign. Links eine Reedition von 2007 des Fernsehers »Algol« entworfen 1964 von Marco Zanuso und Richard Sapper, oben ein neuer Entwurf von V12 Design, inspiriert von Brionvega-Klassikern

Grundig:
»Audiorama 9000«
Lautsprecherboxen, 2008

Fiat:
»Fiat 500«, 2007

Valerio Cometti, V12 Design; basierend auf dem Design von Marco Zanuso und Richard Sapper von 1964:
Reedition des Fernsehers »Algol« für Brionvega, 2007

Valerio Cometti, V12 Design:
»Brionvega Alpha Design TV LCD«, 2007

In diesem Poster, das charakteristisch ist für das Art-nouveau-Revival, verschmelzen psychedelische Designelemente der 60er Jahre mit der Stilistik des Art nouveau

Bonnie MacLean: Konzertposter für The Yardbirds, The Doors und andere, 1967 © Wolfgang's Vault (www.wolfgangsvault.com)

revival – Die Wiederbelebung bzw. Erneuerung eines Stils oder einer Mode wird als Revival bezeichnet. Kennzeichnend ist, dass es zu einer regelrechten Retrowelle kommt, also sehr viele Designer die gleichen Stilelemente wiederentdecken. Oft entwickelt sich dadurch eine ganz eigene Designsprache, wie bei den »Psychedelia« der 60er Jahre, die aus einem Art-nouveau-Revival entstanden. Siehe Grafik »Revival«, S. 293–295.

retromarken – Viele Firmen versuchen von Retrowellen zu profitieren, indem sie Produkte, die längere Zeit aus dem Handel verschwunden waren, wieder neu auf den Markt bringen (s. Reeditionen). Ihre Beliebtheit beruht insbesondere auf nostalgischen Kindheitserinnerungen der Konsumenten. Daher sind Retromarken in erster Linie national erfolgreich. Beispiele in Deutschland sind die Marken »Creme 21«, »Afri-Cola« und »Bluna« sowie die Eissorten »Brauner Bär« und »Nogger Choc«. International ist vor allem Adidas erfolgreich mit seinen Retro-Sneakers.

nostalgia – Die Sehnsucht nach der guten alten Zeit. In den 60er Jahren war Nostalgia ein Begriff für das neu aufkommende Retrodesign. Besonders oft wird der Begriff für Neuinterpretationen des historistischen Designs des 19. Jahrhunderts verwendet.

eklektizismus – Eklektizistisch sind Entwürfe, in denen Elemente verschiedener Stile miteinander vermischt werden. Dieser Begriff wird oft abwertend verwendet, besonders im Bezug auf die Gestaltungen des Historismus. Dabei können durch das Mixen verschiedener Stile auch ganz neue, innovative Designentwürfe entstehen.

styling – Der Begriff Styling bezeichnet den Teil des Designprozesses, der sich mit dem äußeren Erscheinungsbild eines Produktes auseinandersetzt. Das Styling kann funktionale Aspekte des Produktes verhüllen oder betonen und die Benutzung vereinfachen oder erschweren. Styling soll Produkte attraktiver machen und dient so als Kaufanreiz.

anonym: »Creme 21«-Tiegel, 2003

Dieses Plakat gewinnt an Spannung durch einen eklektizistischen Mix aus Konstruktivismus und den Wood-Type-Postern aus der Zeit des Historismus

Paula Scher: »Best of Jazz Poster« für CBS Records, 1979

inspiration – Retrodesign taucht nicht nur in Form von Trends auf, sondern auch in ganz individuellen Designlösungen. So können zufällige Fundstücke Designer dazu inspirieren, historische und aktuelle Elemente in aktuellen Retro-Entwürfen zu verknüpfen.

Retro Inspiration
Retro Design
Retro Type

Schriftzüge auf Automodellen und Kühlschränken aus den 50er Jahren waren Grundlage für die Entwicklung der Schrift »Magneto«

Heutige Designer setzen sich oft mit den gleichen Themen auseinander wie Gestalter früherer Zeiten. Schon Japonismus- und Art-nouveau-Gestalter waren fasziniert von Insekten bzw. Faltern und entwickelten daraus Muster, wie Bélen Mena heute

Der Designer Martin Kvamme ließ sich von der Ornamentik einer Uhr seiner Großmutter zu einem neuen Snowboard-Design inspirieren

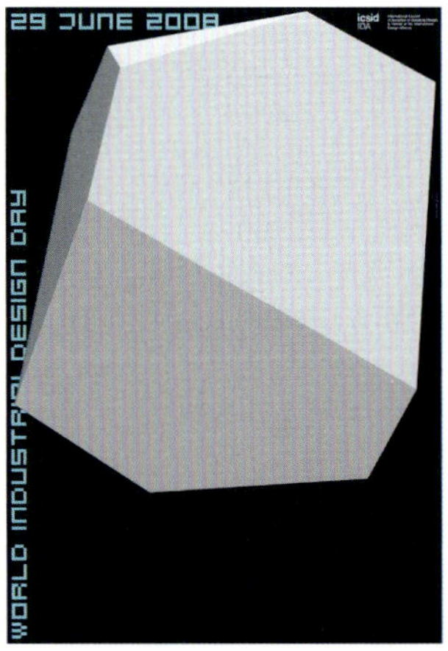

Kein Retrodesign, sondern ein Zitat. Designer zitieren gern historische Vorbilder, wie hier Uwe Loesch einen Polyeder aus Dürers Grafik »Melancholia I« von 1517, um auf ironische Weise Werke anderer Gestalter zu reflektieren

Christopher Dresser: Musterdesign, 1874–1876

Belén Mena: Postkartenmotiv entnommen aus dem Buch »Pachanga« (Verlag Hermann Schmidt Mainz), 2007

Leslie Cabarga: Schrift »Magneto«, 1995

Uwe Loesch: Plakat für den »World Industrial Design Day«, 2008

The Unit Delta Plus™, Martin Kvamme: Snowboard-Design für Burton, 2008

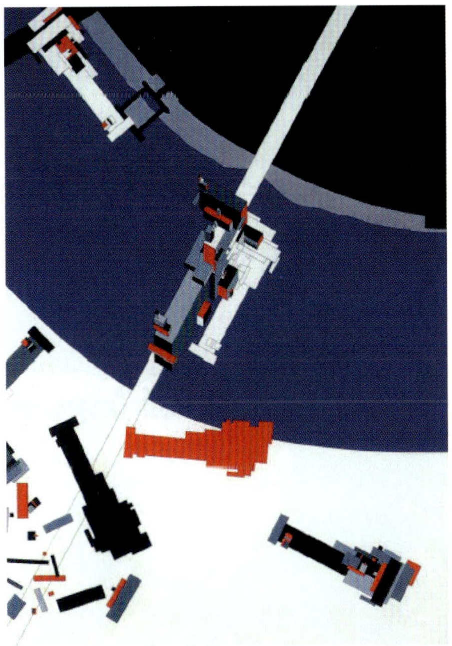

Zaha Hadids erste Architekturentwürfe erinnern an Gemälde des Suprematismus. Aus dieser Inspiration entwickelte sie ihre innovative Stilistik

innovation – Das Zeitalter der Moderne zeichnete sich durch einen unerschütterlichen Fortschrittsglauben und eine Jagd nach Innovationen aus. Die Postmoderne brach mit diesem Dogma. Tradition wurde wieder zu einem wichtigen Wert und der Einsatz von historischen Stilzitaten gebräuchlich. Doch dieser scheinbare Widerspruch lässt sich auflösen. Durch die Auseinandersetzung mit Werken aus der Design- und Kunstgeschichte können Inspirationen für neues, innovatives Design entstehen. Ein gutes Beispiel für diese Methode ist die Arbeit von Zaha Hadid, die als eine der innovativsten Architektinnen unserer Zeit gilt. Zu Beginn ihrer Karriere ließ sie sich stark von dem russischen Suprematisten Kazimir Malevich inspirieren, neben Wassily Kandinsky einer der ersten Maler vollkommen abstrakter Kunstwerke. Doch nach und nach schuf sie daraus eine ganz eigene Designsprache.

Das Forschungsprojekt »Rokokorelevanz«, initiiert von dem Architekten Luc Merx, entwickelt innovatives Design durch die Analyse von Rokoko-Formen

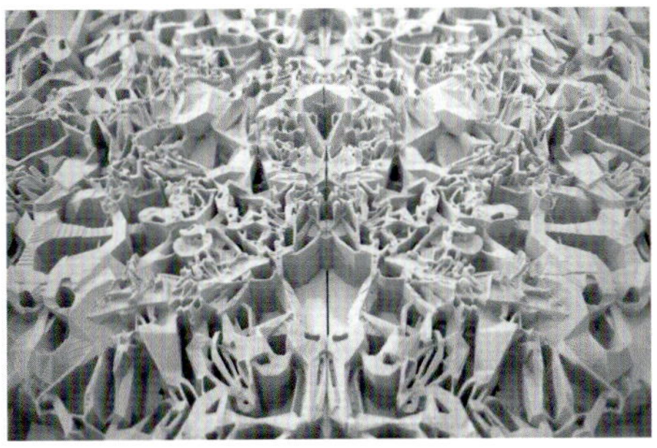

Auch andere Kunstformen, wie Kubismus, Art déco und Futurismus haben die Arbeit von Zaha Hadid sehr deutlich beeinflusst

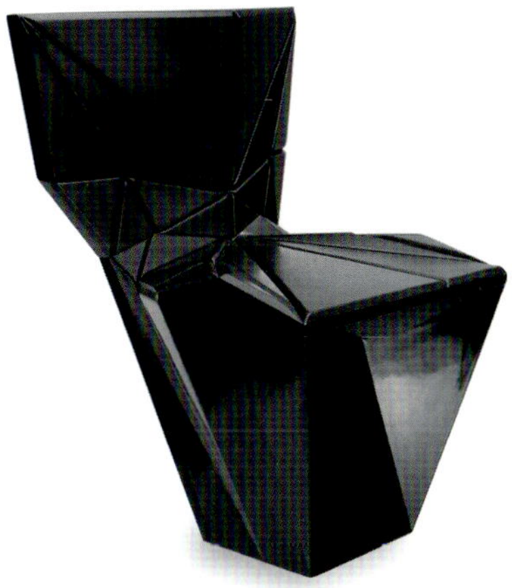

Zaha Hadid: »Malevich's Tectonic«, London, Großbritannien, Abschlussprojekt an der »Architectural Association«, 1976–1977

Luc Merx, Stefan Rinnebach, Gagat international, TU Kaiserslautern: Rokokorelevanz, Installation »Fob Kl«, 2005

Zaha Hadid: »The Peak«, Kowloon, Hongkong, Erster Preis im Wettbewerb, 1982–1983

Reuben Haley: Vase »Ruba Rombic«, 1928

Zaha Hadid: Stuhl »Crystal«, 2005

kontrapunkt – Das Thema Retrodesign wird kontrovers diskutiert. Exklusiv gaben uns international renommierte Designstars aus den Bereichen Typografie, Grafikdesign und Industriedesign ihr Statement zum Thema Retrodesign.

WIR MÜSSEN MIT VERTRAUTEN BILDERN ARBEITEN, SONST VERSTEHT UNS NIEMAND, ABER DAS ZITIEREN VON BEKANNTEN STILEN FÜHRT IN DIE LEERE.

Prof. Dr. h.c. Erik Spiekermann, Typograf, SpiekermannPartners/FontShop, Berlin

IN SEINEM ANSPRUCH AUF VERGEGENWÄRTIGUNG VON VERGANGENEM WIRD RETRO ZUR DENKMALSPFLEGE DES DESIGNS.

Prof. Uwe Loesch, Grafikdesigner, Erkrath

Design von Uwe Loesch: S. 022

I THINK RETRO DESIGN CAN BE VERY EFFECTIVE FOR SOME THINGS BUT LOSING SIGHT OF THE ORIGINAL CON-TEXT COULD LEAD TO TOTAL CHAOS.

Richard Kegler, Typograf, P22 Type Foundry
»inspired by art & history«, Buffalo

RETRO DESIGN SHOULD BE HAVING A RESURGENCE RIGHT NOW. IT'S A DIRECT RESPONSE TO MODERNISM, AND WE'RE COMING OUT OF A LONG NEO-MODER-NIST PERIOD.

Paula Scher, Retro-Design-Pionierin,
Pentagram Design, New York

OLD SCHOOL UP TO DATE

Monsieur Z, Illustrator, Paris

NOTHING IS LOST, NOTHING IS CREATED, ALL IS TRANS-FORMED.

Fabio Novembre, Produktdesigner, Mailand,
zitiert Antoine de Lavoisier (1743–1794)

Schriften von Richard Kegler: S. 097, S. 133, S. 146–147,
S. 256–257, S. 263–264, S. 266–267, S. 269–270

Design von Paula Scher: S. 021, S. 085, S. 103

Illustration von Monsieur Z: S. 151

Design von Fabio Novembre: S. 071

RETRO DESIGN

Dekonstruktivismus

schweizer schule

JAPONISMUS

POSTMODERNE

Art déco

Arts and Crafts

PUNK

KONSTRUKTIVISMUS

HISTORISMUS

GEGENÜBERSTELLUNG

Pop

space age

Organisches Design

DADA

Plakatstil

ART NOUVEAU

Klassizismus

Rokoko/Barock

Renaissance

legibility
David Carson

2006

1983

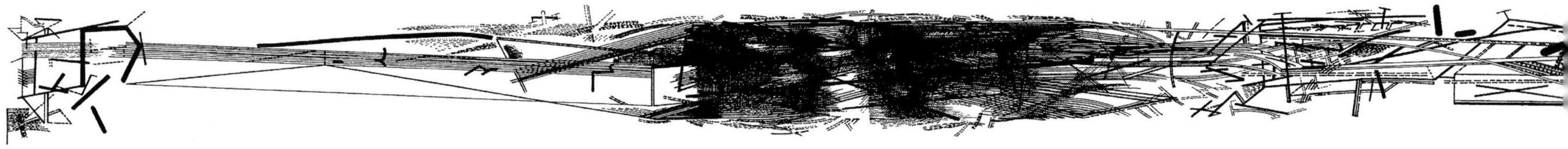

Daniel Libeskind:
»Chamber Works«, Architektonische Meditation zu Themen von Heraklit, eine von 28 Zeichnungen auf Papier

keren & golan graphic design:
»Adrenaline«,
experimenteller Schriftentwurf

2007

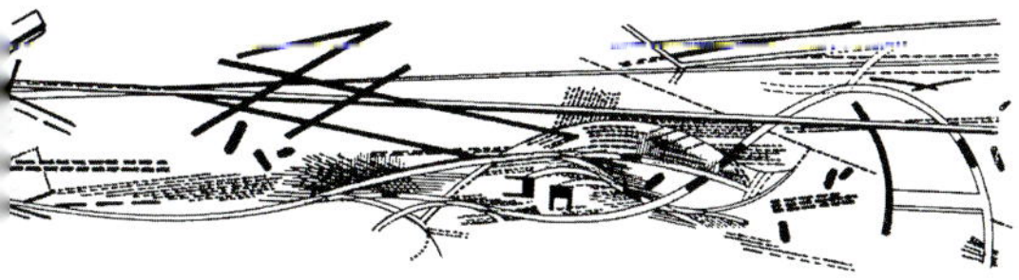

Non-Format, Kjell Ekhorn, Jon Forss (Art-Direktion & Design),
Typo-/Fotografisches Coverbild von Jake Walters/Non-Format:
»Stateless – Prism #1«, 12"-Single-Cover für !K7

1994

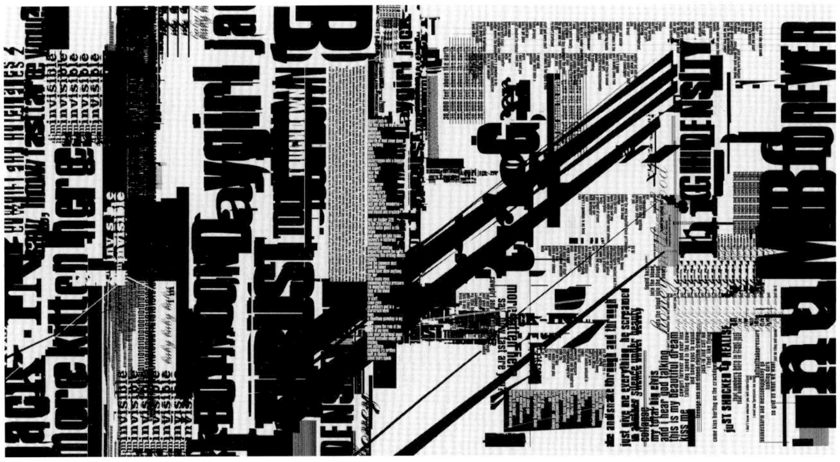

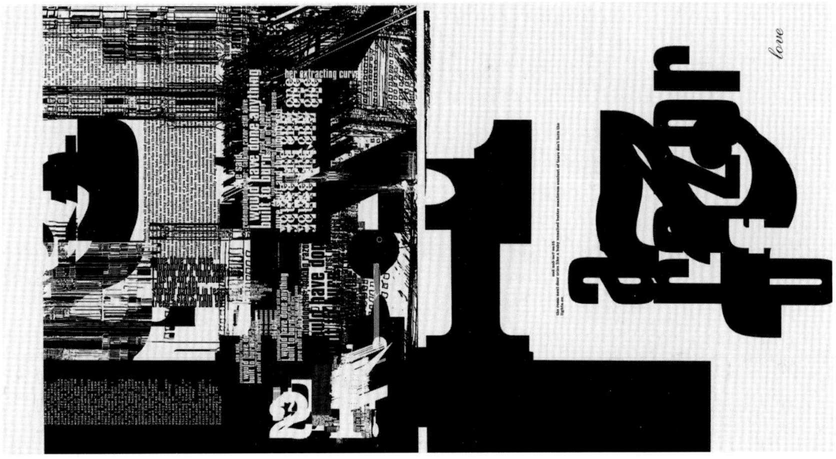

Tomato:
Cover und Booklet für das Album
»Dubnobasswithmyheadman«
von Underworld

2005

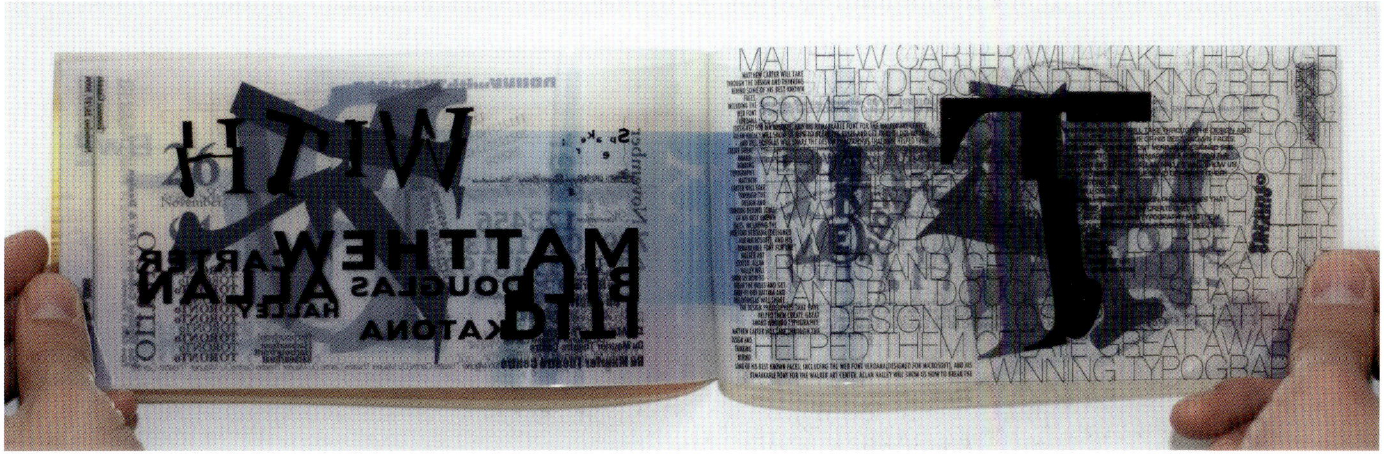

Jeehwan Yeo:
Buchprojekt »Drunk with Type«

Less is more, is a bo

Robert Venturi

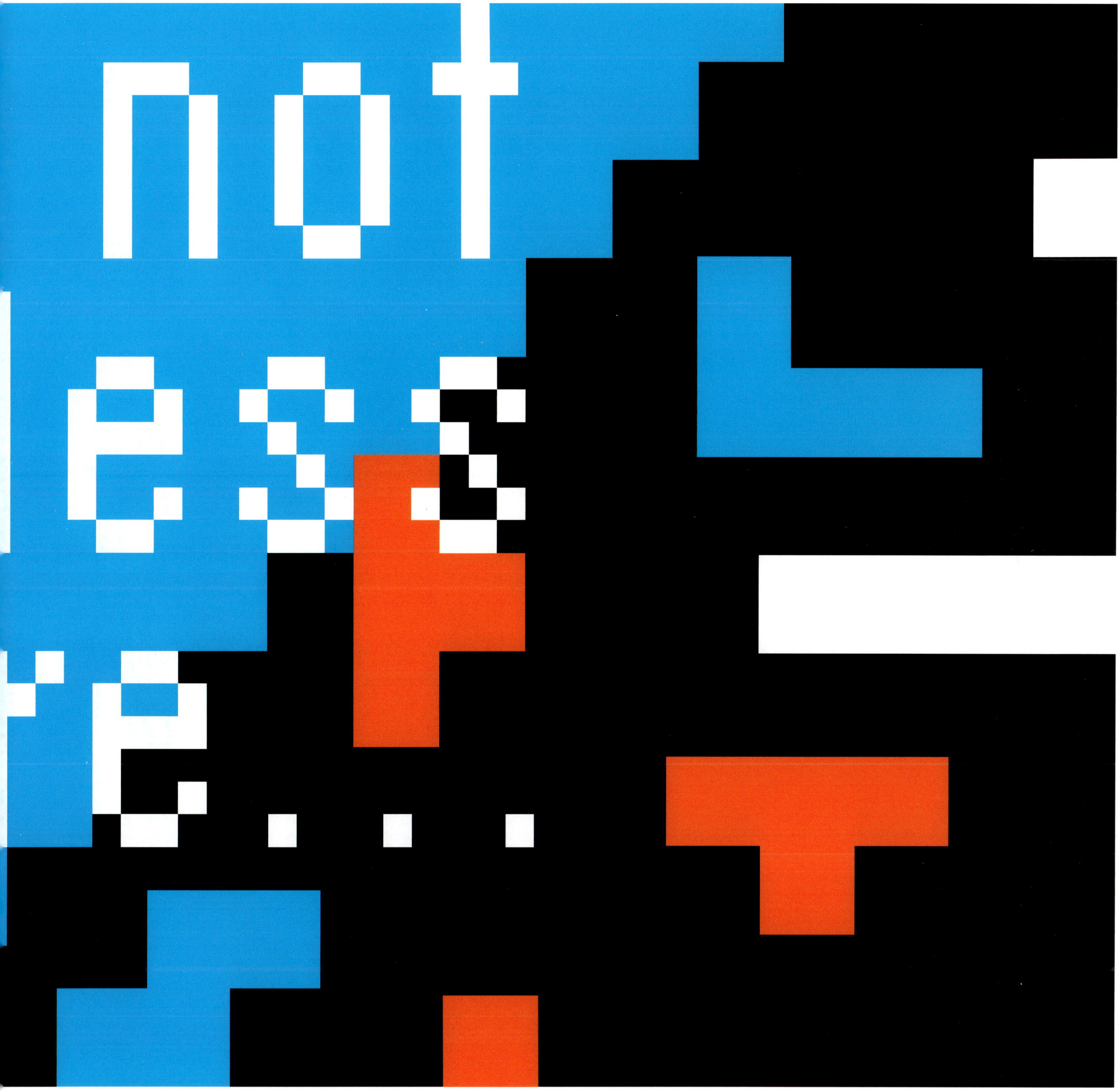
not

1983

1982

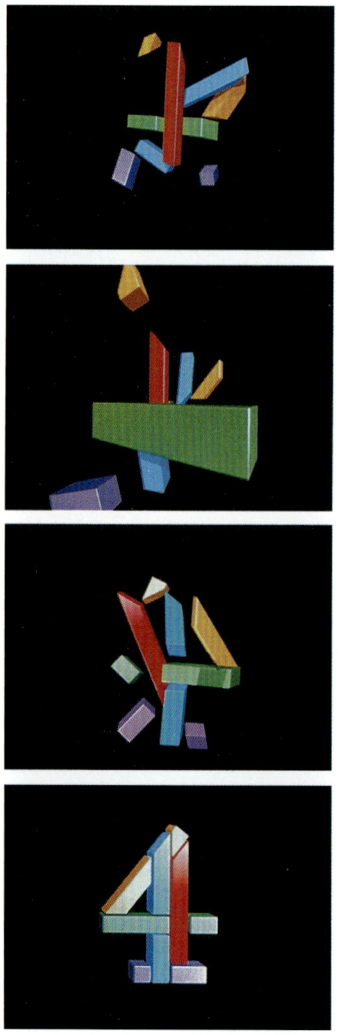

April Greiman
(Design & Fotografie):
Poster für Warner Records

Martin Lambie-Nairn, Robinson Lambie-Nairn
(Art-Direktion und Design),
Tony Pritchett and III (Computer Animation):
Logo für Channel 4

2006

fundstück – Zu Beginn des 21. Jahrhunderts erliegen die Menschen einem 80er-Jahre-Hype. Vor allem in der Mode. Röhrenjeans, Leggins und Neonfarben sind im Trend. Aber auch in der Musik kommen die Synthesizer der 80er Jahre und mit »New Rave« sogar der Techno der frühen 90er Jahre zurück. 2007 setzt die Agentur Circleculture Cc: daher folgerichtig beim Design des Fashion-Specials »Designerama« für den Musiksender MTV auf bunte Neonlichter vor schwarzem Hintergrund.

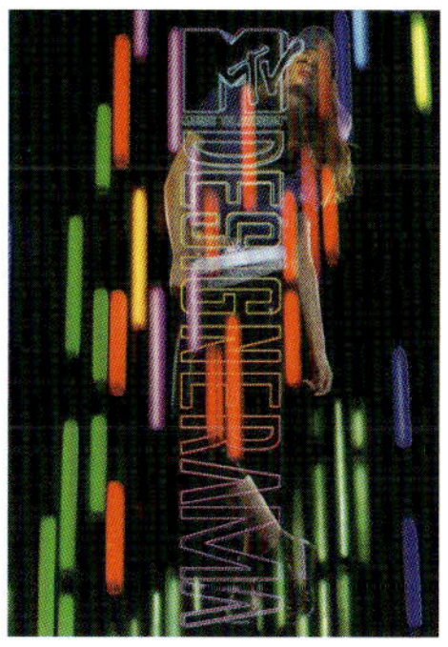

Hugh Frost, Samuel Bebbington:
Still aus dem Musikvideo für den Song »Latchmere«
von The Maccabees, eine Stop-Frame-Animation

Circleculture Cc: GmbH:
Postkarte »MTV Designerama«,
2007

1979

Jayme Odgers (Art-Direktion, Fotografie und Design),
April Greiman (Design und Typografie):
Poster/Folder für das »California Institute of the Arts«

2007

Steven Harrington:
Illustration »When John met Nonny«

1983

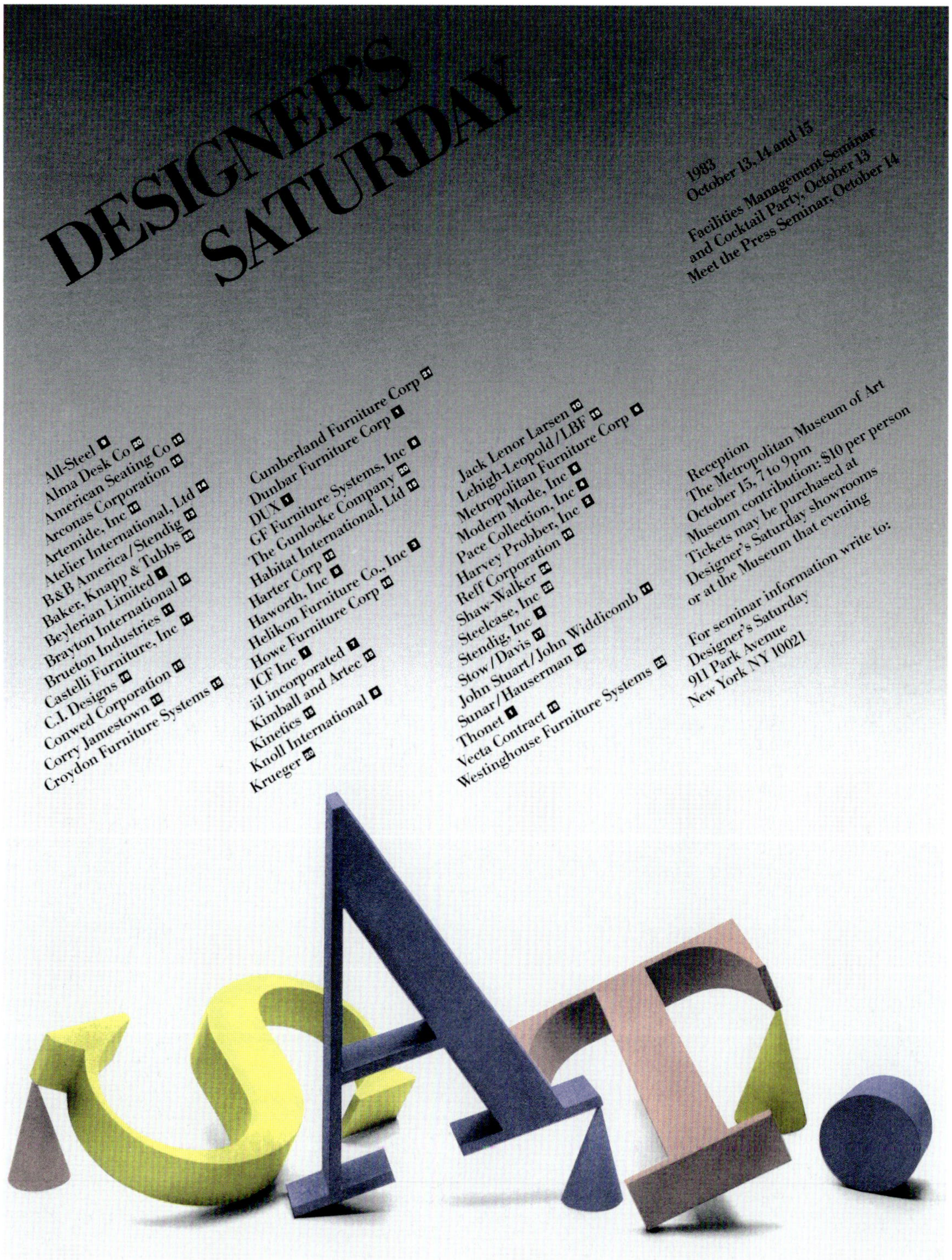

Colin Forbes:
Poster für den »Designer's Saturday«

2006

serial cut™:
Illustration »Portmanteau«
für das Kartenspiel »Perplex City«

2007

2006

Alain Rodriguez:
Poster »J. J. Valentine«

serial cut™:
»Fan Poster«

pure, stripped down, no bull-s#it rock 'n' roll

Tommy Ramone

um 1978

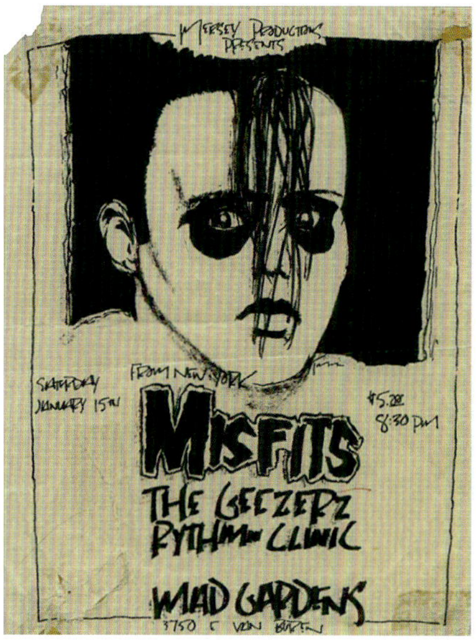

um 1981

um 1979

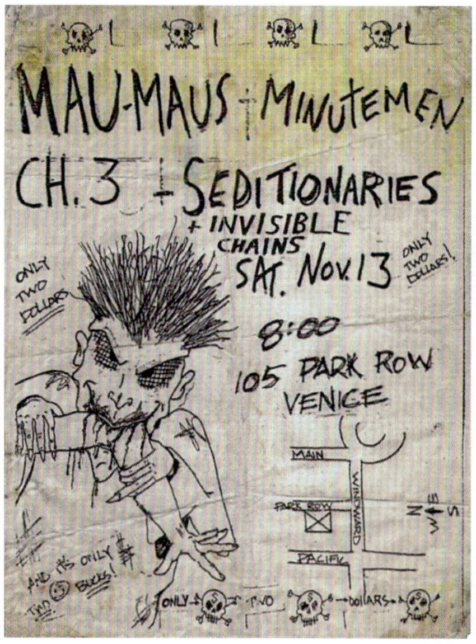

um 1979

E. van Buren:
Flyer für die Band Misfits

Anonym:
Flyer für die Bands Mau-Maus und Minutemen

Anonym:
Flyer für die Band Blackflag und andere

Lady F., B. Koeda:
Flyer für die Band The Neverbreakers

2006

Frank Höhne:
TV-Zeichnung
»Nachtprogramm«

um 1979

1976

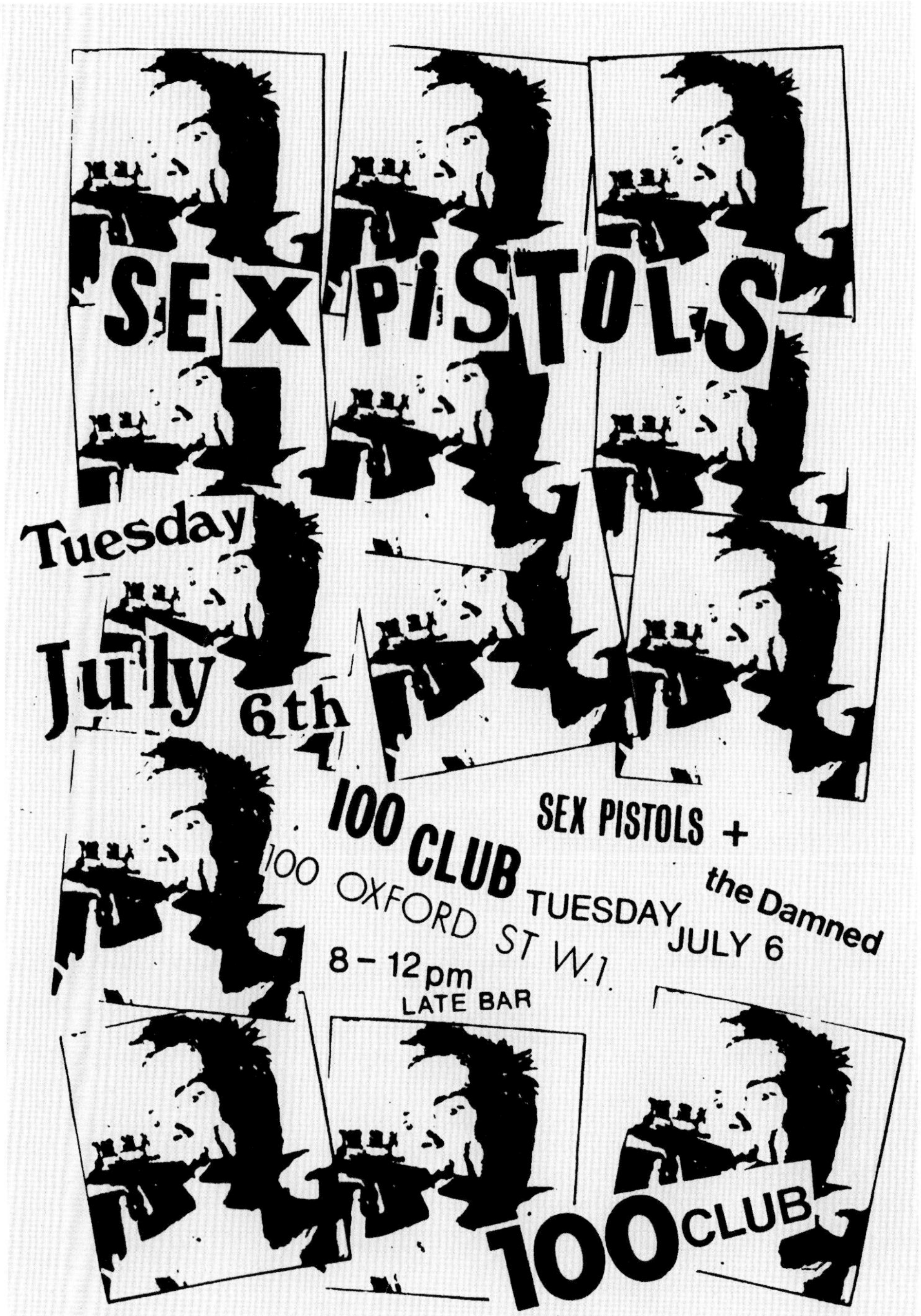

Trudie:
Cover des Magazins »Trudie«,
Ausgabe 1

Jamie Reid:
Flyer für die Band Sex Pistols

2002

fundstück – Dieser Flyer für den House-Club »BOSCH Bobby« ist ein spannungsvolles Beispiel für einen eklektizistischen Stilmix aus Schweizer Schule und Punk, der bewusst Irritationen auslöst.

Julian House:
Cover des Albums »Evil Heat«
von Primal Scream
Vorderseite und Rückseite

Büro International London,
Oliver Klimpel:
Erscheinungsbild des Clubs
»BOSCH Bobby«, 2007
Flyer

1977

Mark Perry:
Punk Fanzine »Sniffin' Glue«

2006

Scott King:
»Stalky«, 12-teilige Serie
von Xerox-Drucken,
Galleria Sonia Rosso, Turin
Herald St, London

Hol dir die fröhlichen Prilblumen!
Werbeslogan der Siebziger

1968

Heinz Edelmann:
Illustration aus dem Zeichen-
trickfilm »Yellow Submarine«

2007

2008

Steve Scott:
Character für ein Musikvideo
von Suburban Harmony

Airside, DaWack, Mika:
Cover des Albums »Life in
Cartoon Motion« von Mika

1966

Milton Glaser:
Columbia Records Poster
»Bob Dylan«

2007

Kar Modén (Illustration),
Tribal DBB Hamburg (Idee):
Plakatserie aus der
Werbekampagne für den
Mobilfunkanbieter »Congstar«

1959–1967

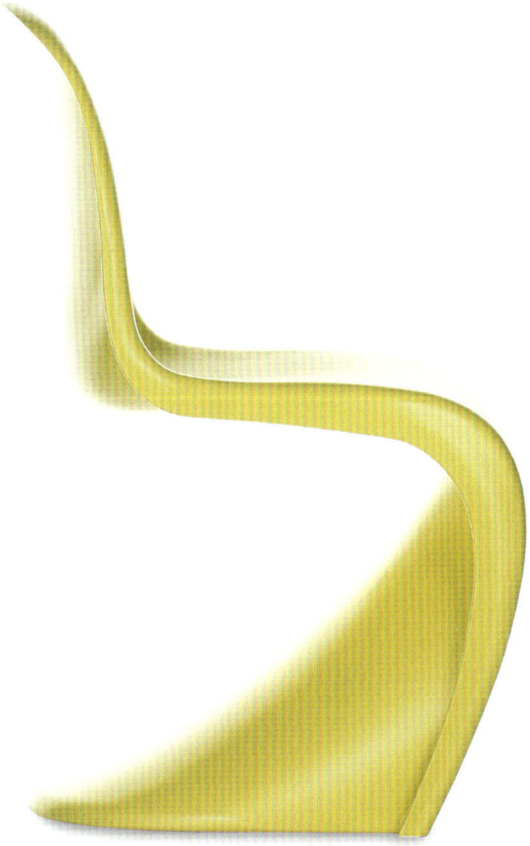

1967

Verner Panton:
»Panton Chair«,
Abbildung Vitra Reedition 1999

Martin Sharp:
Cover des Magazins »Oz«, no. 7

2004

2005

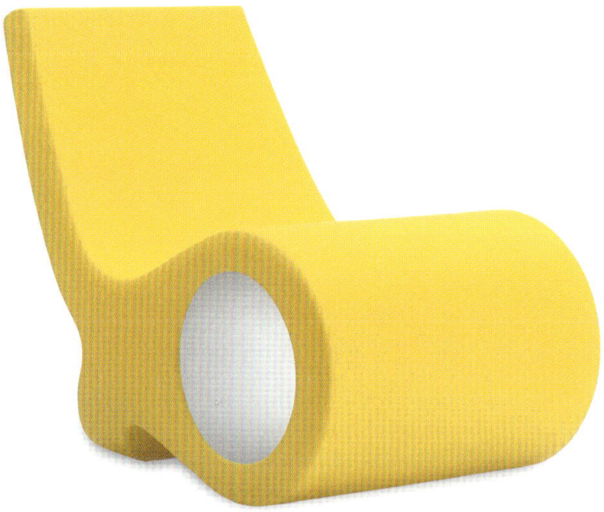

2006

Non-Format, Kjell Ekhorn, Jon Forss (Illustration), Laurence Thomson, Olly Walker (Art-Direktion):
Illustration für das »Orange TRY billboard«, Orange mobile phone Kampagne für Mother, London

Satyendra Pakhalé:
»Fish Chair« für Cappellini

Karim Rashid:
»Disk Chair« für Ferlea

1969–1971

fundstück – Für das Wandgemälde »Nordstadt Funk« in Dortmund wurde nicht nur die typische Farbigkeit des Pop-Stils eingesetzt, sondern auch seine plakative Flächigkeit. Solche bunten, emotionalen Wandmalereien zierten schon die Boutiquen der »Swinging Sixties« in London, um jugendliche Zielgruppen anzusprechen.

Anonym:
Wandgemälde »Nordstadt Funk«,
Dortmund, Entstehungsjahr
unbekannt, Foto von 2009

Verner Panton:
Baumwollvelours »Kurve«
aus der Kollektion »Décor (I)«
für Mira-X

2002

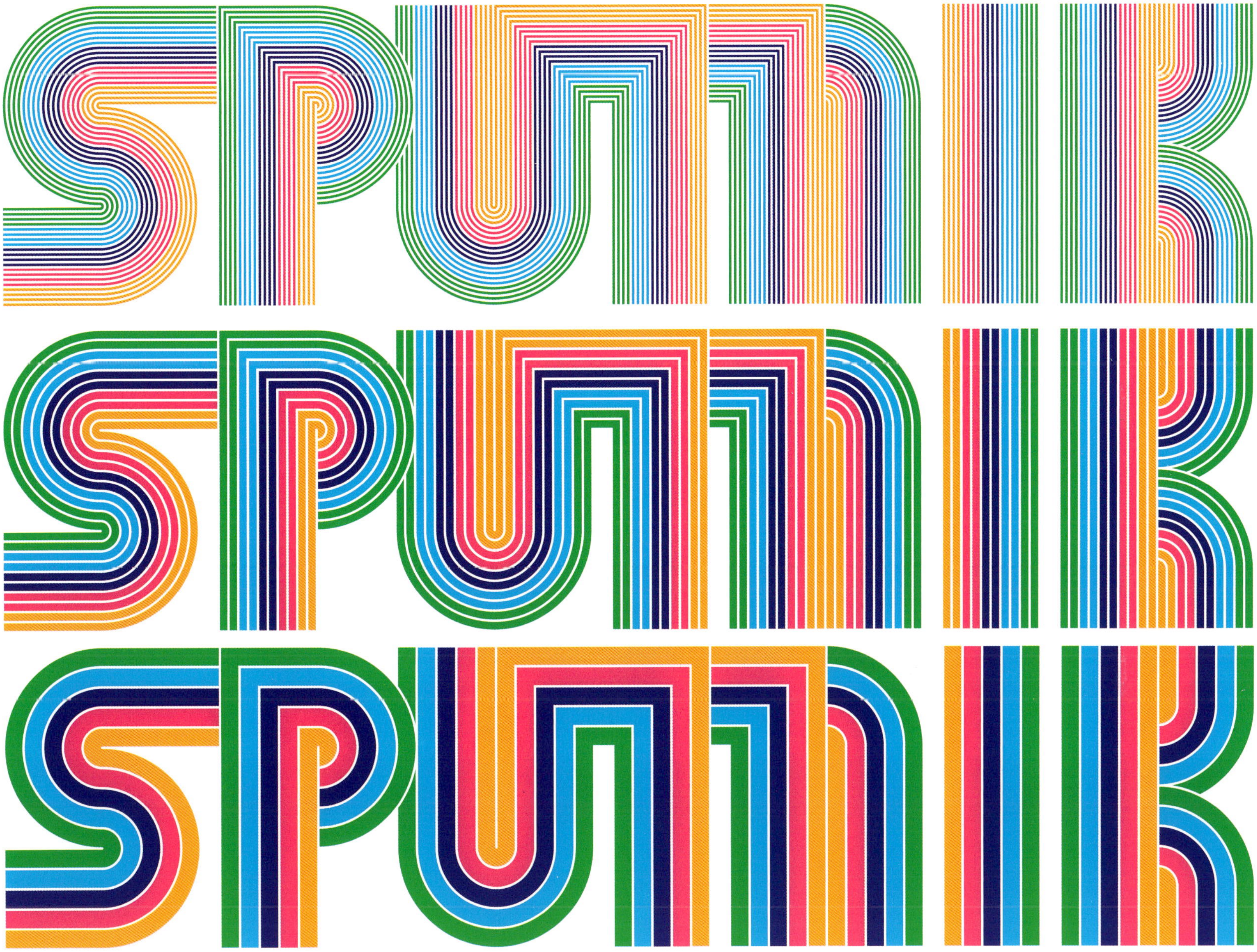

Rinzen:
»Sputnik Spacelines«,
Logo für den »Tokyo
Designers Block 2002«

... one... giant leap fo
Neil Amstrong

mankind.

1966–1967

Anonym:
Op-Art-Motiv aus einer Anzeige
für Pirelli-Cinturato-Reifen

2008

Ralph Richter:
Shooting »Audi R8 V12 TDI Concept«

1959

1966

1960

1959

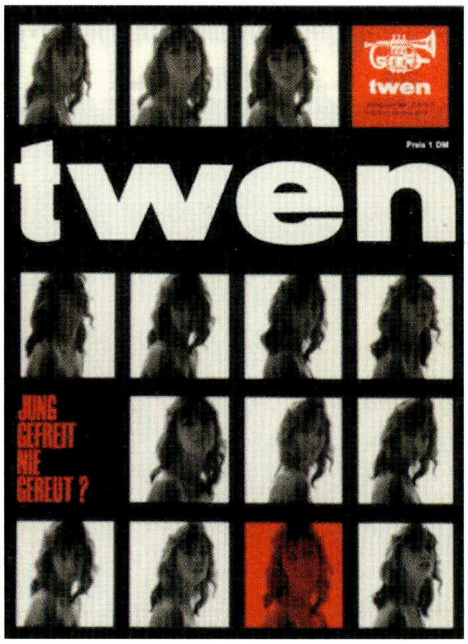

Willy Fleckhaus (Art-Direktor):
Titelblatt der Zeitschrift »twen«, Heft Nr. 3, 1959

Titelblatt der Zeitschrift »twen«, Heft Nr. 6, 1960

Willy Fleckhaus (Art-Direktor):
Titelblatt der Zeitschrift »twen«, Heft Nr. 4, 1966

Titelblatt der Zeitschrift »twen«, Heft Nr. 5, 1959

2002

Thormar Melsted:
Illustration »twins«

1966

William Klein:
Key Visual für Poster und
Werbung des Films
»Qui êtes-vous Polly Magoo«

2002

Christian Ghion:
Teppichfliesen
»Collection privées«

Alles

Isamu Noguchi

ist Skulptur.

1948

1951

Charles & Ray Eames:
»La Chaise«
Abbildung Vitra Reedition

Marianne Straub:
Vorhangstoff »Surrey«

2002

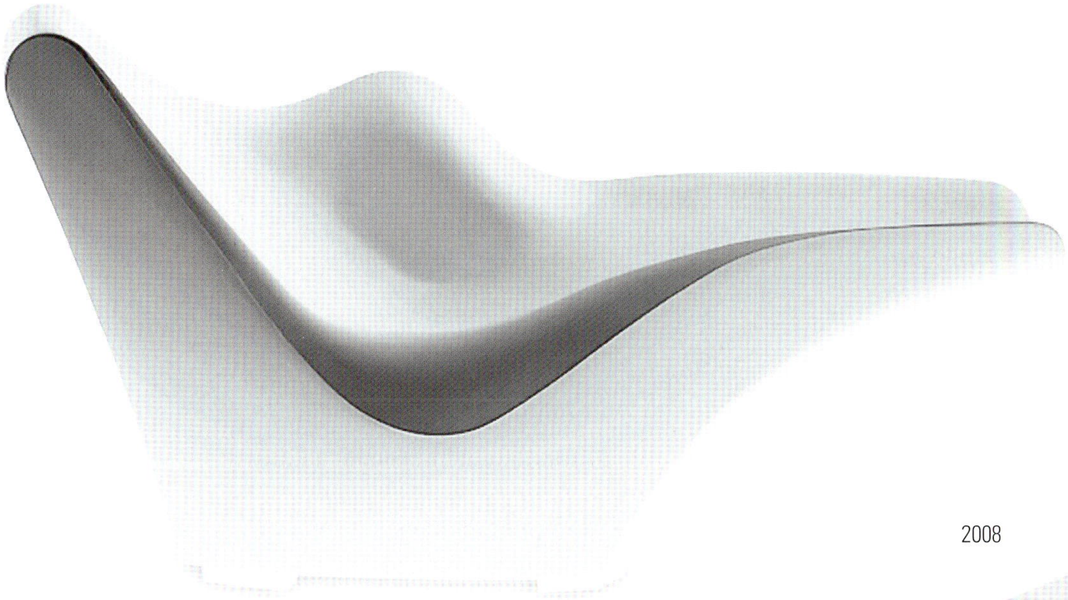

2008

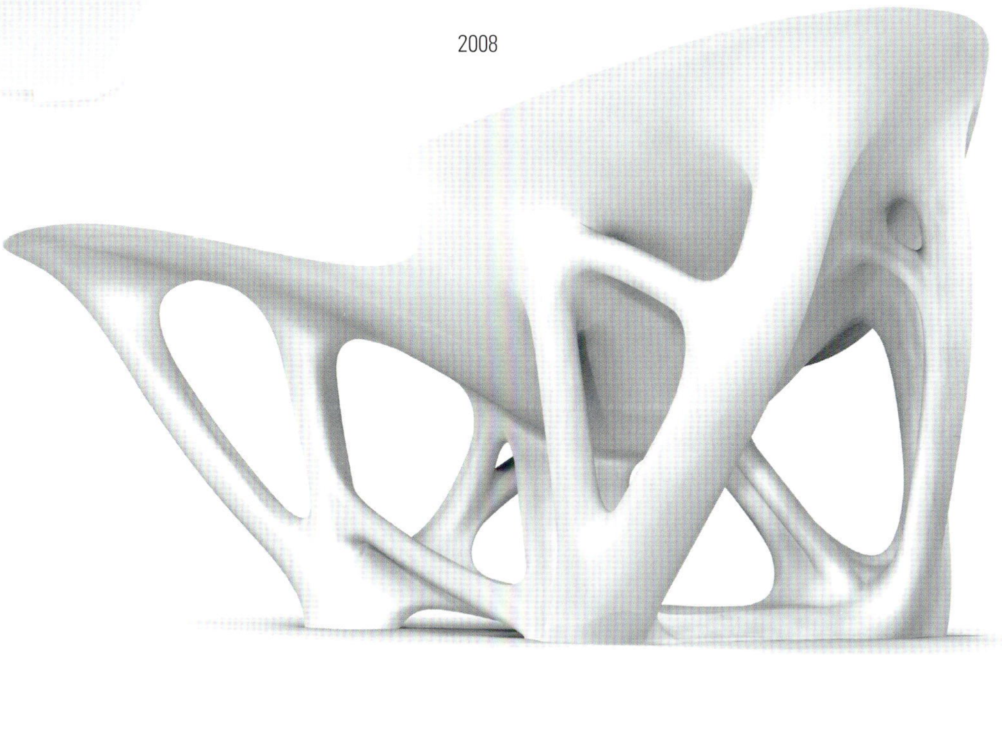

2002

Tokujin Yoshioka:
»Tokyo Pop Dormeuse«

Fabio Novembre:
Kombinierbares Sitzmöbelsystem »AND«

Joris Laarman:
»Bone Chaise«

1950

2006

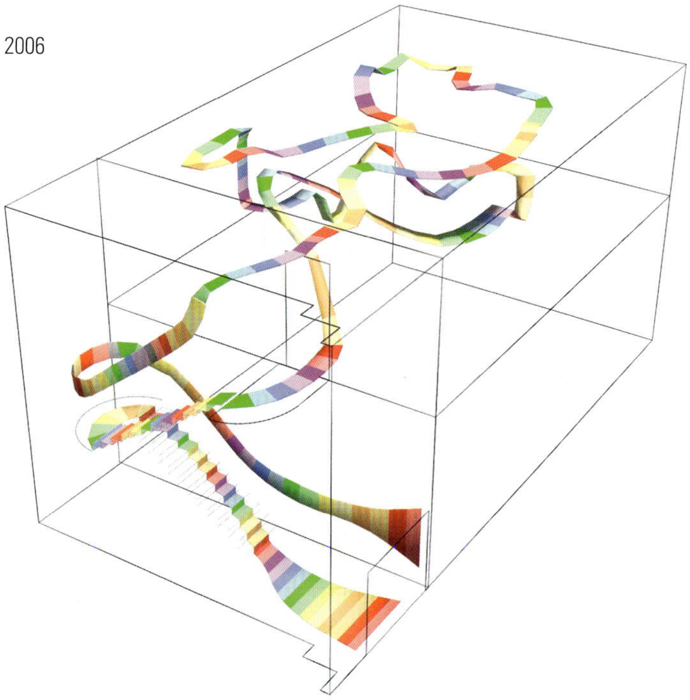

Saul Bass:
Plakatwerbung für
»Pabco Paints«

SAKO Architects, Keiichiro Sako:
Axonometrische Zeichnung
zur Inneneinrichtung des
»Kid's Republic Bookshop«, eines
Buchladens für Kinder in Peking

2006

SAKO Architects, Keiichiro Sako:
Treppenhaus des »Kid's Republic
Bookshop«, Peking

1955

1948

Frei Otto:
Prototyp eines Sessels aus
sieben annähernd ebenen
Tuch-Holz-Matten

Eero Saarinen:
»Womb Chair & Ottoman«
Abbildung Knoll Reedition

2005

2007

Ronan & Erwan Bouroullec:
Sitzmöbelkollektion »Facett« für ligne roset

Ronan & Erwan Bouroullec:
Sessel »Slow« für Vitra

1959

Saul Bass:
Titelsequenz für den Film
»Anatomy of a Murder«
von Otto Preminger

2003

Tina Berning:
Illustration »MiuMiu Shoes«
für die Zeitschrift »Allegra«

2001

HendersonBromsteadArt:
Poster »Secrest Artists
Series 2000–2001« für die
Wake Forest University

gutes desi

möglichst wenig design

Dieter Rams

1960

1959

E+U Hiestand:
Plakat für Olivetti

Sigi Odermatt, Odermatt & Tissi:
Logo für apotheke sammet,
Zürich

2007

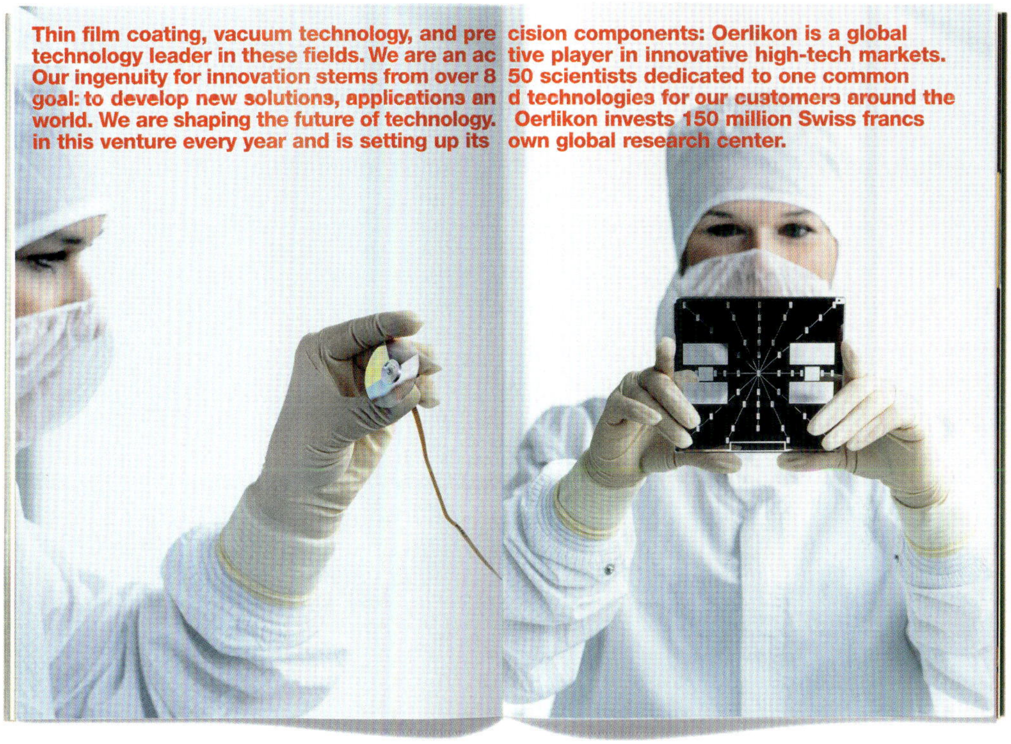

2007

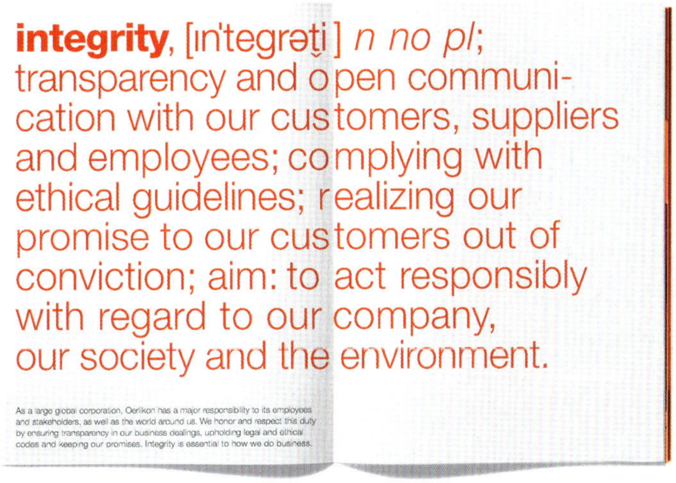

Claus Koch™:
Imagebroschüre für die
Schweizer Firma oerlikon

Claus Koch™:
»Brand Book« für die
Schweizer Firma oerlikon

1960

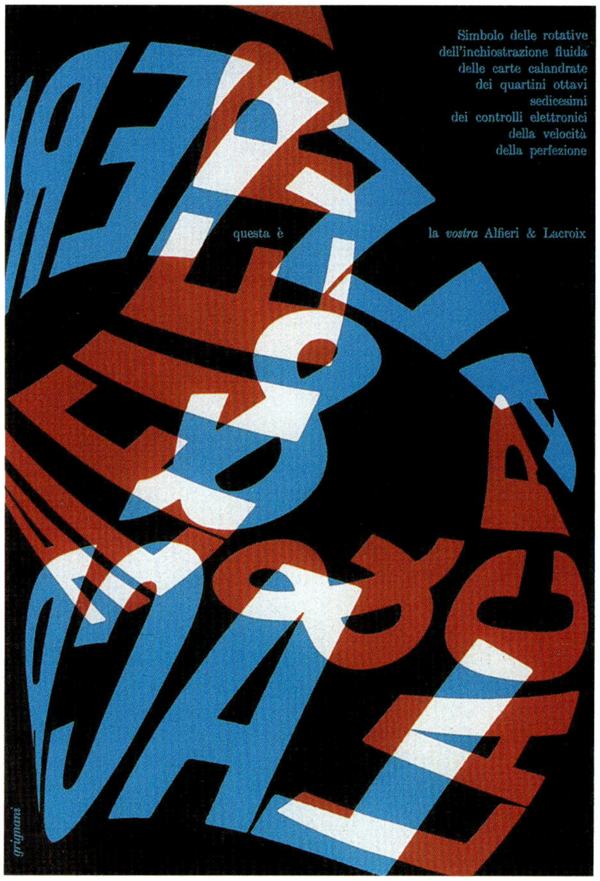

Franco Grignani:
Werbung für die Druckerei
Alfieri & Lacroix

1963–1964

Ken Garland:
Cover einer Broschüre für GALT

2005

Boros,
Christian Boros (Kreativ-Direktion),
Ingo Maak (Art-Direktion):
Plakat für den Deutschen Pavillon
der Biennale in Venedig

2004

MSLK,
Marc S. Levitt, Sheri L. Koetting:
Einladung zum Klassentreffen der
Klasse von 1992 der Mamaroneck
High School, New York

1960

1934

Gene Federico:
Seite aus einem Booklet für
den Schriftenhersteller
»The Composing Room«

Herbert Matter:
Plakat für den Schweizer Tourismus

1986

2004

Paula Scher:
Poster für Swatch-Uhren

Alfalfa Studio, Rafael Esquer:
Poster »Vote«

The thirties were a decad

abricated out of crystal and prisms.

Robert Smithson

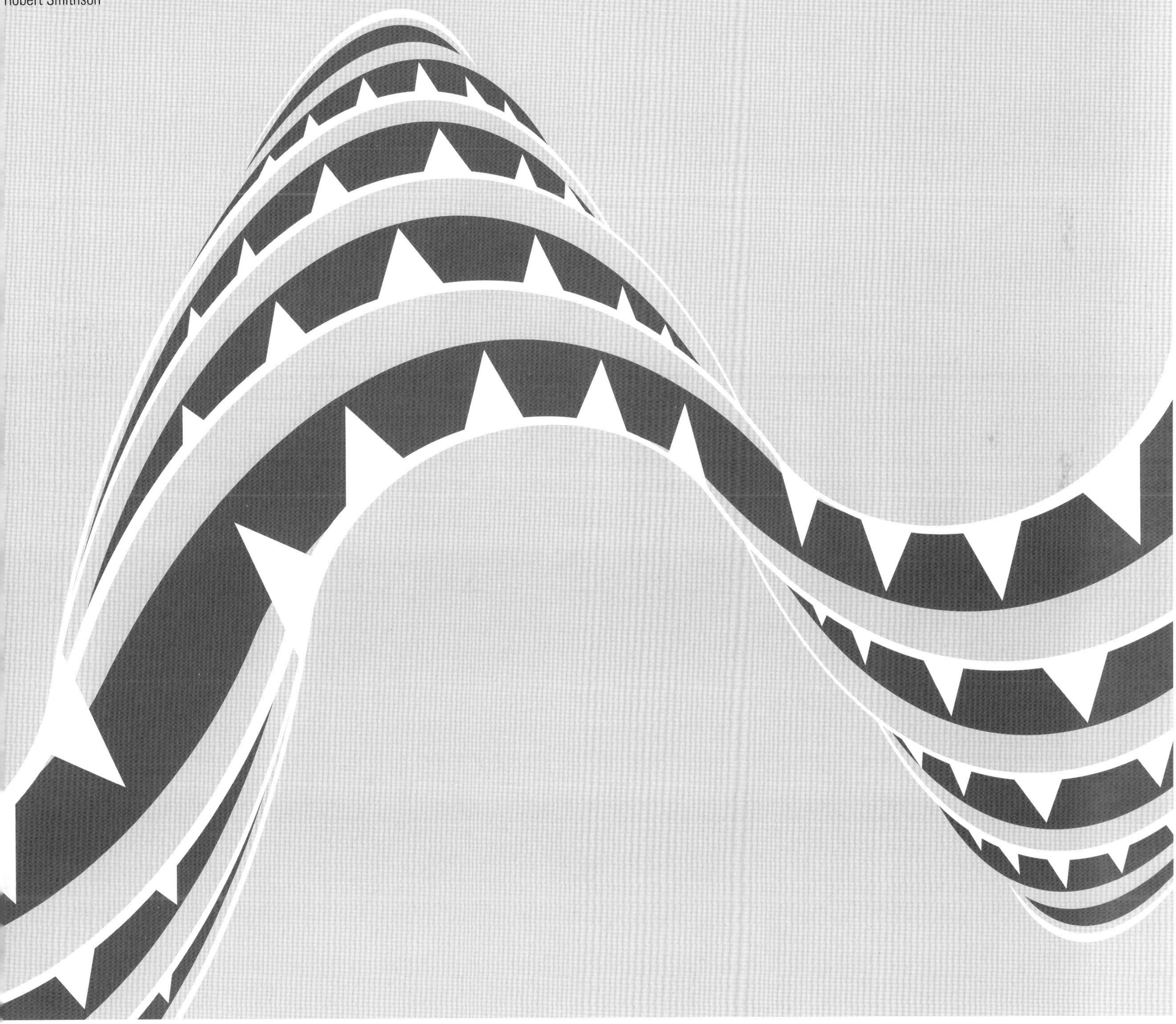

1930

René Herbst, Robert Mallet-Stevens,
assistiert von dem Lichtingenieur André Salomon:
Ausstellungsgestaltung für die »Union des Artistes Modernes«
im Pavillon de Marsan (Les Arts Décoratifs, Paris)

2006

KMS TEAM:
Internationale Opening-Kampagne »3-Stripes are coming!« für Adidas

1927

1928

A. M. Cassandre:
Plakat »Nord Express«

A. M. Cassandre:
Plakat »L.M.S. Best Way«

2007

Zion Graphics, Ricky Tillblad:
Cover des Albums »The Worrying Kind«
von »The Ark«

2008

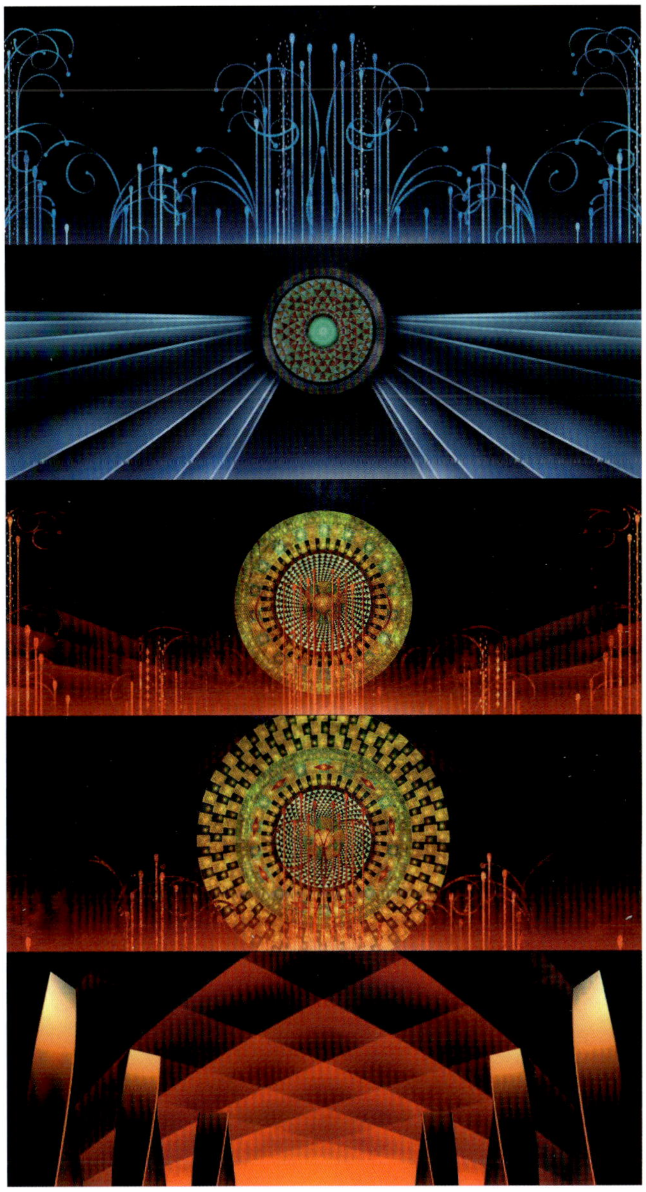

Steve Scott (Art-Direktion und Design),
Not to Scale (Produktion):
Video Clip »Kashmir« als Konzertgrafik
für Led Zeppelin

1927

A. M. Cassandre:
Erster vorhandener Entwurf
der Schrift »Bifur«, Tinte und
China-Tusche auf Karton

2002

Deutsche
Städte-Medien
GmbH

2006

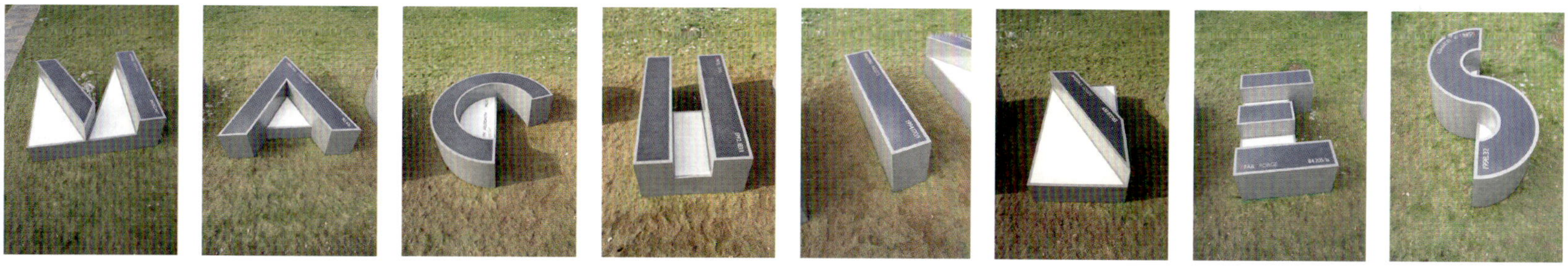

Why Not Associates
in Zusammenarbeit mit dem Künstler Gordon Young:
»Pobl + Machines«, Sitzgelegenheiten in Form von Großbuchstaben
für das »National Waterfront Museum«, Swansea

LOGO Projektagentur, Achim Böhmer:
Logo für Deutsche Städte-Medien

1933

1983

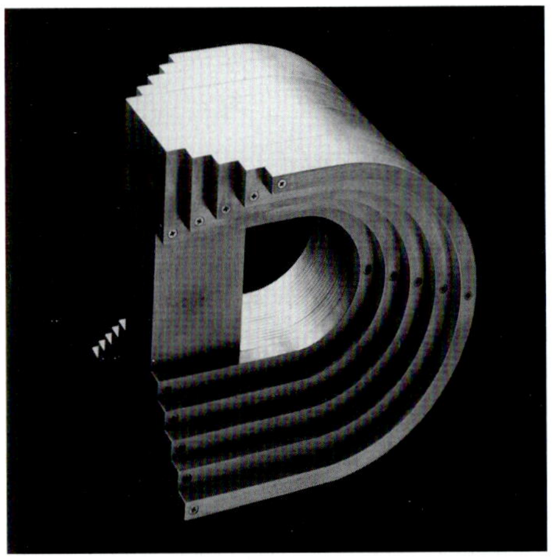

Fortunato Depero:
Entwurf für ein Reklame für »Campari«,
Chinatusche, Tempera und Collage
auf Karton, 46, 3 x 41, 5 cm

Takenobu Igarashi:
Buchstabe »D« aus einem
Aluminiumalphabet

1997

2008

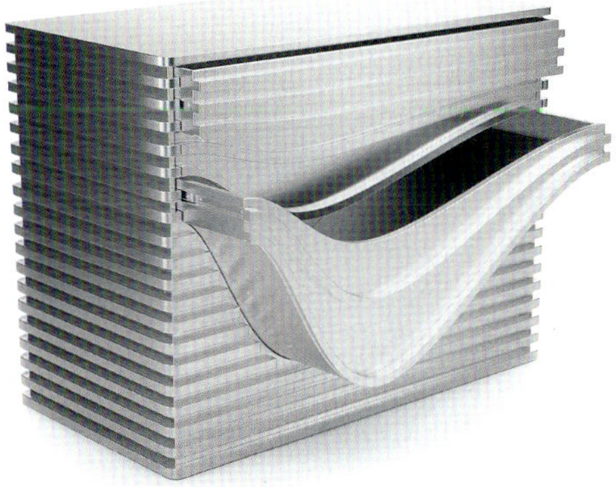

Zaha Hadid:
Entwurf für »MAXXI«,
National Center of
Contemporary Arts, Rom

agence marc praquin:
»Cosinus commode«

DIE KUNST IST TOT.
ES LEBE DIE NEUE
MASCHINENKUNST TATLINS.

George Grosz & John Heartfield

1923

El Lissitzky:
»Neuer«, aus der Figurinen-
mappe »Sieg über die Sonne«

2000

Dextro:
Ohne Titel

1932

fundstück – »CAPITALIZM IS ORGANIZED CRIME« ist in großen Lettern auf ein Parkhaus am Bochumer Hauptbahnhof gemalt worden. Dieses Beispiel zeigt, wie gestalterische Zitate eine Kommunikationsabsicht unterstützen können. Die blockigen Lettern und kryptischen Zeichen stellen gewünschte Assoziationen zum Russischen Konstruktivismus und dadurch zu Sozialismus und Revolution her.

Anonym:
Graffiti auf einem Parkhaus am Bochumer Hauptbahnhof,
Entstehungsjahr unbekannt, Foto von 2007

Varvara Stepanova:
Vorsatzpapier für das Buch »Grosnyi smekh. Okna ROSTA«
des Dichters Vladimir Mayakovsky

2004

Lutz Widmaier:
Illustration aus dem Buch
»Empire-Nozone IX«

1925

1923

Alexander Rodchenko:
Plakat für das Leningrader Staatsverlagshaus

El Lissitzky:
Doppelseite aus Vladimir Mayakovskys Gedichtband »Für die Stimme«

2005

2004

1984

Matt Cooper:
Cover des Albums »You could have it so much better« von Franz Ferdinand

Paula Scher, Terry Koppel:
Doppelseite aus »Great Beginnings«, einer Broschüre zur Eigenwerbung

Hendrik Hellige, Tom Hulan (Design),
Robert Klanten (Art-Direktion):
Cover des Buches »Sonic – Visuals for Music«,
Die Gestalten Verlag GmbH & Co KG

1925

Gerrit Thomas Rietveld,
Truus Schröder:
Interieur »Schröder-Haus«

2006

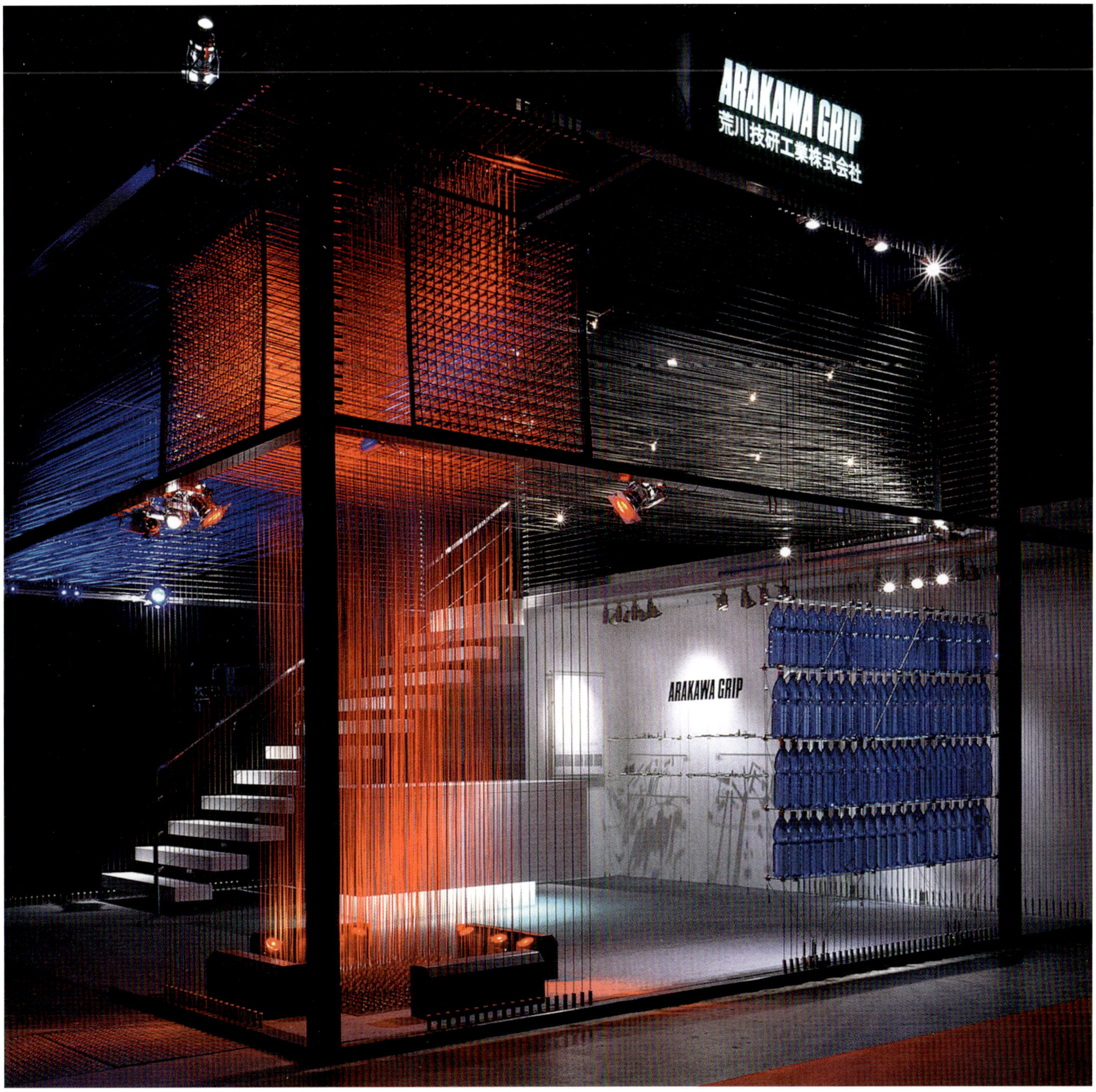

Super Potato:
Messestand für die Firma
Arakawa Grip, die Kabel-
systeme herstellt

1931

Josef Albers:
Kombinationsschrift aus
Opakglas (drei Teile einer
zehnteiligen Serie)

1994

Achim Böhmer:
Poster für das
Deutsche Plakat Museum,
Essen

1928

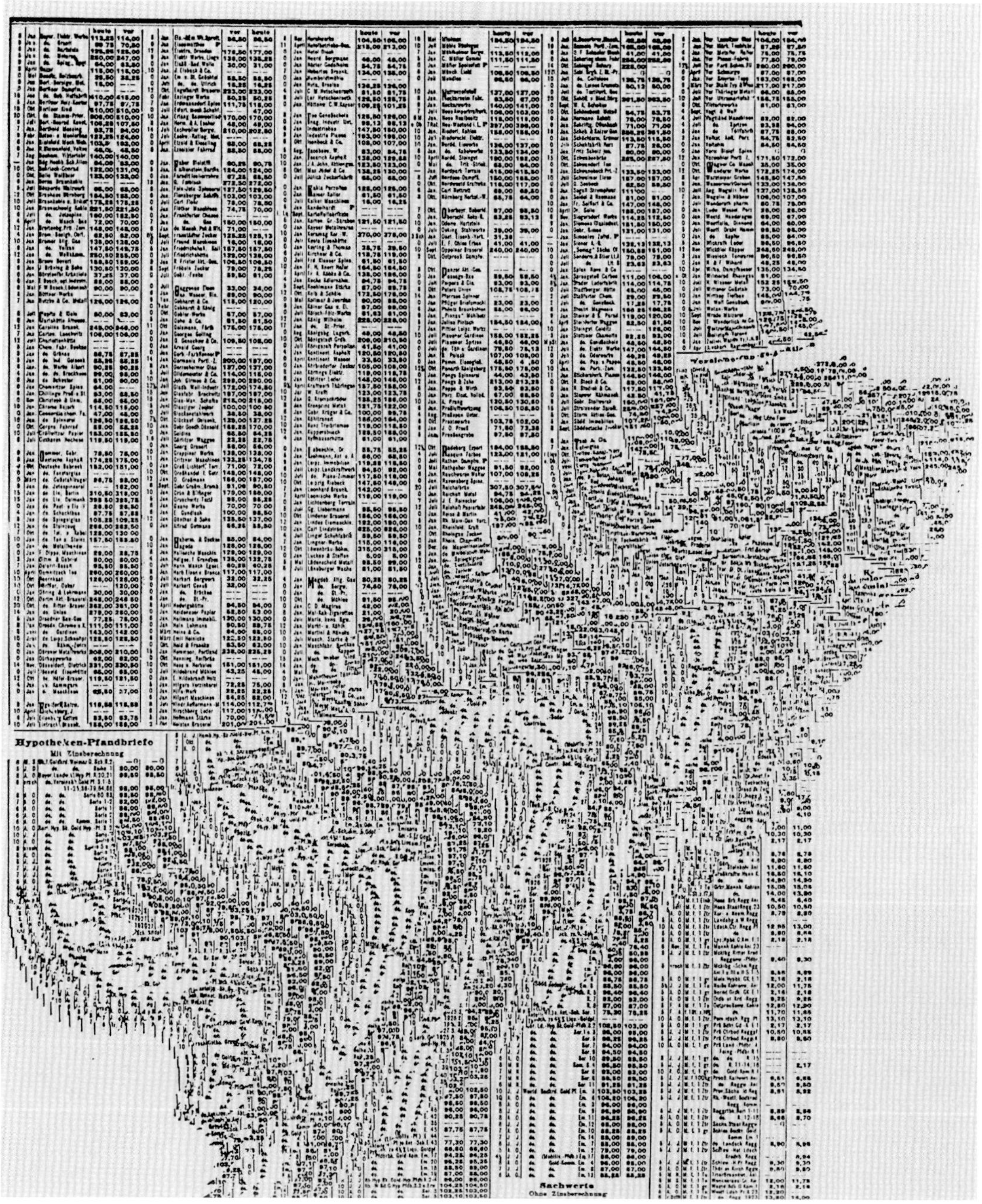

Studierender des
Vorkurses von Josef Albers:
Materialstudie

2001

Fellow Designers:
Postersequenz für Adidas

1923

Joost Schmidt:
Plakat für die Bauhaus-
Ausstellung in Weimar

1929

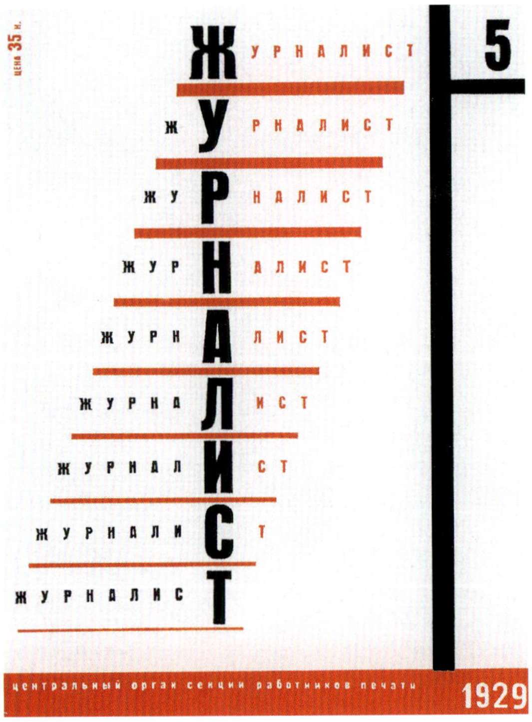

El Lissitzky:
Cover der Zeitschrift
»Der Journalist«

1999

Ruedi Baur:
Einzelausstellung »U. Eur. + CH
ou other nationalities«,
La Chaufferie, Strasbourg

1999

Martin Woodtli:
»from door to door«, Poster
für die Stadtgalerie Bern

1932

Hajo Rose:
Entwurf für einen
Druckmusterstoff

1997

Ruedi Baur:
Design der Fassade der
Ésisar Schule des
Institut National Polytechnique
de Grenoble

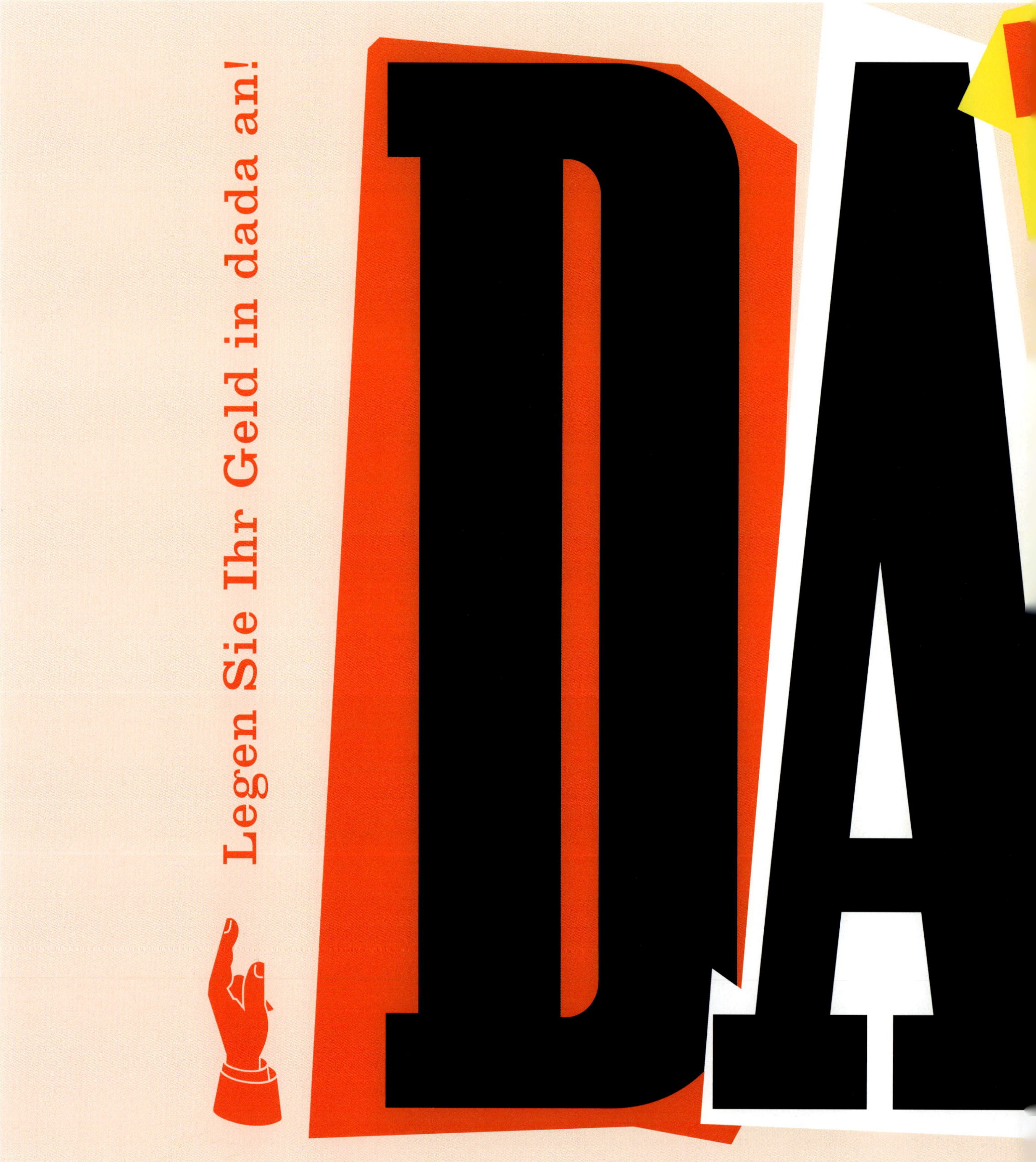
Legen Sie Ihr Geld in dada an!
DA

DA siegt!

Motto der Zeitung »DER DADA«

1922

Theo van Doesburg,
Kurt Schwitters:
Einladung zur Dada-Soirée

2000

Summa:
Verpackungsdesign für die
Supermarktkette suma

1919

Hannah Höch:
Collage »Da-Dandy«

2006

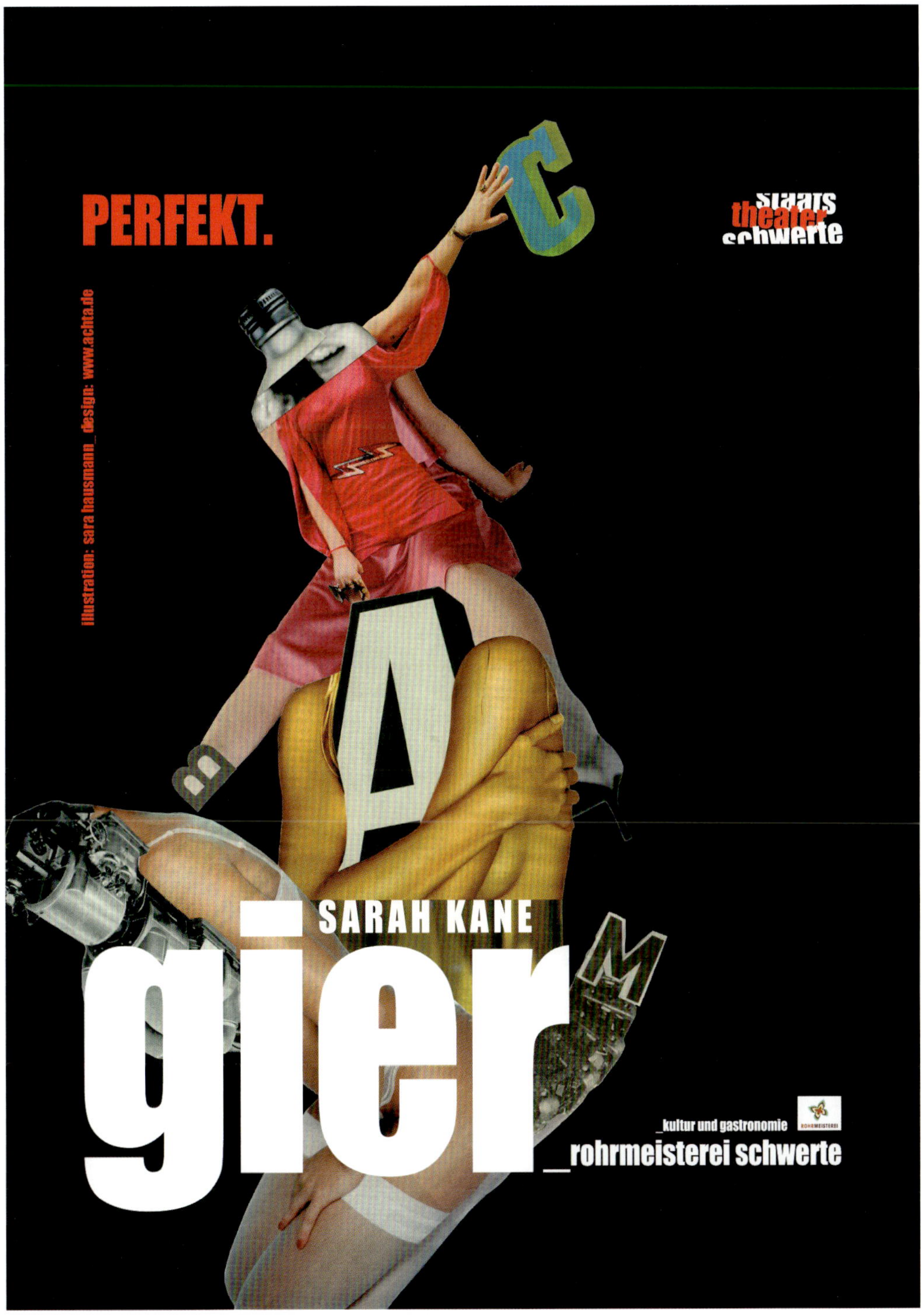

achta design,
Sara Hausmann:
Plakat für das
Theaterstück »Gier«

1918–1919

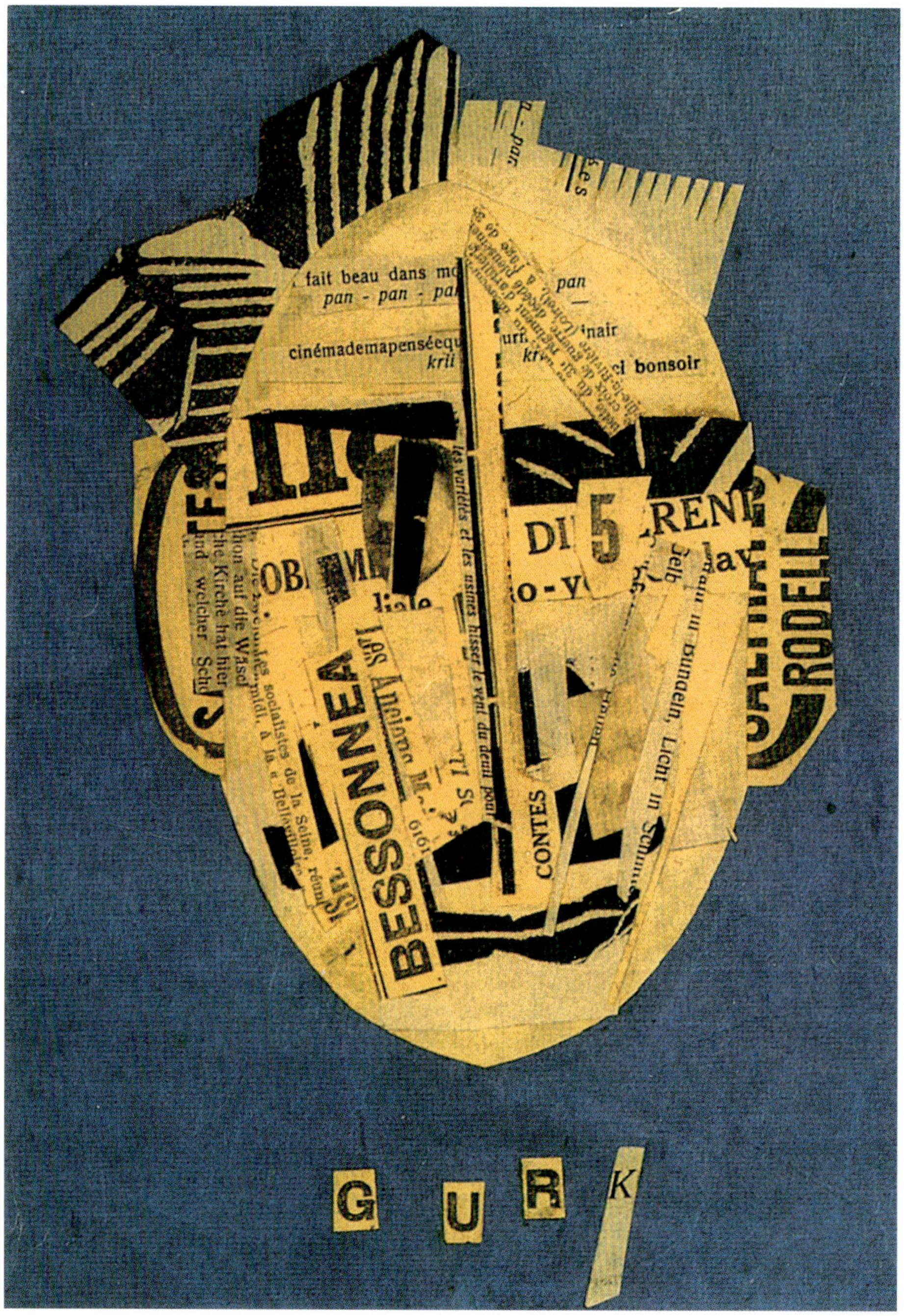

Raoul Hausmann:
Collage »Gurk«

2007

fundstück – Die »Hangings« des aus New York stammenden Designers und Künstlers Garrett Anderson Williams sind deutlich von den Assemblagen der Dadaisten beeinflusst. Die Provokation des Artworks »Budda« entsteht durch das Spiel zwischen Funktion und Funktionslosigkeit seiner Apparatur bzw. dem Sinn und Unsinn religiöser und weltlicher Symbole.

HendersonBromsteadArt:
Poster »Feed the Monster«
für die American Advertising
Association

Garrett Anderson Williams:
»Budda«, Mixed Media, 1991

1919

Hannah Höch:
Collage »Schönes Mädchen«

2005–2006

Manuel Duboe:
Collage »Fun Fair«

Collage »Rock Girl«

Collage »Bicycle«

Collage »Action«

Collage »Mirror«

Collage »We are what we eat«

TEMPO,

Berliner Lebensmotto um 1910

1897

fundstück – Immer noch und fast überall auf der Welt ziert Ché Guevaras auf Schwarz und Weiß reduziertes Gesicht Poster und Fahnen in Rot, der Farbe der Revolution, ergänzt durch seinen Namen in blockigen Lettern. Dieses Motiv ist eines der prominentesten Beispiele für die Umsetzung des Plakatstils in die Pop-Kultur der 60er Jahre.

Anonym:
Plakat nach einer Fotografie
von Alberto Korda, 1960

Thomas Theodor Heine:
Reklameplakat für die
Zeitschrift »Simplicissimus«

2002

Ames Design:
Plakat »Dr. Faustus«

2003

Justin Hampton:
Konzertposter
»Tomahawk Melvins«

1913

Ludwig Hohlwein:
Reklameplakat für Kaffee Hag

2002

Vår:
Illustrationen aus der Serie
»Italy« für das »Wallpaper
Magazine«

1912

Olaf Gulbransson:
Plakat »Conrad Dreher«

2001

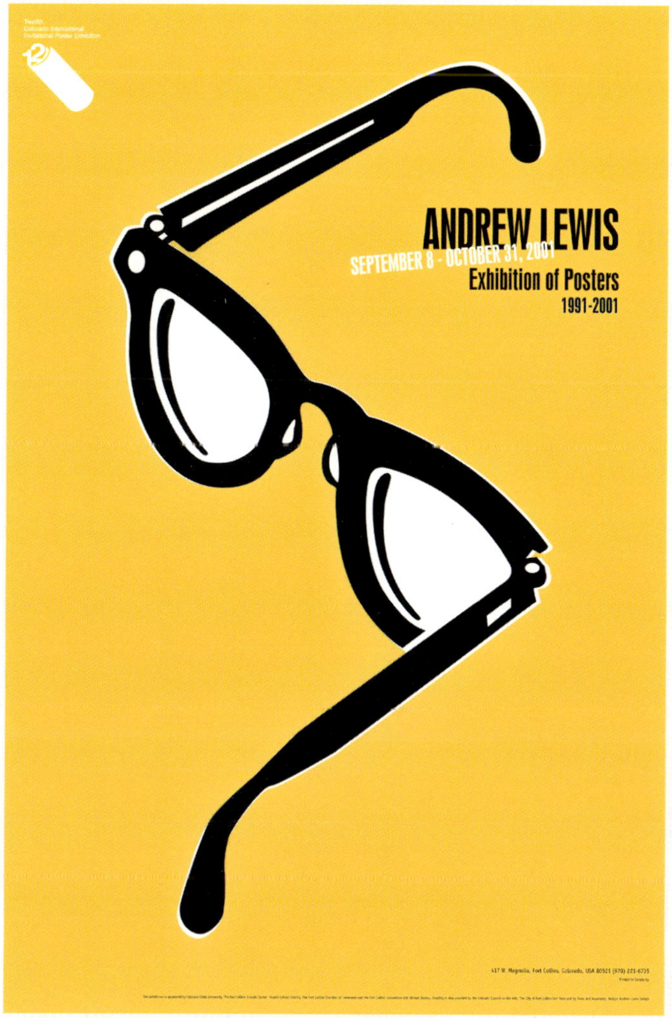

2008

Andrew Lewis Design:
Plakat »Andrew Lewis
Exhibition of Posters« für die
Colorado International
Invitational Poster Exhibition

EXTRACT
(ehemals Extra Design):
Postkarte »Braun«,
Ursprungsversion 2000

EINE LINIE
IST EINE KRAFT
SIE ENTLEHNT
IHRE KRAFT
DER ENERGIE DESSEN
DER SIE
GEZOGEN HAT

Henry van de Velde, 1902

1900

1894–1898

Fernand Toussaint:
Plakat für das »Café Jacqmotte«,
Brüssel

Hector Guimard:
Eingangstor von
»Castel Béranger«, Paris

2005

Francesca Granato (Art-Direktion, Design),
Ross Stirling (Illustration):
Corporate Design für »Amora –
The Academy of Sex and Relationships«

2002

Xefirotarch,
Hernán Díaz Alonso:
»U2 Multi-use Tower«, Dublin

1893

Victor Horta:
Eingangshalle von
»Maison Tassel«, Brüssel

2007

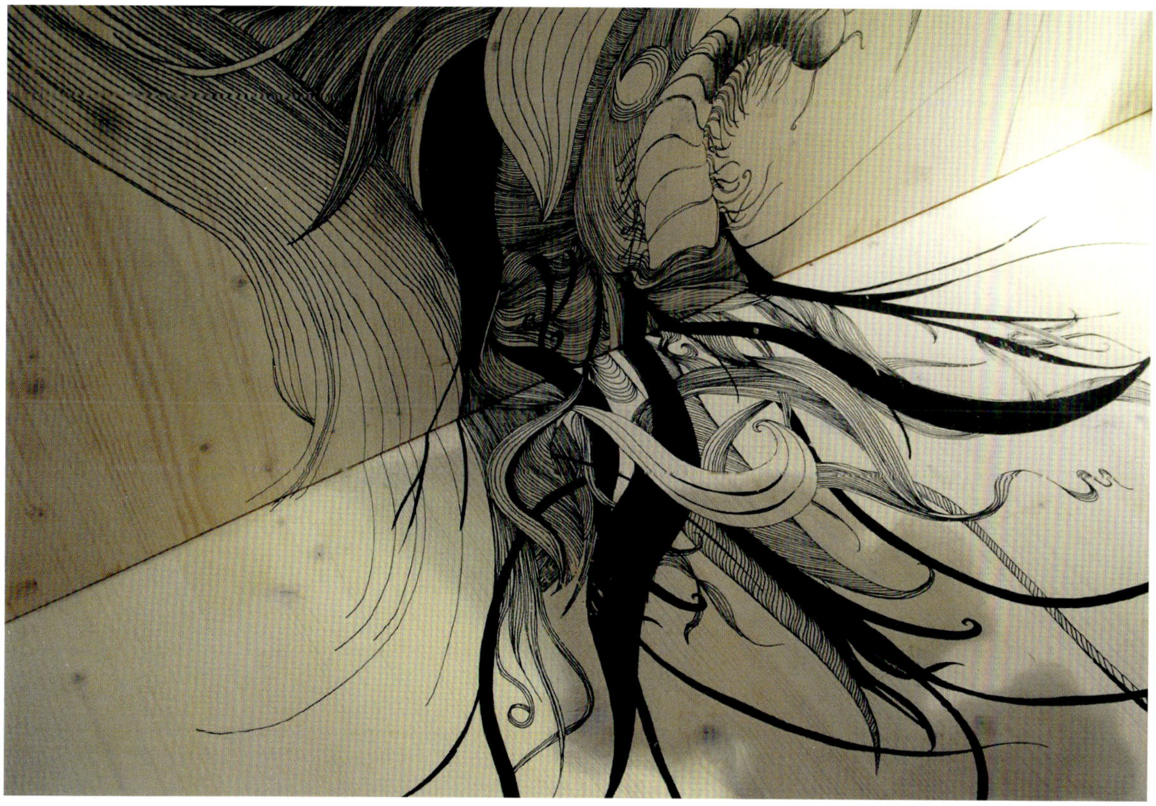

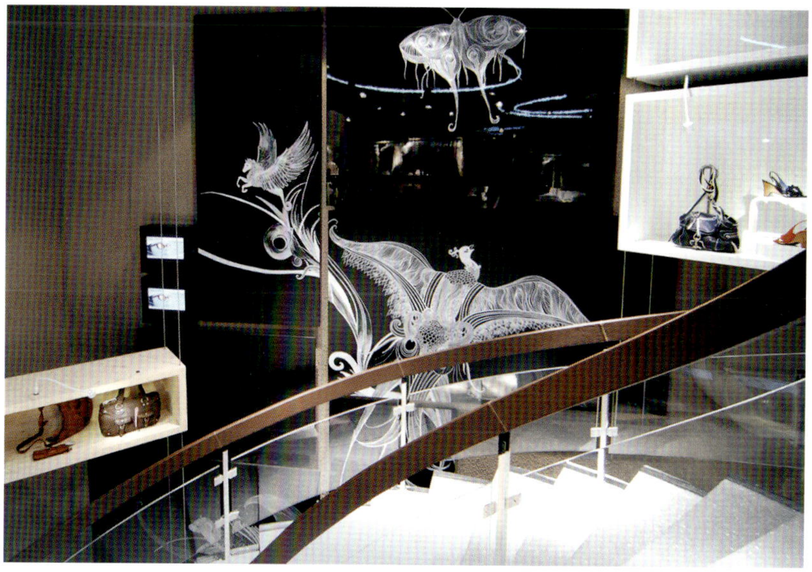

Projekttriangle Design Studio:
Grafische Gestaltung des
»Hugo Boss Orange«
Flagshipstore Mannheim

1894

Jan Theodoor Toorop:
Poster »Delftsche Slaolie«

2008

2006

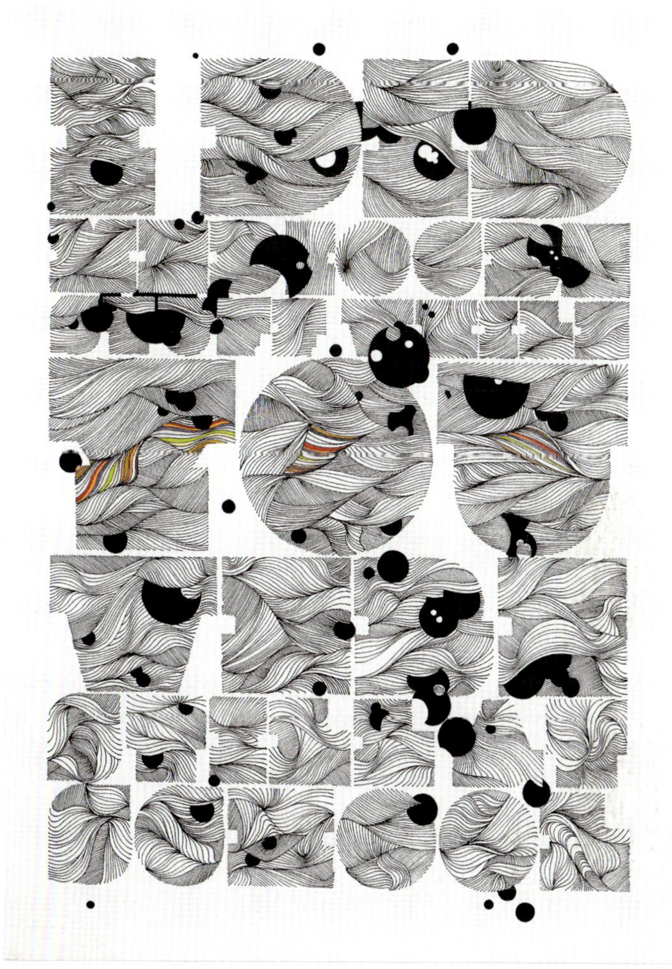

Florence Manlik:
Freie Illustration »airlute«,
Motiv für eine Tapete der
Firma Domestic

Non-Format, Kjell Ekhorn, Jon Forss:
»I Did Mediocre Stuff While You Were Still At School«,
Handgezeichnetes Poster für die »Felt-Tip«-Ausstellung
organisiert vom Grafik Magazin und Letraset

1900

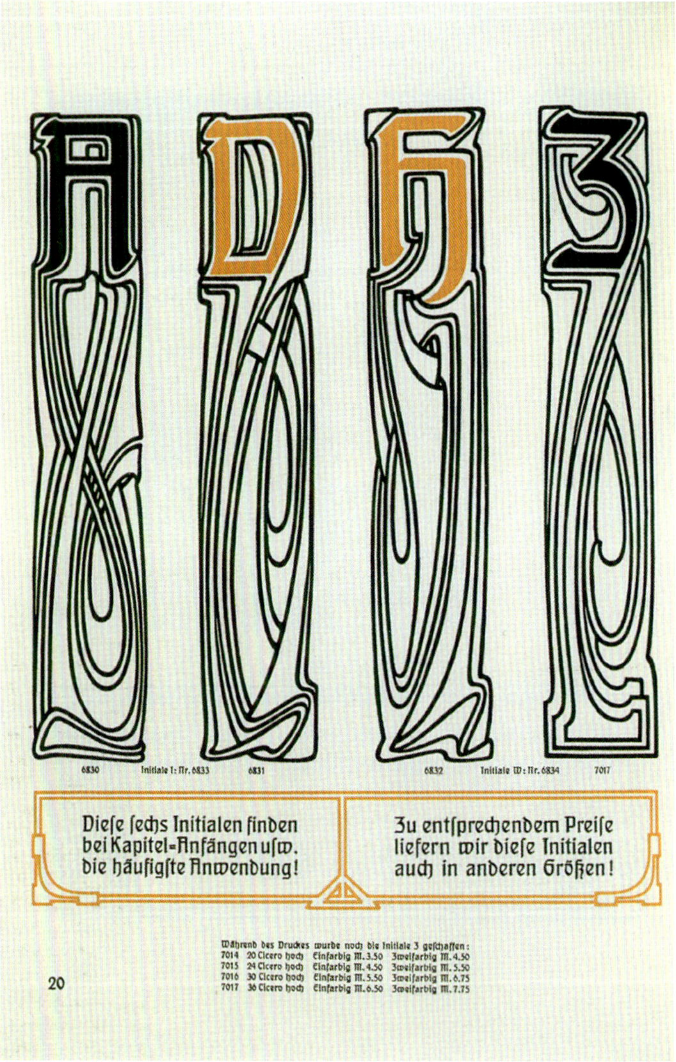

Peter Behrens:
Initialen

2004

Francis Soler:
Kulturministerium Paris
Fassadendetail des Neubaus

Ansicht des Neubaus

Ansicht des Altbaus

1918

Charles Rennie Mackintosh:
Stuhl »D.S. 3«
Collection »Cassina I Maestri«

1902

Charles Rennie Mackintosh:
Stuhl »Hill House«
Collection »Cassina I Maestri«

1904

Charles Rennie Mackintosh:
Stuhl »Willow«
Collection »Cassina I Maestri«

August Storck KG in Zusammenarbeit mit der Pahnke Markenmacherei: Verpackungdesign für »Moser-Roth«

fundstück – Die Firma Storck hat die historische Marke »Moser-Roth« wieder aufleben lassen und verkauft unter diesem Namen in einem Lebensmitteldiscounter Edelschokolade. Die Merkmale des »Moser-Roth«-Verpackungsdesigns wie die Schrift »Rennie Mackintosh«, die flächige Illustration, die Anordnung von Schrift und Bild zu einem Quadrat sowie die Farben Schwarz und Gold stellen eine Verbindung zum eleganten Stil Spät-Art-nouveau her.

1988

Shuji Hisada:
Stuhl »Samurai«

1905

Josef Hoffmann:
Plakat für die
Wiener Werkstätte

1920

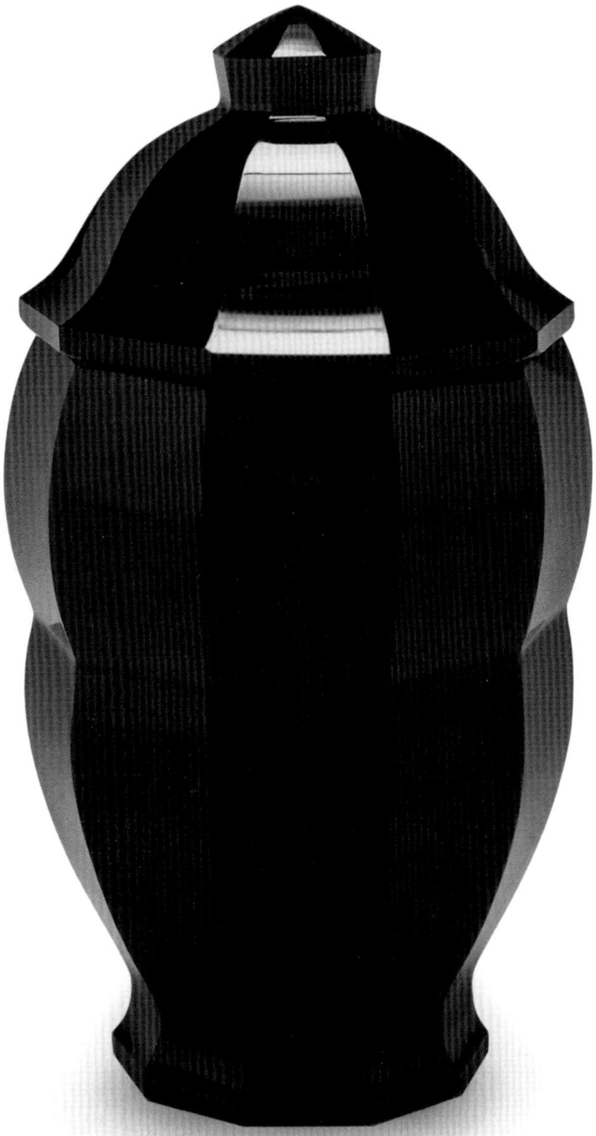

Josef Hoffmann:
Pokalvase mit Deckel,
Kristallglas tailliert mit
Schäleckenschnitt und -schliff

2003

Philippe Starck:
Kelchglas, »Darkside
Collection« für Baccarat

2004

Rune Mortensen:
Cover für das Album »Schlinger«
von Paal Nilssen-Love/
Håkon Kornstad

JAPONISMUS! ATTRAKTION

Frank Lloyd Wright, in: The Japanese Print. An Interpretation, New York 1912

DER EPOCHE

fundstück – Gianni Sarto entwirft und fertigt Kimono. In seinem Mühlheimer Atelier verfährt er nach der traditionellen japanischen Technik, indem er genau sieben rechteckige Stoffteile zusammennäht. Damit man sich in seinen Kimono nicht verkleidet fühlt, passt Sarto sie jedoch Geschmack und Maßen seiner europäischen Kunden an und nutzt ungewöhnliche Stoffe und Designs. Der oben abgebildete Kimono wurde von dem niederländischen Künstler Aloys Cremers bemalt.

Gianni Sarto (KimonoDesign),
Aloys Cremers (Malerei):
Kimono, 2007

1893

1885

TEA

Thorvald Bindesbøll:
Vase

Reed:
Schrift »Japanese«

1998

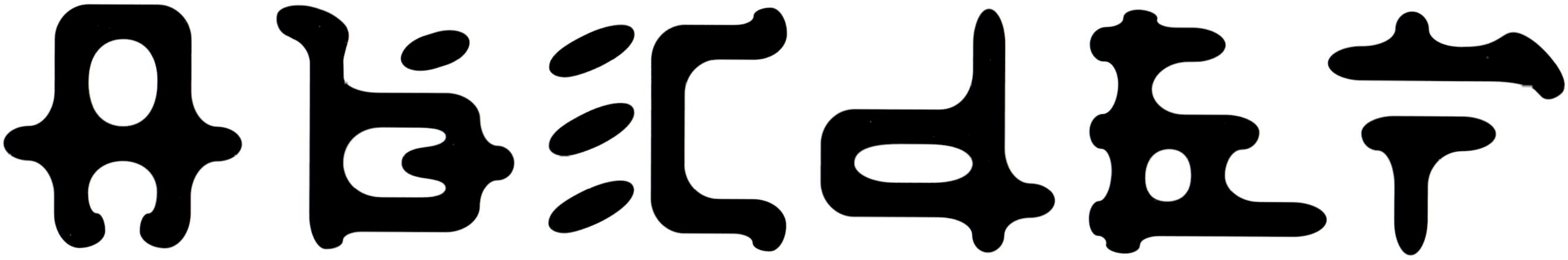

2007

RIVER

2007

Michael Want:
Schrift »Fusaka«

keren & golan graphic design:
Logo für die »River Noodles Bar«

keren & golan graphic design:
Anzeige für die »River Noodles Bar«

1894

Aubrey Beardsley:
»Das schwarze Cape«
Illustration zu »Salome«
von Oscar Wilde

1971

David Singer:
Poster für die Konzerte von
Miles Davis, Elvin Bishop
Group und Mandrill, Fillmore
West, San Francisco

2003

2004

Thomas Barwick:
Illustration für die »Beauty Page«
des »Sunday Telegraph«

Monsieur Z:
Illustration »Octopussy«

1893

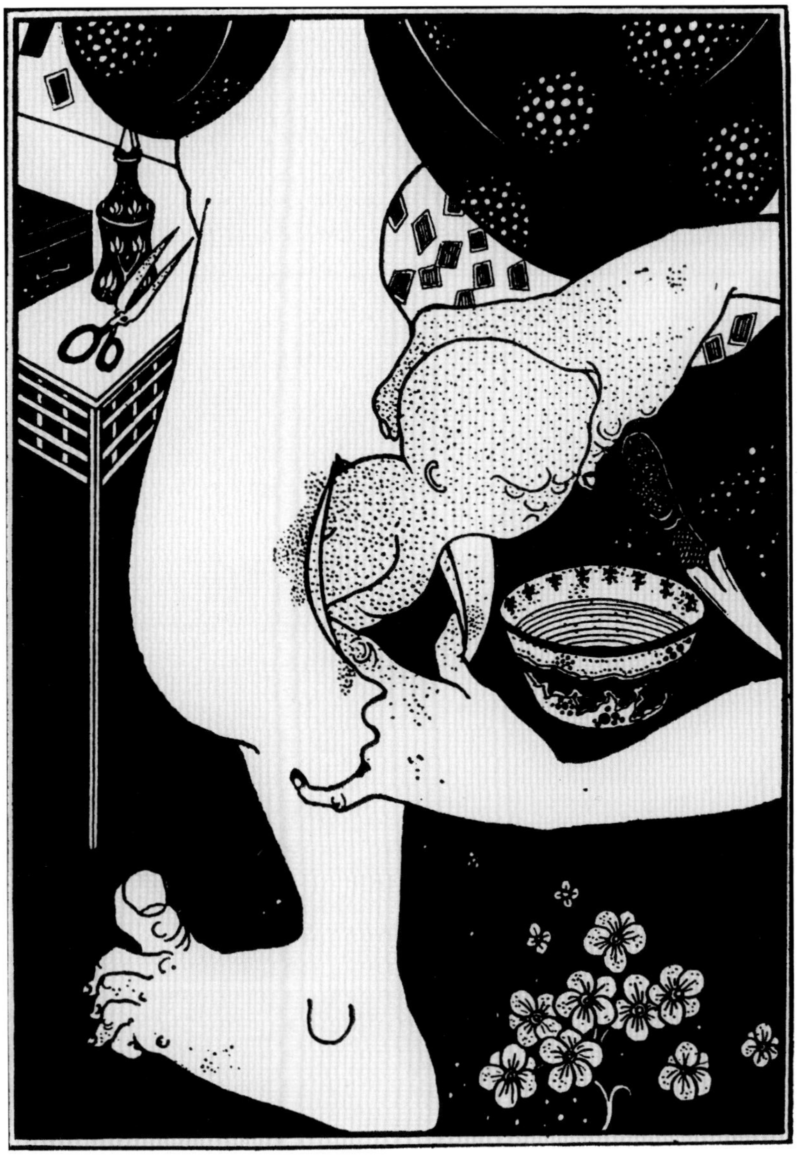

Aubrey Beardsley:
Illustration für die »Wahren
Geschichten« des griechischen
Schriftstellers Lukian

2002

Jan Oksbøl Callesen/Gulstue:
Illustration »Lovefighter«

1893

Aubrey Beardsley:
»Der Bauchtanz«,
Illustration zu »Salome«
von Oscar Wilde

2002

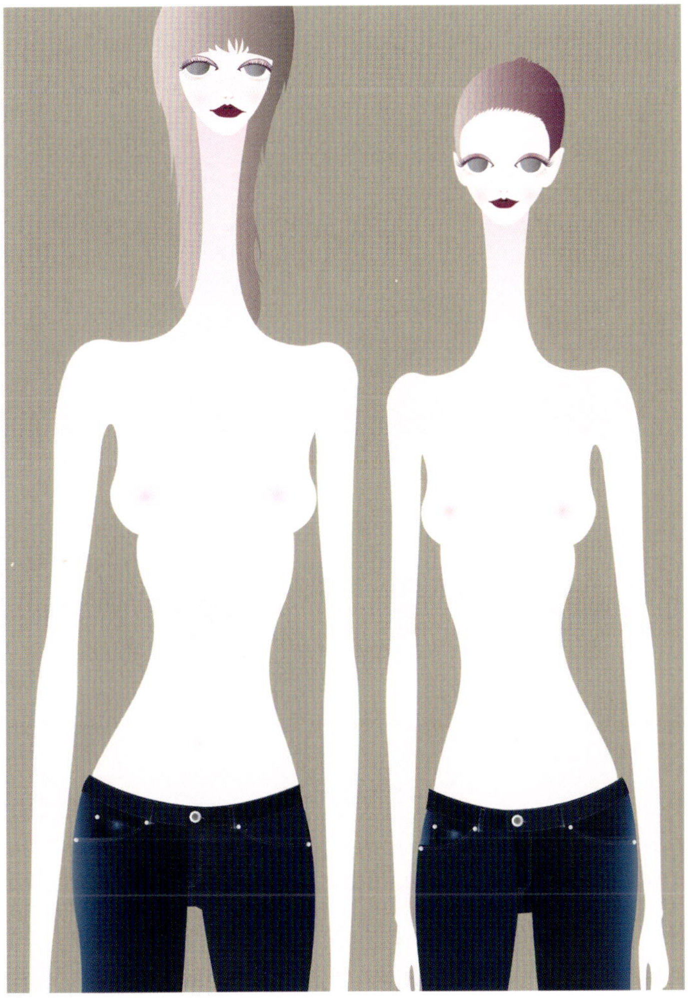

Ed Tsuwaki:
Illustration für Edwin-Jeans

2002

Ed Tsuwaki:
Illustration für die Zeitschrift
»Harper's Bazaar«

WE

CAN

Motto der Arroyo Guild of Fellow Craftsmen

1881

William Morris:
»St. James's«,
gewebter Seidendamast

2004

Michael Lin Minghong:
Installation in der
Shanghai Gallery of Art
Emulsionsfarbe auf Holz,
1500 x 359 x 400 cm

1892

William Morris:
»The Recuyell of the Historyes
of Troye«, Titelseite

1895

VII. Beowulf speaketh with Hrothgar, and telleth how he will meet Grendel

WORD then gave out Hrothgar, the helm of the Scyldings:
I knew him in sooth when he was but a youngling,
And his father, the old man, was Ecgtheow hight;
Unto whom at his home gave Hrethel the Geat-lord
His one only daughter; and now hath his offspring
All hardy come hither a lief lord to seek him.
For that word they spake then, the sea-faring men,
E'en they who the gift-scat for the Geat-folk had ferry'd,
Brought thither for thanks, that of thirty of men-folk
The craft of might hath he within his own hand-grip,
That war-strong of men. Now him holy God
For kind help hath sent off here even to us,
We men of the West Danes, as now I have weening,
'Gainst the terror of Grendel. So I to that good one
For his mighty mood-daring shall the dear treasure bid.
Haste now and be speedy, and bid them in straightway,
The kindred-band gather'd together, to see us,
And in words say thou eke that they be well comen
To the folk of the Danes. To the door of the hall then
Went Wulfgar, and words withinward he flitted:
HE bade me to say you, my lord of fair battle,
The Ealdor of East-Danes, that he your blood knoweth
And that unto him are ye, the sea-surges over,
Ye lads hardy-hearted, well come to land hither;
And now may ye wend you all in war-raiment

William Morris:
Seite aus »The Tail of Beowulf«

2007

Maja Sten:
Werbung für Apoteket

2002

Fellow Designers:
Poster für die Frühjahrsausstellung der »Liljevalchs Konsthall«, Stockholm

1860

1868–1870

William Morris:
Vorhang »Daisy« (Detail)

William Morris:
»Jasmin Trellis«, bedruckter Stoff

2004

2007

2004

Klaus Haapaniemi:
»Here today, gone tomorrow«, Seidengarnstickerei auf Baumwolle

Rinzen:
»W+K Wallpaper«, Tapete für die Werbeagentur Wieden+Kennedy

Betti Fiegle:
Fotografie aus der Serie
»Creatures«

1901

1910

1905–1912

L & JG Stickley:
»Morris Chair«

Roycroft Shop:
Lehnstuhl

Gustav Stickley:
Eichentisch

2007

1994

B3 DESIGNERS:
Interior Design »Carbon Bar«, London Hyde Park

e15 Philipp Mainzer, Florian Asche:
Tisch »TA04 BIGFOOT«

Motto im Viktorianischen Zeitalter

OF LIFE!
IS THE...

1870

fundstück – Durch die historistisch anmutende Zusammenstellung von Schriften und den illustrativen Rahmen weckt die Verpackung der Orangen-Marmelade der südafrikanischen Marke »KOO« nostalgische Gefühle.

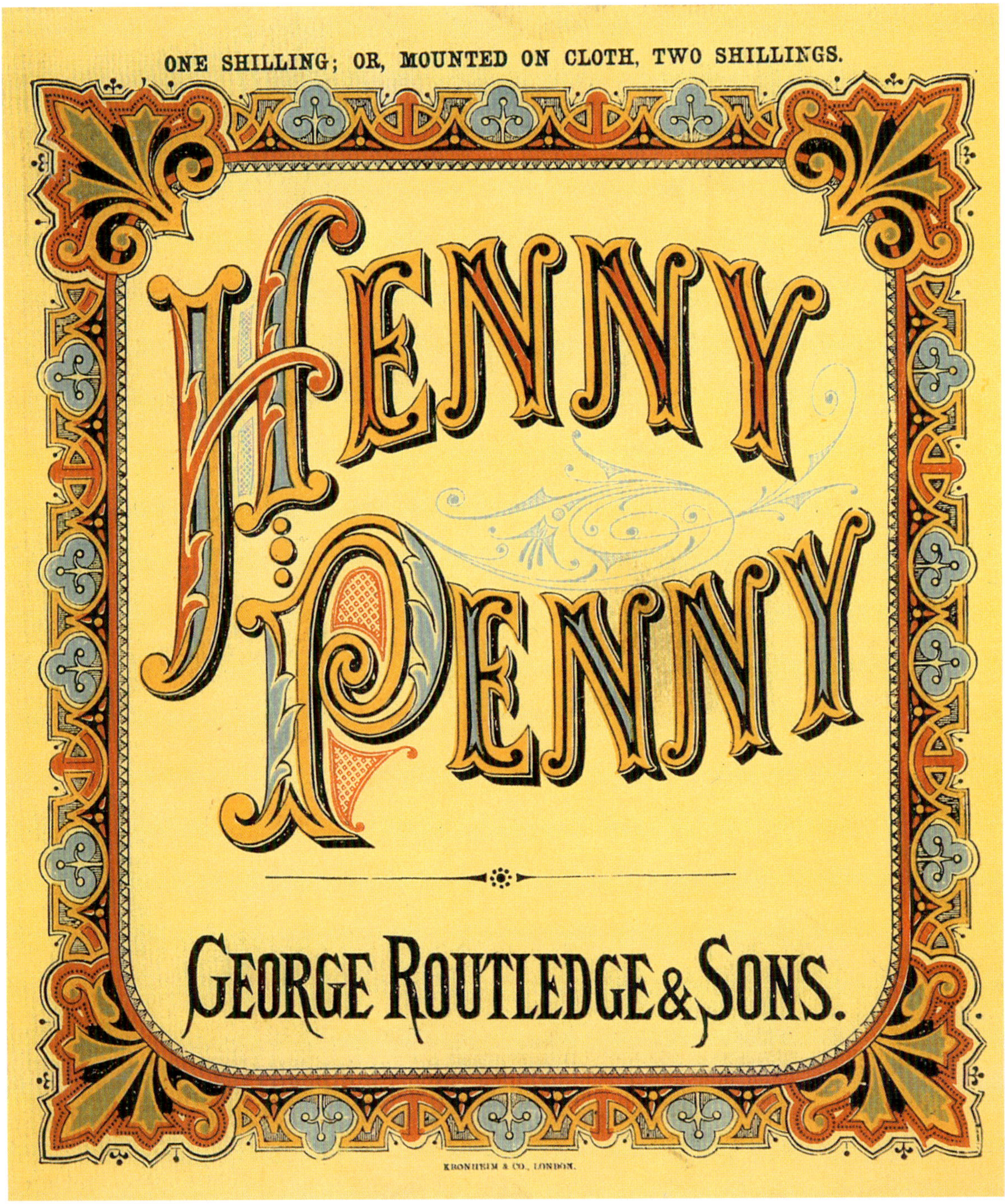

Tiger Brands Limited:
Verpackungsdesign »KOO
Bittere Orangen-Marmelade«

Routledge (Verlag),
Kronheim (Druckerei):
Buchcover »Henny Penny«

2005

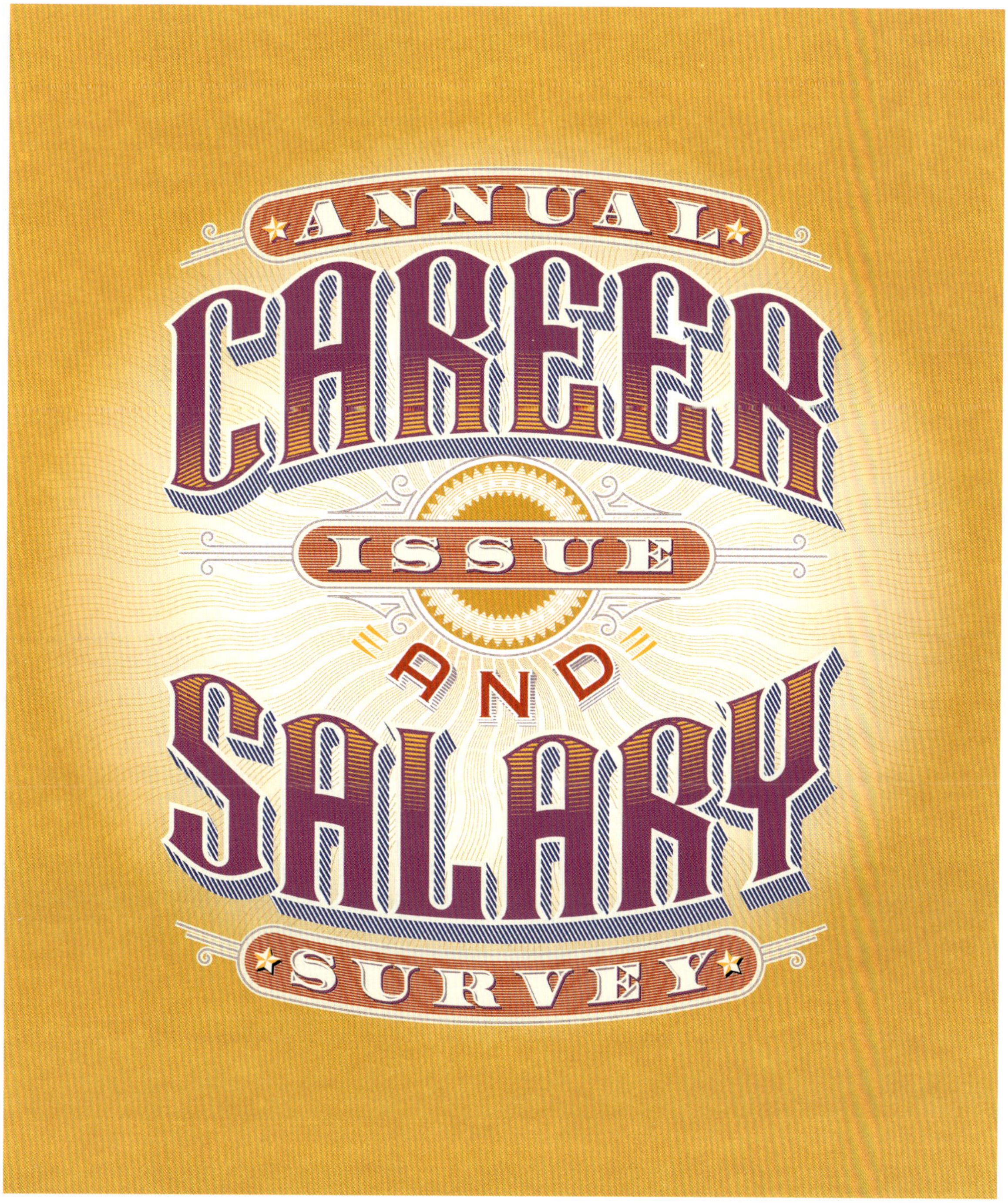

Daniel Pelavin:
Geschäftsbericht für das
»Institute of Management
Accountants«

1852

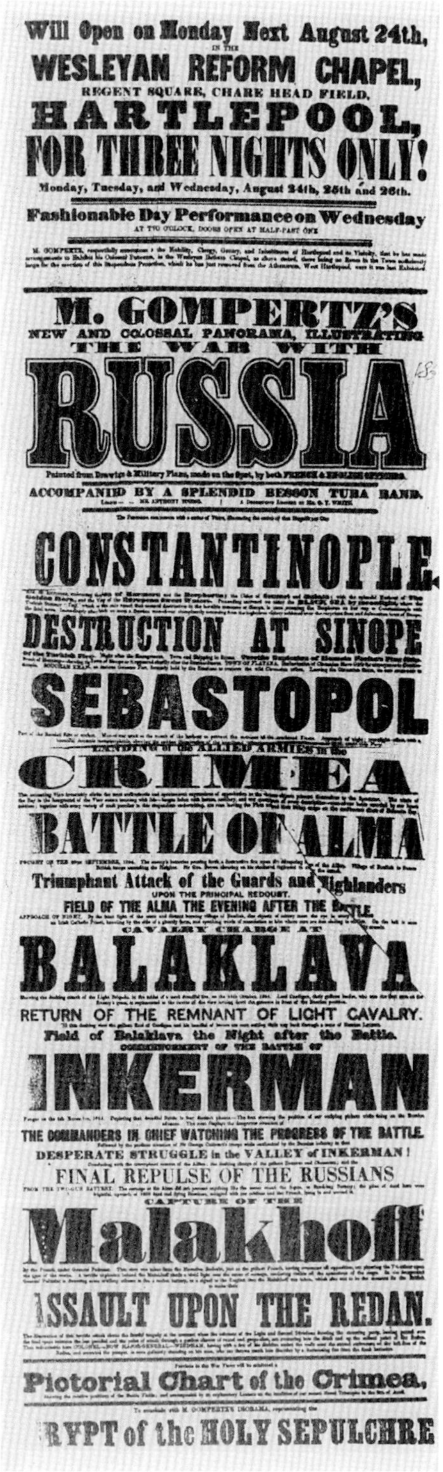

Anonym:
Poster

1988

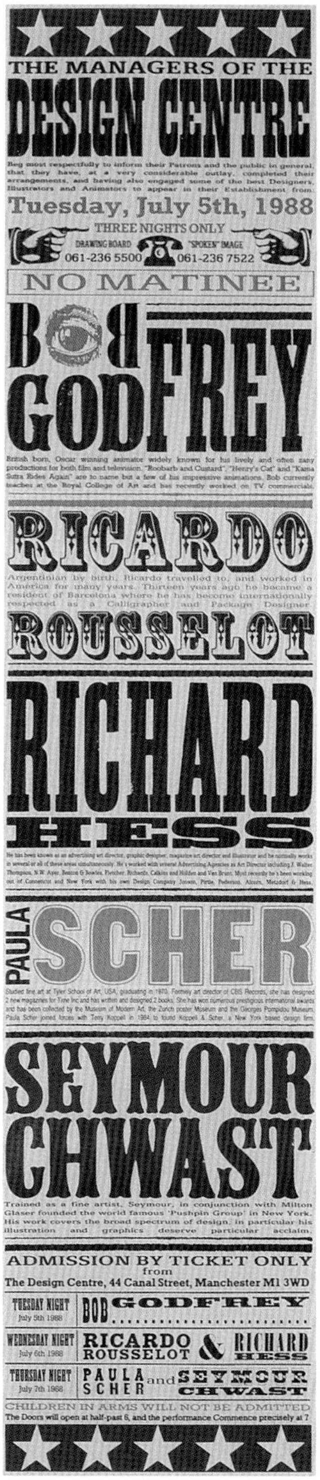

Tony Owen:
»Spoken Image«

2000

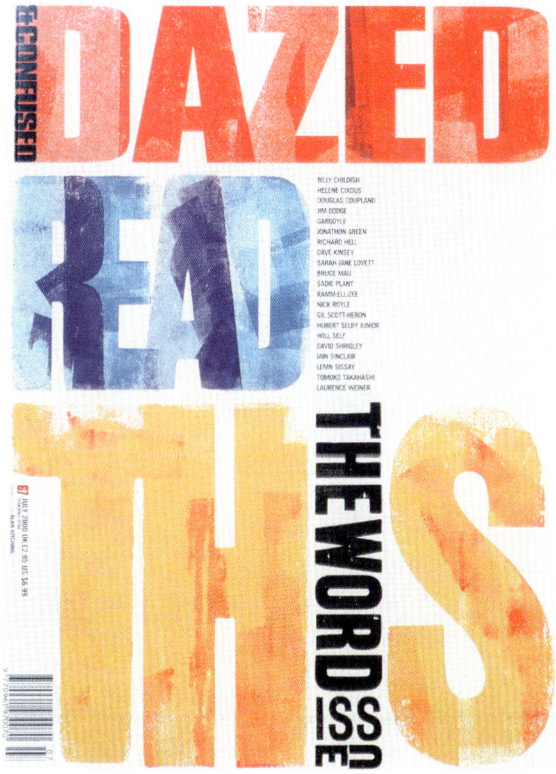

2005

fundstück – Diese Originalverpackung von Anfang des 20. Jahrhunderts zeigt die Kombination verschiedener dekorativer, historistischer Schriften.

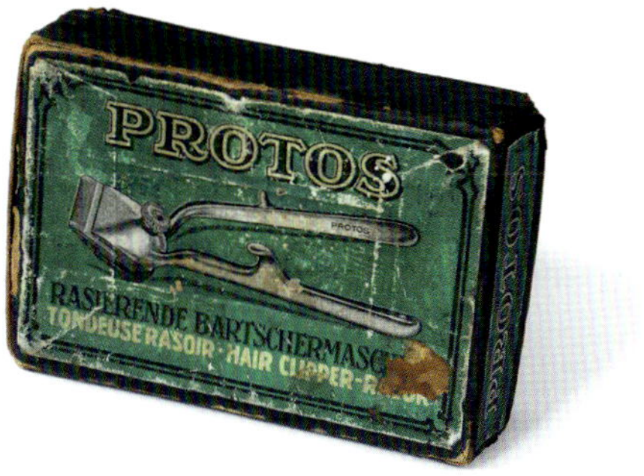

The Typography Workshop,
Alan Kitching (Illustrator):
Cover der Zeitschrift »Dazed & Confused«, Ausgabe 67

Jim Sherraden:
Monoprint

Anonym:
Verpackung einer »Protos«-Bartschermaschine

1884

1888

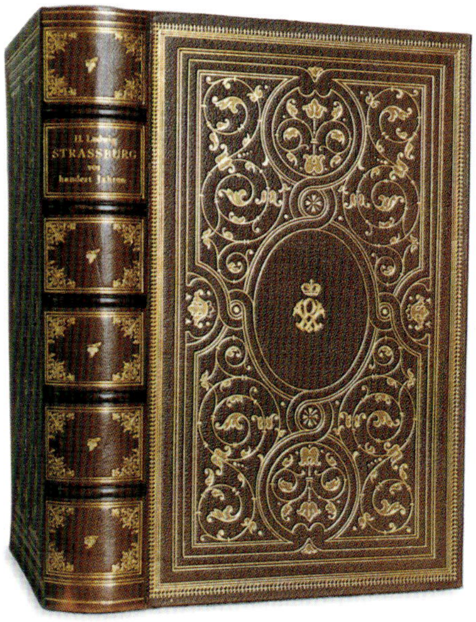

Anonym:
Roter Kaliko-Einband mit reichhaltiger Goldprägung im Stil der italienischen Renaissance, ferner schwarze und braune Farbeinlagen, 30 x 38,5 cm

Anonym:
Deutscher Widmungseinband, brauner Saffianleder-Einband mit Goldprägung im Stil der französischen Renaissance, 15 x 22 cm

2003

Martin Kvamme:
CD-Cover »Mit Gas«
von Tomahawk

ANMUT UND KLARHEIT

ERFREUEN DAS AUGE.

Giambattista Bodoni

1818

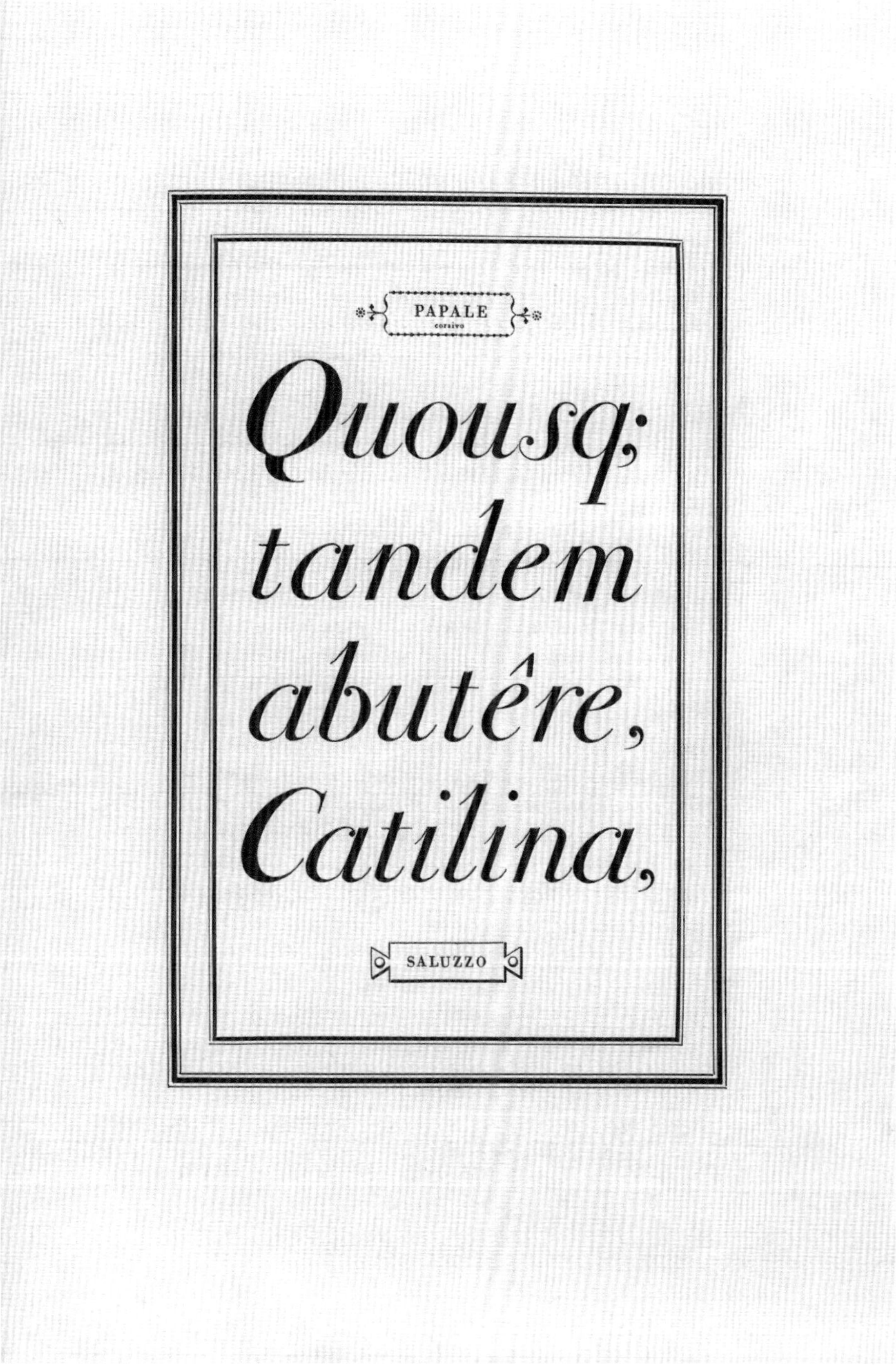

Giambattista Bodoni:
Seite aus dem
»Manuale Tipografico«

2006

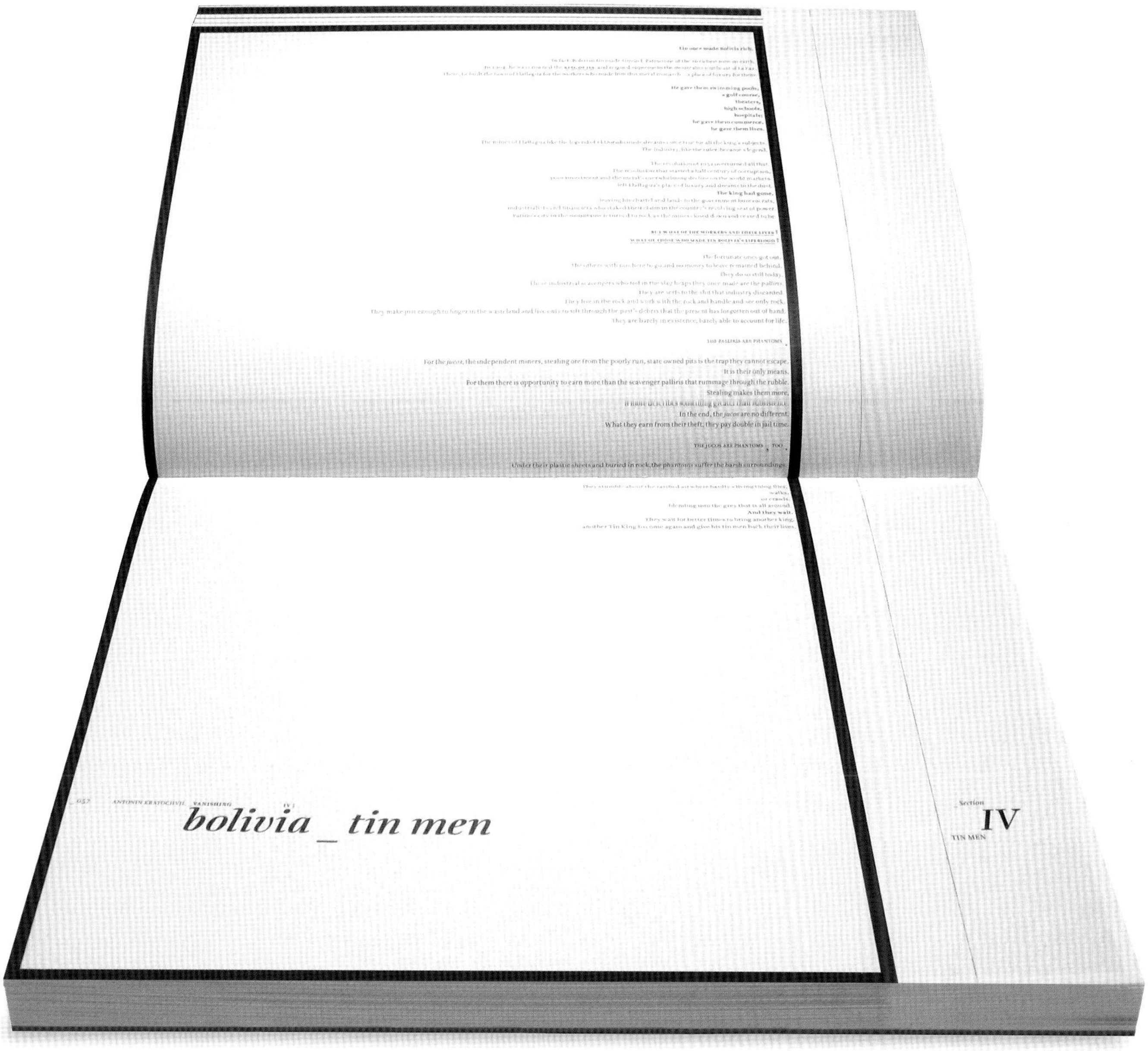

Giorgio Baravalle, de.MO:
Gestaltung des Buches
»Vanishing« von
Antonin Kratochvil

1801

Pierre Didot:
Monogramm

2005

achta design:
Logo für Sanna-Leann

belehren
erfreuen
rühren
Ziele der Barockrhetorik und -poetik

1728–1740

François Cuvilliés:
Großer Speise- und Musiksaal des
»Schloss Augustusburg«, Brühl

2007

Anonym:
Café und Buchladen,
Istanbul

1735–1740

Juste-Aurèle Meissonnier (Entwurf), Henri-Guillaume Adnet
und Pierre-François Bonnestrenne (Ausführung):
Suppenterrine aus Silber
The Cleveland Museum of Art, Leonard C. Hanna, Jr. Fund
1977.182

2004

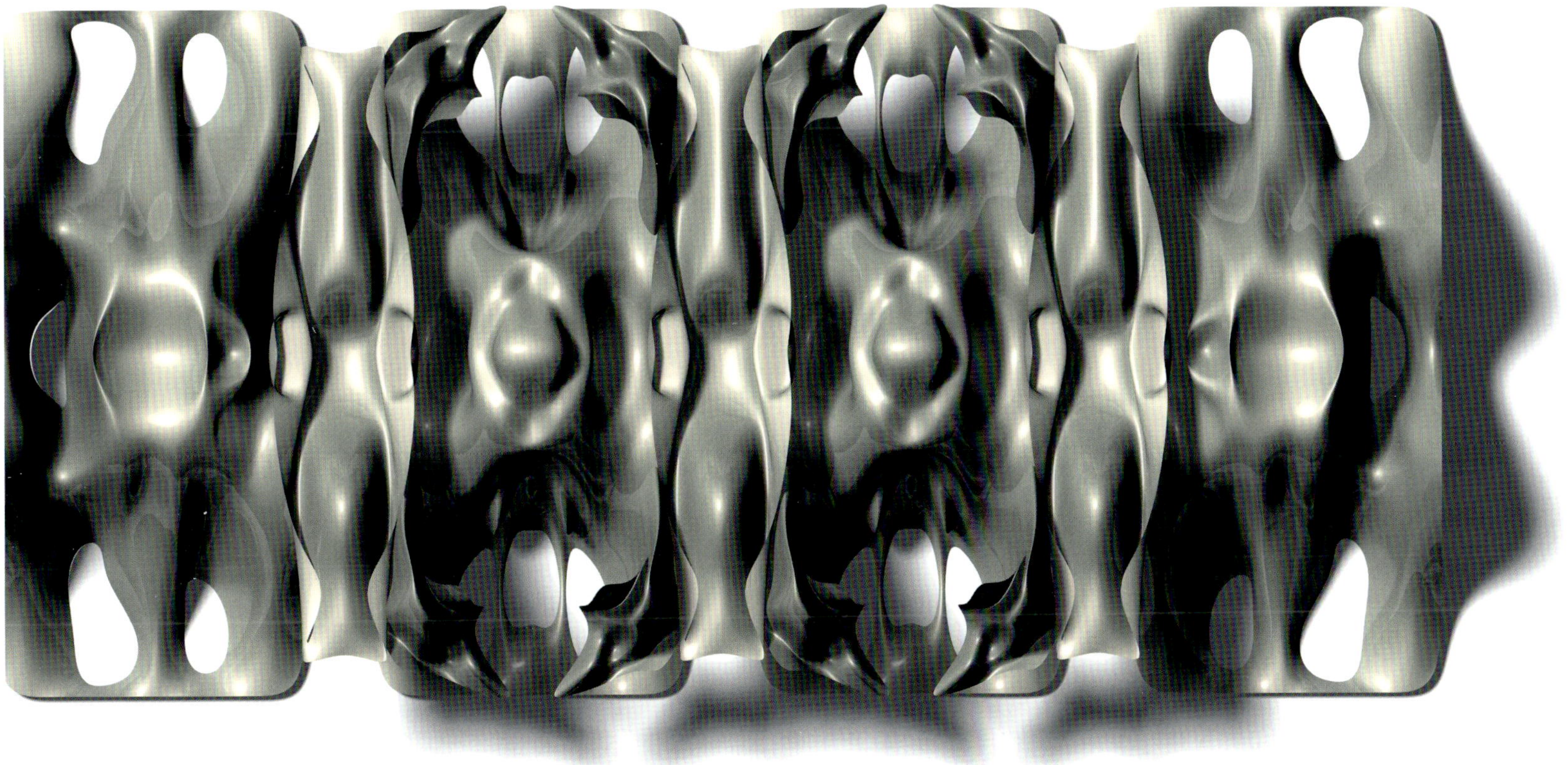

Luc Merx, Gagat international:
Rokokorelevanz,
Entwurf für die Installation
»Wand Rotterdam. Inganno«

1679–1680

Gianlorenzo Bernini:
»Bust of the Savior«, Marmor, Höhe: 92 cm
Geschenk von Walter P. Chrysler, Jr.
Chrysler Museum of Art, Norfolk, VA
71.2043

2004

Evan Douglis Studio:
Rauminstallation
»Helioscopes«

Der Mensch
ist das Maß aller Dinge.

Protagoras

1543

Der Werkstatt von Meister
Jacomo de Pesaro zugeschrieben:
Majolikateller

2006

Huang Yan:
»Absolut Lomo, my vision of Absolut«

ABSOLUT LOMO.
MY VISION OF ABSOLUT THROUGH THE LOMO CAMERA BY HUANG YAN, CHINA.
CREATE YOURS ON ABSOLUTLOMO.COM

1498

Albrecht Dürer:
Holzschnitt »Versuchung des Müßiggängers«

1515

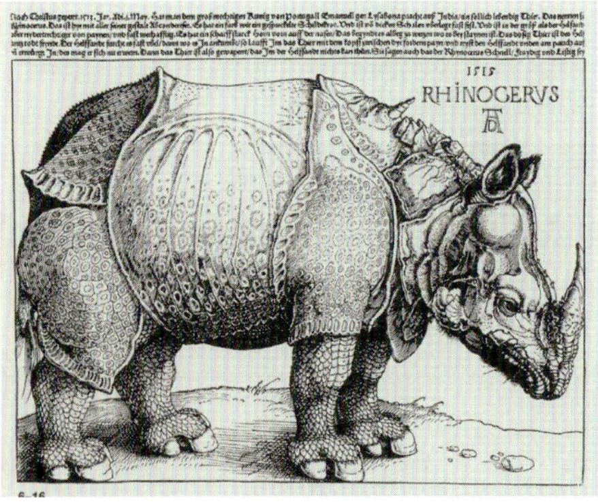

Albrecht Dürer:
Holzschnitt »Rhinocerus«

2002

Hannes Binder:
Illustration »Theatrum mundi«,
Expo 02

1492

Biaggio Rossetti:
»Palazzo dei Diamanti«, Ferrara

2007

Raphaël Garnier:
Cover für das Album »L'univers des arts divinatoires« von J. J. Valentine für Cuicui Music (Vorder- und Rückseite)

um 1500

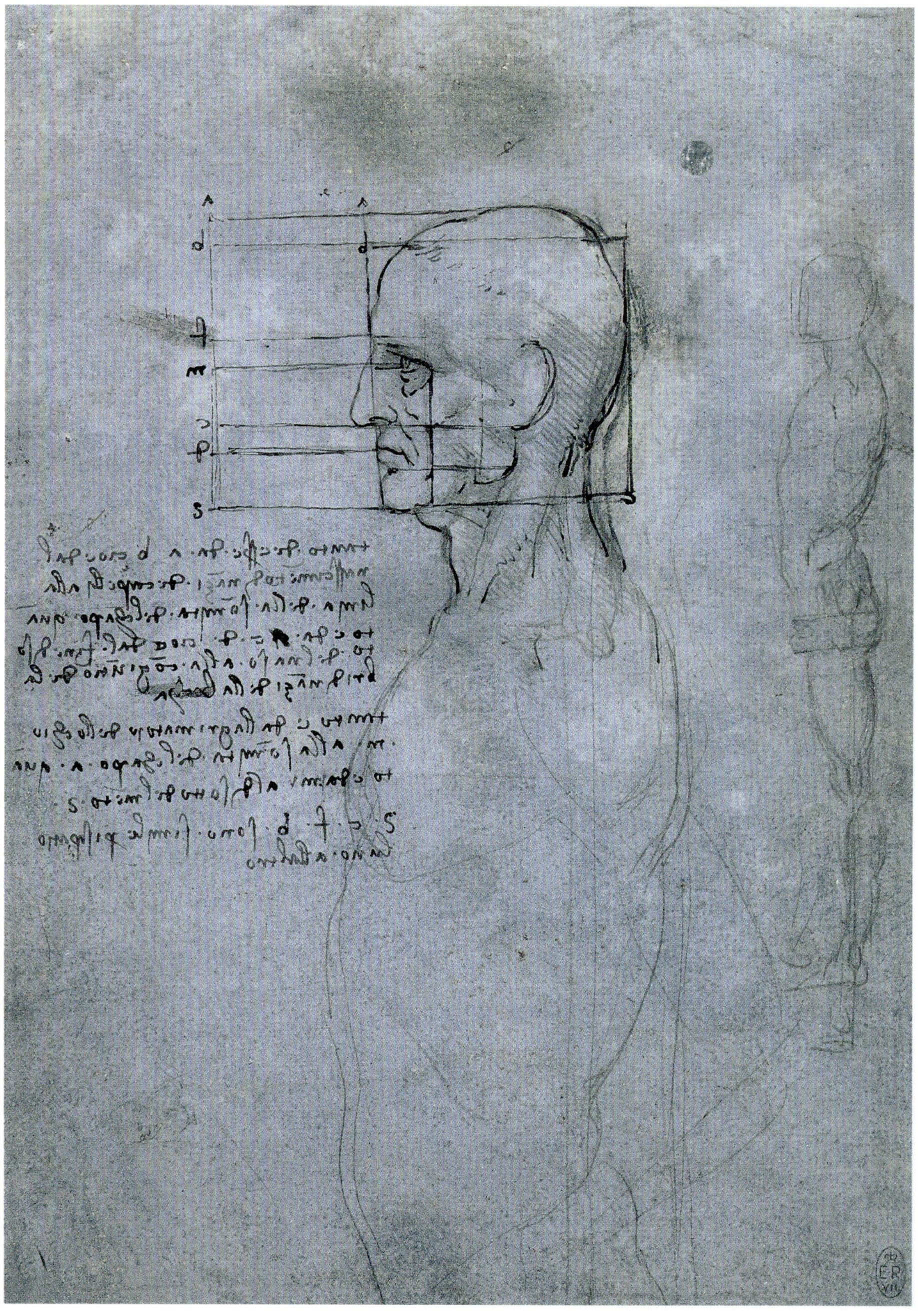

Leonardo da Vinci:
Studie zu den Proportionen
des menschlichen Kopfes
und des Körpers

2004

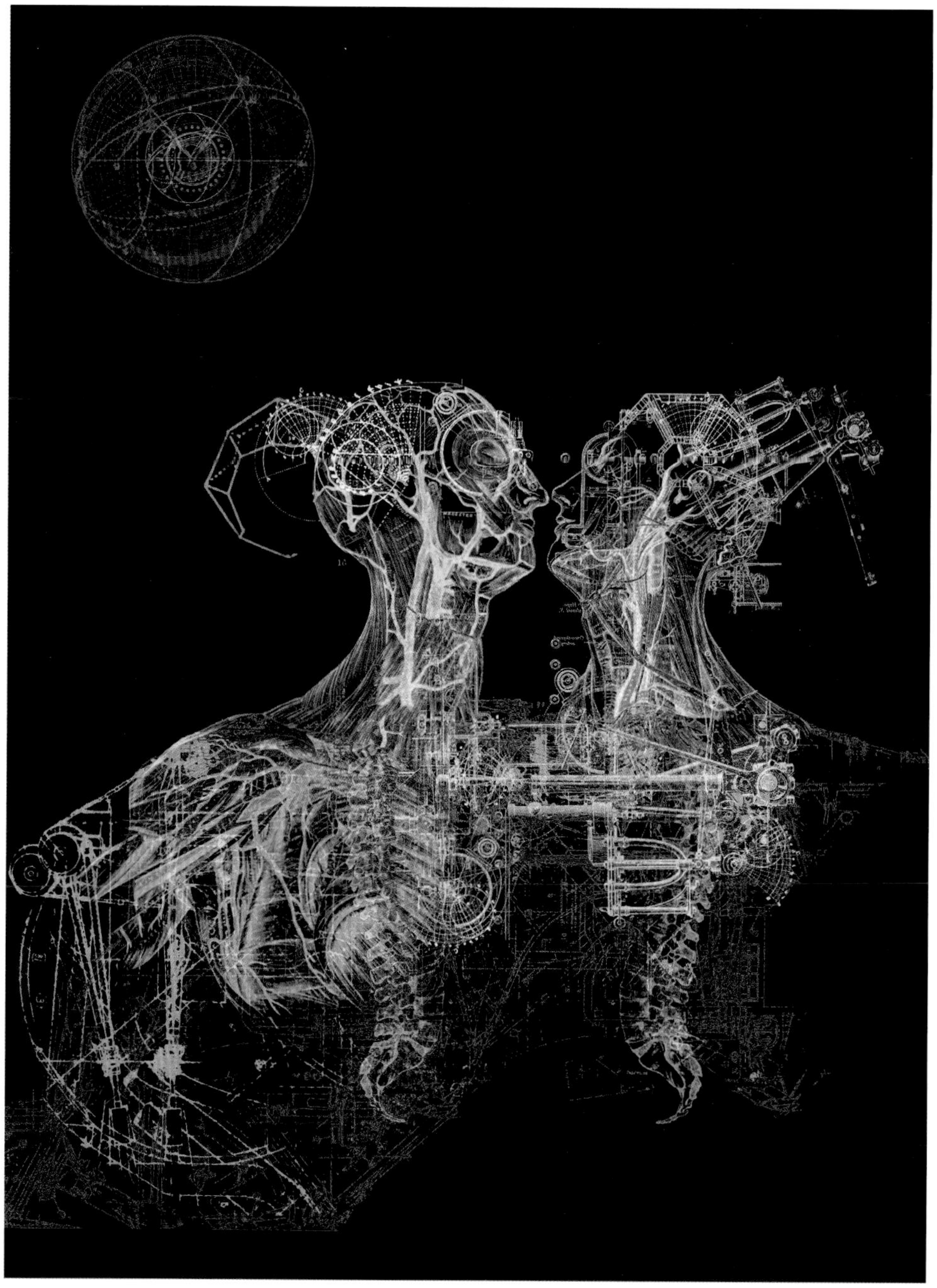

Lifelong Friendship Society:
Illustration »Safe Pools«,
Teil einer Serie von
18 Drucken mit dem Namen
»Nutopia/Distopia«

RETRO STYLE

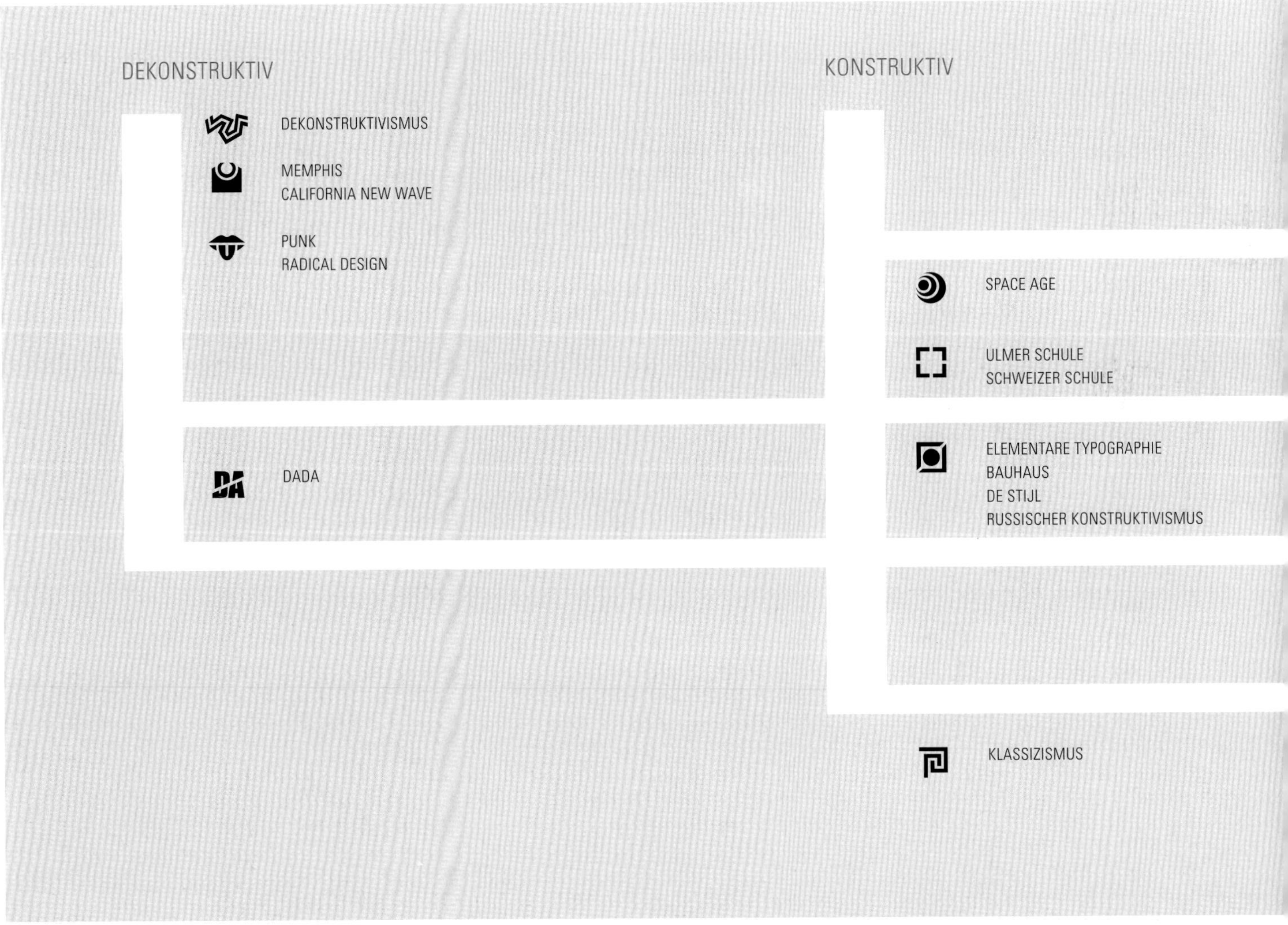
DEKONSTRUKTIV
DEKONSTRUKTIVISMUS
MEMPHIS
CALIFORNIA NEW WAVE
PUNK
RADICAL DESIGN
DADA
KONSTRUKTIV
SPACE AGE
ULMER SCHULE
SCHWEIZER SCHULE
ELEMENTARE TYPOGRAPHIE
BAUHAUS
DE STIJL
RUSSISCHER KONSTRUKTIVISMUS
KLASSIZISMUS

CHARAKTERISTIK

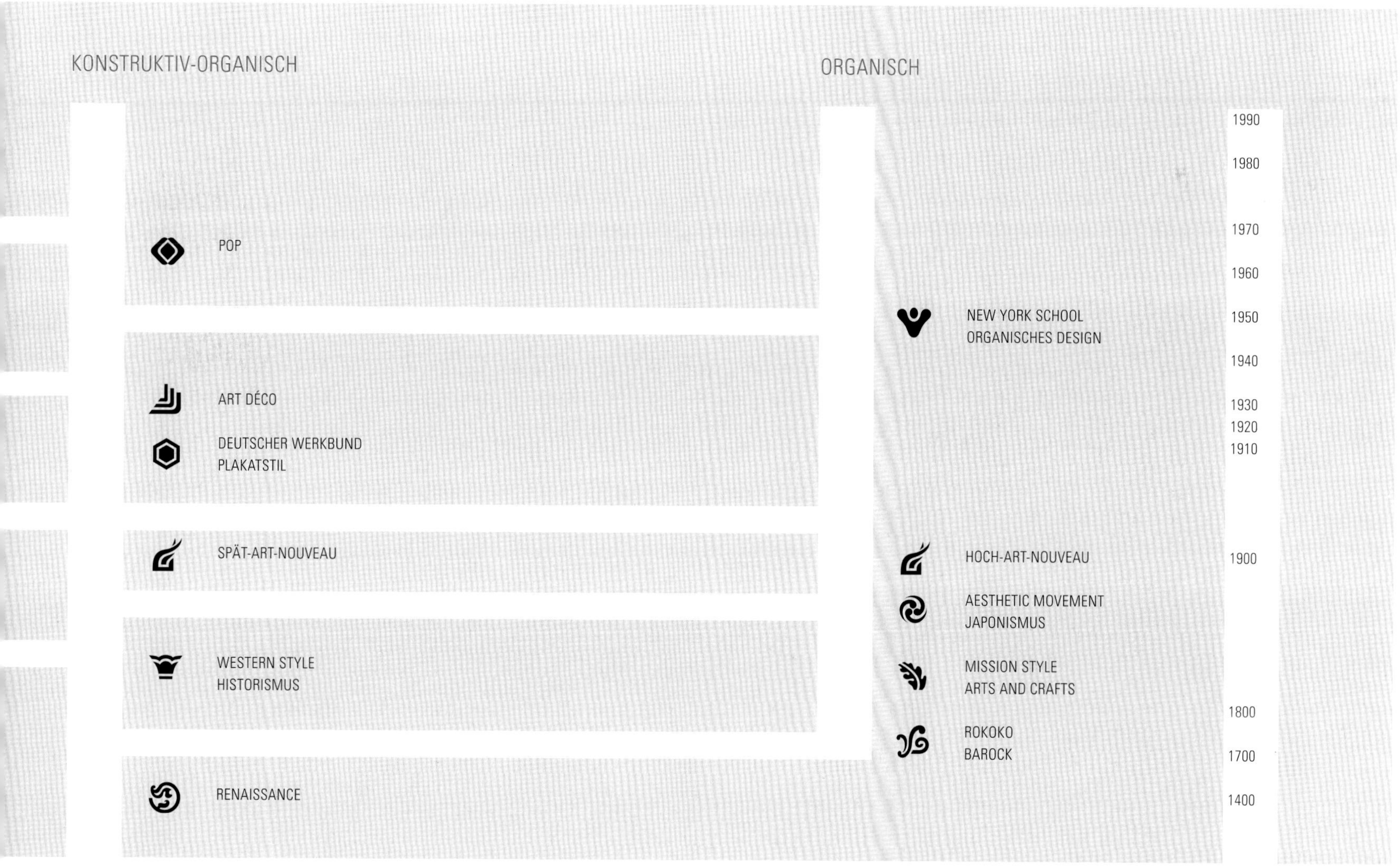

FARBE

01

ZEICHEN

05

07

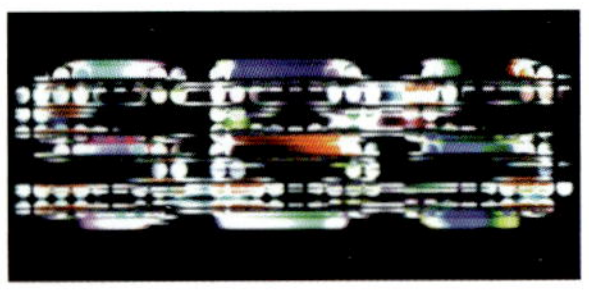

06

MUSTER

02

03

04

SCHRIFT

08

ABCDEFGHI
JKLMNOPQ
RSTUVW
XYZ
1234567890
abcdefghijkl
mnopqrstuv
wxyz

09

ABCDEGH
IJKLMNOP
QRSTUVW
XYZ
1234567890
abcdefghijk
lmnopqrstu
vwxyz

10

ABCDEFGH
IJKLMNOP
QRSTUVW
XYZ
1234567890
abcdefghijk
lmnopqstuv
wxyz

Im Dekonstruktivismus dominierten die Nichtfarben Schwarz und Weiß, doch es wurden auch gedeckte Töne wie Olivgrün und Aubergine verwendet. Orange und Königsblau dienten häufig als Akzent >01. Die Designer des Dekonstruktivismus interessierten sich für die Entwicklung neuer Strukturen, wobei sie aber kaum ornament- und rapportbetonte Muster gestalteten. Durch Übereinanderschichten verschiedener Ebenen entstanden dynamische Strukturen, welche die dekonstruktivistische Sichtweise verdeutlichten >02–04. Die Arbeiten wirkten sehr chaotisch und scheinbar ohne regelmäßige Struktur und Raster, waren aber auf der anderen Seite sehr lebendig und reich an unterschiedlichen grafischen Gestaltungselementen, was die Möglichkeit bot, Neues zu entdecken.

David Carson, der Grafikdesign-Star der 90er Jahre, entwarf viele dekonstruktivistische Logos, bei denen er verschiedene Schriften sowie Groß- und Kleinbuchstaben miteinander kombinierte, Buchstaben beschnitt oder verzerrte und grafische Elemente durch die Schrift laufen ließ >05–06. Das Designerkollektiv Tomato verfolgte mit dem SBS-Logo einen anderen Ansatz. Das Signet scheint sich in einzelne Lichtpunkte aufzulösen >07. Sehr viele neue Schriften entstanden, indem Gestalter verschiedene historische Schriftentwürfe miteinander mixten >08 oder indem bestehende Schriften »zerstört« wurden >10. Manche Designer programmierten die Schriften sogar so, dass sich wiederholt getippte Buchstaben durch einen Algorithmus formal veränderten >09.

05 D. Carson:
Logo, 90er Jahre

06 D. Carson:
Logo, 1993–1994

07 Tomato:
Logo für SBS, 90er Jahre

08 P. Scott Makela:
»Dead history«, 1990

09 E. von Blokland & J. van Rossum: »Beowulf«, 1990

10 L. de Groot:
»Jesus loves you«, 1995

02 The Designers Republic:
Album Cover (Ausschnitt), 1993

03 The Designers Republic:
Album Cover (Ausschnitt), 1993

04 H. D. Reichert, P. Black:
Cover-Illustration, 2001

BILDSTIL

11

12

OBJEKT

16

17

LAYOUT

13

14

15

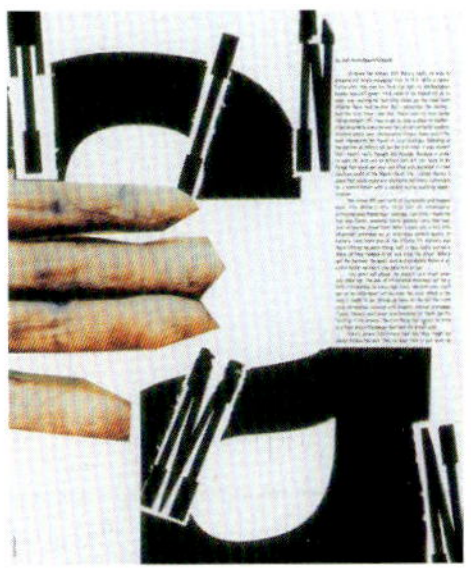

ARCHITEKTUR

18

19

Fotografien und anderes Bildmaterial wurden im Dekonstruktivismus durch Verzerren >11 und Collagieren >12 bis zur Unkenntlichkeit manipuliert. Typografie und Bild gingen stark ineinander über. Die Schrift verlor ihren Informationscharakter und wurde zum nicht mehr entzifferbaren Bild. Ed Fella war mit seinen rein typografischen Plakaten einer der Pioniere des Dekonstruktivismus >13. David Carson entwickelte extrem experimentelle Layouts. Negativflächen und Textfragmente sah er als wichtige Gestaltungselemente >14. Die Schrift stand Kopf oder wurde übereinanderkopiert. Bilder und Texte wurden zerteilt und neu zusammengesetzt >15. Satzbild und Textfahnen gerieten so zur avantgardistischen Formensprache, die sich wehrte, im klassischen Sinne zu funktionieren.

Der Dekonstruktivismus zeichnet sich in dreidimensionalen Arbeiten durch ineinander verschachtelte und verwinkelte, zersplitterte Formen aus >16. Einige dekonstruktivistische Architekten wie Zaha Hadid oder Frank O. Gehry entwerfen neben Gebäuden auch Möbel. Besonders charakteristisch ist die »Dekonstruktion« des berühmten Sessels »Grand Confort« von Le Corbusier durch die Architekten von Coop Himmelb(l)au >17. Frank O. Gehry arbeitet mit dem Verzerren geometrischer Körper, wodurch eine spektakuläre Architektur mit repräsentativer Wirkung entsteht >18. Daniel Libeskinds »Jüdisches Museum« in Berlin ist mit seinen extrem spitzen Winkeln und den fragmentarischen Strukturen der Fassade eine Ikone des Dekonstruktivismus >19.

11 M. Bogue, T. Hopgood: Fotografie aus »i-D«, 1986

12 D. Carson: Doppelseite aus »Ray Gun«, 90er Jahre

13 E. Fella: Poster, 1990

14 D. Carson: Seite aus »Beach Culture«, 1991

15 D. Carson: Seite aus der Zeitschrift »Ray Gun«, 1994

16 Bek: »3D Writing«, 2002

17 Coop Himmelb(l)au (W. D. Prix, H. Swiczinsky; M. Pillhofer): »Vodöl«, Ein Möbel für Vitra, 1988

18 F. O. Gehry: »The Rasin Building«, 1996

19 D. Libeskind: »Jüdisches Museum«, 1989–1999

FARBE

01

MUSTER

02

03

04

ZEICHEN

05

06

07

SCHRIFT

08

Emperor 8
Oakland 8
Emigre 10
Universal 19

09

ABCDEFGHIJ
KLMNOPQRS
TUVWXYZ
1234567890
abcdefghijk
lmnopqrstu
vwxyz

10

ABCDEFGHIJKLMN
OPQRSTUVWXYZ
1234567890
abcdefghijklmn
opqrstuvwxyz

Die 80er Jahre waren bunt >01. Signalfarben wie Pink, Gelb und Grün kombinierte man oft mit Schwarz. Aber auch Pastelltöne wie Rosa, Lindgrün oder Hellblau wurden verstärkt eingesetzt. Diese Vorliebe entstand aus dem Ende der 70er Jahre beginnenden 50er-Jahre-Revival. Die Designer der Gruppe Memphis nutzten auch ein Material aus den 50er Jahren: bunte Resopal-Platten, wie sie damals in Bars und Eiscafés verwendet worden waren. Die dazugehörigen Muster, die vor allem Nathalie du Pasquier entwarf, waren allerdings weitaus knalliger, eckiger und experimenteller als die der 50er Jahre >02–04. Memphis-typisch war die Kombination verschiedener Dekore und Farben bei der Oberflächengestaltung einzelner Objekte.

Die Kombination verschiedener Muster setzte die Gruppe Memphis sogar zur Variation ihres Logos ein >07. Dieser »Verstoß« gegen die Regeln des Logodesigns war Absicht. Die Postmoderne rebellierte gegen das glatte, uniforme Design der Moderne. Nun war fast alles möglich, sogar, dass das Logo des Musiksenders MTV zu einer Ikone wurde, weil es in immer neuen Metamorphosen und Varianten erschien, 2-dimensional, 3-dimensional, bunt, einfarbig, zerstückelt >05. Der Bereich der Schriftgestaltung befand sich im Umbruch. Es entstanden die ersten digitalen »Pixelschriften« >08–09, andererseits zeichnete Neville Brody per Hand eine unglaubliche Fülle an geometrisch-dekorativen Schriften, wie z. B. »Industria« >10 oder »Arcadia«.

02 N. du Pasquier: Teppich »Arizona«, 1983

03 N. du Pasquier: Stoff »Gabon«, 1982

04 N. du Pasquier: Stoff »Cerchio«, 1983

05 Manhattan Design: Logo für MTV, 1981

06 N. Brody: Logo aus der Zeitschrift »The Face«, 1984

07 C. Radl, V. Grego: »Memphis«-Logos, 80er Jahre

08 Z. Licko: Emigres »Lo-Res«-Schriftfamilie, 1985

09 S. Kare: »Chicago«, 1983–1984

10 N. Brody: »Industria«, 1989

BILDSTIL

11

12

13

LAYOUT

14

15

16
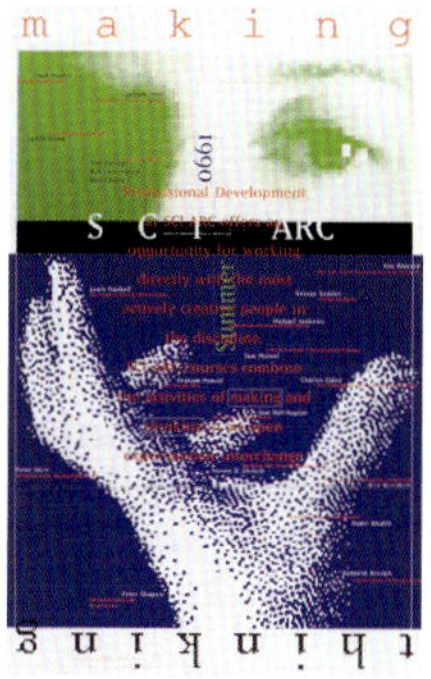

Das Desktop Publishing, das Gestalten am Computer, beeinflusste stark den Illustrationsstil der 80er Jahre. Anfangs waren die Möglichkeiten der Software noch begrenzt, so entstand eine regelrechte, überhöhte »Pixel-Ästhetik« >13. Die 3-dimensionale Darstellung von geometrischen Formen, die oftmals zu schweben schienen, wurde zu einem beliebten Stilmittel >11–12. Ein experimentelles Design entwickelte sich, indem viele New-Wave-Gestalter Schriftzüge und Abbildungen so übereinander schichteten, dass eine gewisse Tiefenwirkung und ein collagenhafter Look entstand >14, 16. Neville Brody vertrat einen klareren Gestaltungsansatz, der mit seinen Anleihen bei historischen Stilen wie Bauhaus und Konstruktivismus allerdings auch typisch postmodern war >15.

11 M. Vanderbyl:
Poster (Ausschnitt), 1984

12 Skolos, Wedell, Raynor:
Poster (Ausschnitt), 1982

13 Hersey: Buchcover
»Pacific Wave«, 1987

14 G. A. Suokko, Emigre
Graphics: »Emigre«-Cover, 1989

15 N. Brody:
Poster »Tyson vs. Tubbs«, 1988

16 A. Greiman:
Poster für das »SCI ARC«, 1991

OBJEKT

17

18

19

ARCHITEKTUR

20

21

22

Alessandro Mendini und seine Gruppe Studio Alchimia waren nicht nur wichtige Vertreter des Radical Designs, sondern auch Pioniere des postmodernen Designs. Der historische Sessel, den Mendini durch einen bunten Pixellook kontrastierte, ist ein Klassiker der Postmoderne >17. Doch erst die Gruppe Memphis prägte mit ihren Möbeln >18 entscheidend das Design der 80er Jahre. Das Memphis-Design weist viele Parallelen zur postmodernen Architektur auf. Postmoderne Architekten spielten mit historischen Zitaten, bezogen lokale Traditionen in ihre Planungen mit ein und scheuten sich nicht vor Ornamenten, Prunk, Dekoration und Kitsch >20–22. Daniel Weils Radio in einer dekorierten Plastiktüte zeigt zusätzlich Merkmale des Dekonstruktivismus >19.

17 A. Mendini:
Sessel »Proust«, 1978

18 E. Sottsass:
Regal »Carlton«, 1981

19 D. Weil:
»Radio in a Bag«, 1981

20 C. Moore: »Piazza d'Italia«,
New Orleans, 1978

21 P. Johnson: »AT&T Building«, New York, 1978–1984

22 M. Graves: »Portland Public
Service Building«, 1980

FARBE

01

MUSTER

02

03

04

ZEICHEN

05

06

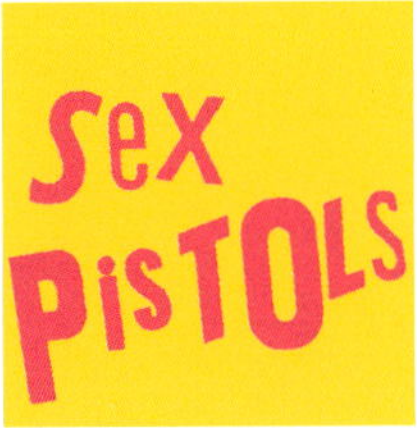

07

SCHRIFT

08

09

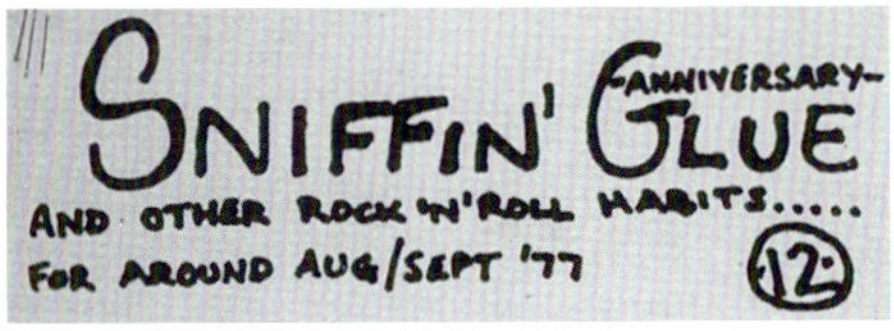

10

Punk wollte provozieren. Auch mit der Wahl der Farben. Die typischen Farben der Rockmusik sind Schwarz, Weiß und Rot, doch Jamie Reid, einer der wichtigsten Designer des Punk, prägte auch – vor allem mit seinen Entwürfen für die Band Sex Pistols – die Kombination der Schockfarben Gelb, Pink und Schwarz >01. Im Punk wurde eine Ästhetik des Chaotischen und Unperfekten zelebriert. Diese Ästhetik hatte neben dem Bereich Typografie großen Einfluss in der Mode. Typische Muster in der Punk-Kleidung waren z. B. Schottenkaros, Leopardenfellimitationen oder Schachbrettmuster >02–04. Diese gingen nach und nach in die Mainstream-Mode über. Modedesignerin Vivienne Westwood machte aus der Punk-Mode sogar Haute Couture.

Die Logos der Zeitschrift »Punk« und der Bands Sex Pistols und The Clash zeigen die wichtigsten Charakteristika der Punk-Typografie >05–07. Typografie sollte »dreckig« sein, unregelmäßig geformt, zerfetzt und kaputt. Wörter wurden wie Erpresserbriefe aus Buchstaben völlig unterschiedlicher Schriften zusammengesetzt oder Satzfragmente aus vorgefundenen Schriftstücken collagiert >08, 10. Man setzte die eigene Handschrift als Gestaltungselement ein >09. Es wurde gekrickelt und großkopiert. Eine regelrechte Do-it-yourself-Bewegung entstand, die eine Ästhetik des Dilettantischen, Unvollkommenen und Hässlichen hervorbrachte. Die starken Verbindungen zu Street Art, Graffiti und Comic verstärkten den wilden, chaotischen Gesamteindruck.

02 Anonym: Schottenkaro

03 Anonym: Künstliches Leopardenfell

04 Anonym: Schachbrettmuster

05 Anonym: Logo der Band The Clash, ca. 1976

06 J. Reid: Logo der Sex Pistols, 1976

07 J. Holmstrom: Logo der Zeitschrift »Punk«, 1975

08 Doo Da Post. Inc.: Schriftzug, 1977

09 M. Perry: Schriftzug für »Sniffin' Glue«, 1977

10 Ziro Baby: Schriftzug, 1983

BILDSTIL

11

12

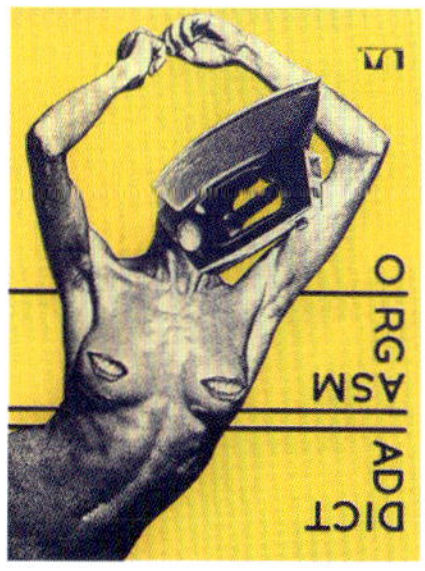

13

OBJEKT

17

18

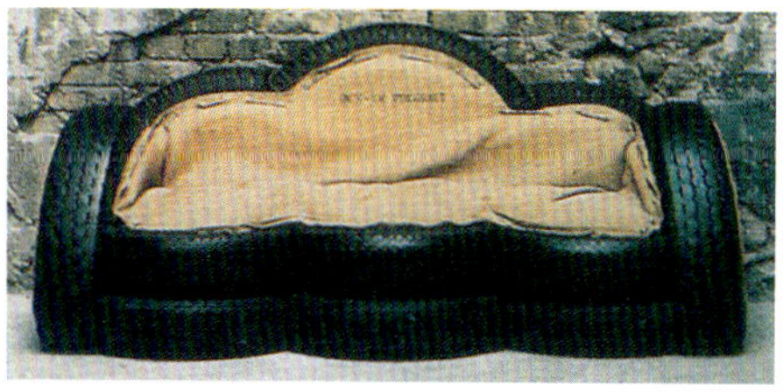

LAYOUT

14

15

16

ARCHITEKTUR

19

20

Fotomontagen, die oft einen destruktiven Charakter aufwiesen, dominierten den Punk-Bildstil >12. Diese erinnern an die Arbeiten der Dadaisten. Aber auch Zeichnungen im Comic-Stil >13 sowie Kritzeleien mit spontanem und aggressivem Ausdruck waren typisch. Durch den Einsatz von Kopierern wurden Fotografien oft auf reine Kontraste reduziert >11. Layouts erhielten den hektischen Punk-Stil, indem alle Gestaltungselemente wie Bilder, Zeichnungen, Typografie und Handschrift wild herumgewirbelt wurden >14–16.
Dadurch entstand eine sehr enge Verzahnung von Bild und Text. Obwohl Medien wie Fanzines, Flyer, Poster oder Konzertkarten schnell und flüchtig gestaltet wurden, hatten sie oft eine starke visuelle und kommunikative Kraft.

Ende der 60er Jahre begannen Radical Design-Gruppen, mit experimentellen Entwürfen gegen das Mainstreamdesign zu protestieren. Dazu gehörte Mitte der 70er Jahre, als die Grenzen der natürlichen Ressourcen deutlich wurden, auch das Recycling von bestehenden Produkten in neuen Designentwürfen >18. Alessandro Mendini leitete dagegen schon die Postmoderne ein. Er gestaltete Ikonen der Moderne, wie Marcel Breuers »Wassily Chair« (auch »B3«), provokativ um und nannte die Ergebnisse »Redesign« >17. In der Architektur gab es unkonventionelle, von Comic und Science-Fiction inspirierte Ideen >19, aber auch Negativutopien, wie die »Superstrukturen« der Gruppe Superstudio, die als Kritik an der Absurdität moderner, rationaler Stadtplanung gedacht waren >20.

11 Anonym:
Konzertflyer (Ausschnitt), 1980

12 M. Garrett, Linder:
Album Cover (Ausschnitt), 1977

13 J. Holmstrom: Cover der Zeitschrift »Punk«, 1976

14 Anonym:
Poster, 1977

15 M. Perry und andere:
Cover für »Sniffin' Glue«, 1976

16 Anonym:
Konzertflyer, 1976

17 A. Mendini: Umgestalteter Sessel »Wassily«, 1978

18 Des-in:
Reifensofa, 1974

19 G. Kohlmaier, B. von Sartory:
»transit corridor«, 1969

20 Superstudio:
»Project for Manhattan«, 1969

FARBE

01

MUSTER

02

03

ZEICHEN

04

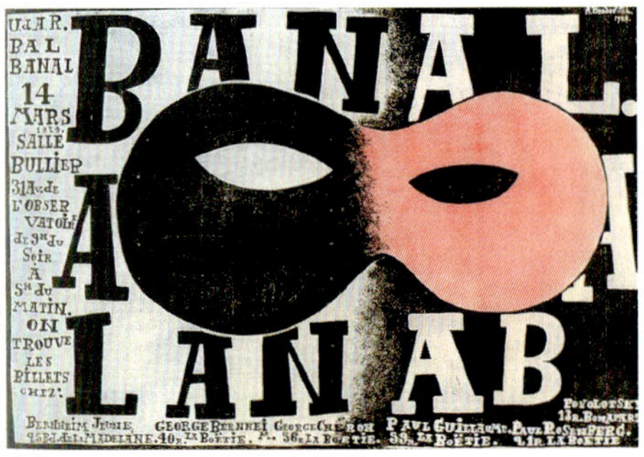

05

SCHRIFT

06

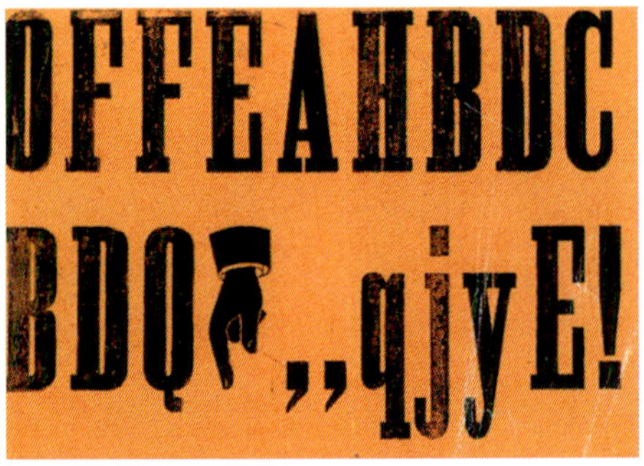

07

Wie im Russischen Konstruktivismus bildeten Schwarz, Weiß und Rot die bevorzugten Farben der Dada-Grafiker. In Collagen, dem malerischen Werk und in Entwürfen für Stoffe nutzten sie auch ungewöhnliche Farbzusammenstellungen. In experimenteller Weise fanden Farbkombinationen wie Rosa und Grün, Orange und Blau oder Gelb und Schwarz Einzug in die Arbeiten der Dadaisten >01. Klassische Muster, die auf einem regelmäßigem Rapport basieren, schufen die Künstler kaum. Stattdessen collagierten Sonia Delaunay und Hannah Höch farbige Stoff- und Papierfetzen und entwickelten daraus unregelmäßige, abstrakte Kompositionen >02–03. Sonia Delaunay nähte aus so entstandenen Stoffen sogar avantgardistische Kostüme und Kleider.

Die inoffiziellen Symbole des Dadaismus waren der Schriftzug »DADA« in extrem hohen, fetten, roten Lettern >12 sowie das Piktogramm einer Hand, die auf etwas zeigt >06. Dada war aber keine Institution mit fest definierten Regeln, sondern zeichnete sich aus durch Chaos, Nonsens und die Kombination der verschiedensten Zeichen und Buchstaben >05. Dadaistische Entwürfe brachten oft sehr starke, symbolische Bilder hervor >04. Die experimentelle Arbeit mit Sprache und Schrift war ein wichtiges Charakteristikum von Dada. So erfand Raoul Hausmann »Plakatgedichte«, die aus der Aneinanderreihung unzusammenhängender Buchstaben bestanden >06. Kurt Schwitters entwickelte eine Schrift mit ungewöhlich kombinierten Buchstabenformen >07.

04 A. Brodovitch:
Plakat »Bal Banal«, 1924

05 Anonym: Cover der
»Little Review«, 1923–1924

02 S. Delaunay:
Decke für ein Kinderbett, 1911

03 H. Höch:
Collage »Dada«, ca. 1922

06 R. Hausmann:
»Plakatgedicht«, 1918

07 K. Schwitters: Schriftentwurf »Mejster«, ca. 1927

BILDSTIL

08

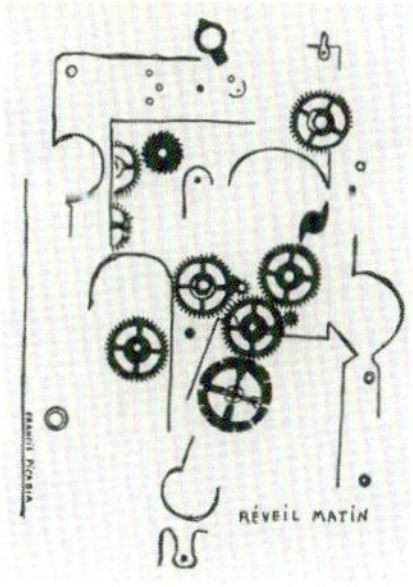

09

10

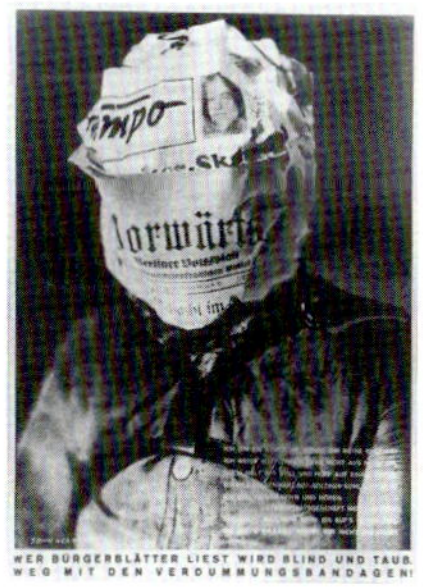

OBJEKT

13

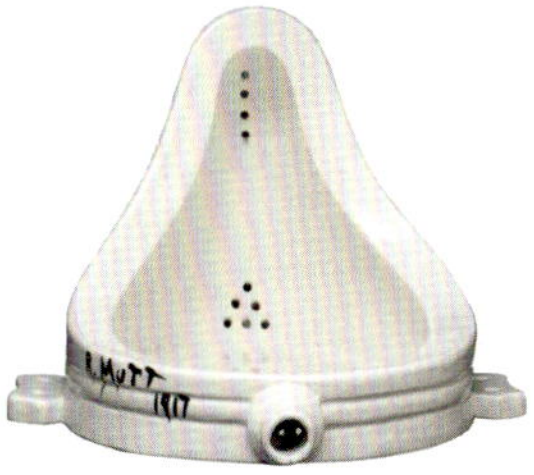

14

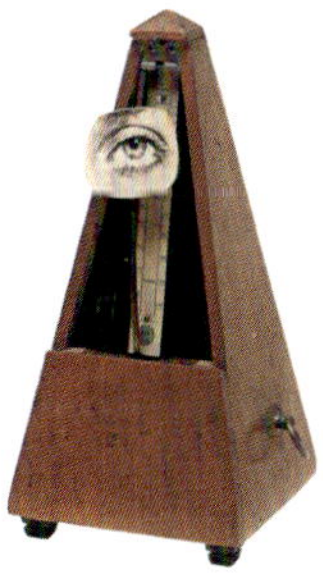

15

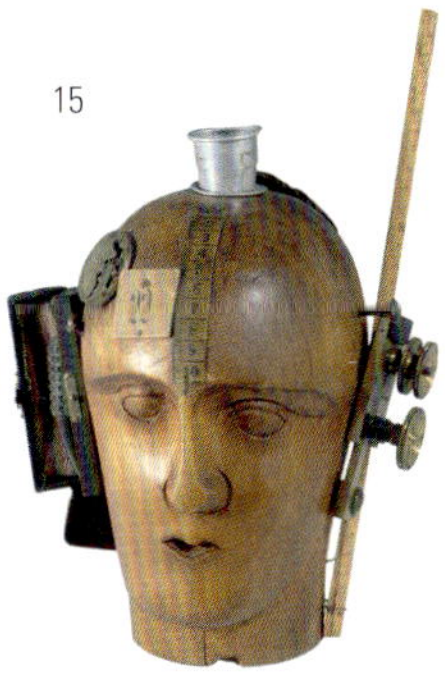

LAYOUT

11

12

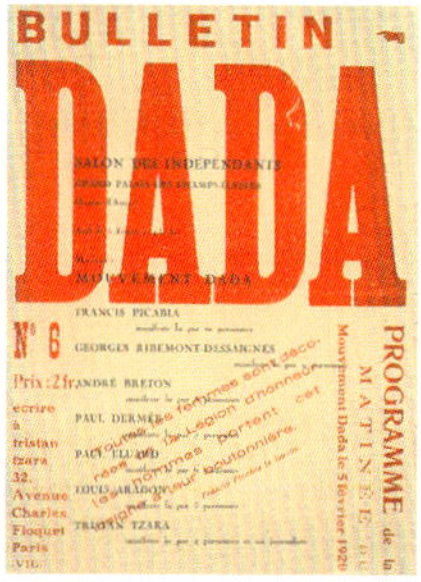

ARCHITEKTUR

10

17

Dada war kein homogener Stil. Einige Dadaisten, wie z. B. Francis Picabia, visualisierten ihre Faszination für die Welt der Maschinen in Form reduzierter Grafiken >08, die meisten anderen erstellten Collagen mit Bildern aus dem neuen Medium »Illustrierte Wochenzeitschrift« >09. John Heartfield entwickelte diese Technik noch weiter. Mit seinen ausgeklügelten Fotomontagen formulierte er gezielt und provokativ politische Botschaften >10. Vor allem im Layoutbereich zeigte sich in den dadaistischen Entwürfen die Beeinflussung durch den Russischen Konstruktivismus. Doch die Dadaisten experimentierten noch mutiger mit Typografie, ließen Schriften einander überlagern >12, ordneten die Buchstaben kreuz und quer an >11 und vermischten verschiedene Schriftarten.

Dadaisten entwickelten neue Arten von Skulpturen und Installationen. Marcel Duchamp gilt als Erfinder der »Ready-mades«. Beispielsweise erklärte er ein Pissoir zum Kunstobjekt >13, indem er es verkehrt herum aufstellte und signierte. Raoul Hausmann schuf dagegen mit seinem Werk »Mechanischer Kopf« eine der ersten »Assemblagen«, indem er vorgefundene Objekte, »Objets trouvés«, zusammenmontierte >15. Zwischen Dadaismus und Surrealismus gab es enge Verbindungen. Ein gutes Beispiel dafür sind die Werke Man Rays >14. Kurt Schwitters entwickelte mit seinem »Merzbau« das einzige bekannte Beispiel von Dada-Architektur >16–17. Die verwinkelten, komplexen Formen nehmen die Werke des Dekonstruktivismus vorweg.

08 F. Picabia: Grafik »Réveil Matin«, 1919

09 R. Hausmann: »dada-Cino«, Gouache auf Collage, 1921

10 J. Heartfield: Fotomontage, 1930

11 K. Schwitters: Einladung zur »dada Matinee«, 1923

12 T. Tzara: Cover der Zeitschrift »Dada«, Nr. 6, 1920

13 M. Duchamp: »Fountain«, 1917 (Replikat von 1963)

14 M. Ray: »Objet indestructible«, 1923 (Replikat von 1959)

15 R. Hausmann: Assemblage »Mechanischer Kopf«, 1919

16 K. Schwitters: Inneneinrichtung des »Merzbau«, um 1930

17 K. Schwitters: Inneneinrichtung des »Merzbau«, um 1930

FARBE

01

ZEICHEN

05

06

MUSTER

02

03

04

SCHRIFT

07

COUNTDOWN

08

BABY TEETH

09

ABCDEF
GHIJKLM
NOPQRS
TUVXYZ
W abcdef
ghijklmno
pqrstuvx
yzw 1234
567890

Die Euphorie für die Raumfahrt und die an Bedeutung gewinnenden neuen Kunstrichtungen wie Op Art waren für das Space-Age-Design der 60er Jahre von entscheidender Bedeutung. Op-Art-Künstler arbeiteten mit dem Schwarz-Weiß-Kontrast und erstellten flirrende Muster, die von Designern nachempfunden wurden und in der Innenarchitektur zur Anwendung kamen >02. Die elektrisierenden Bilder startender Raketen brachten viele Designer dazu, Silber und Weiß in ihren Entwürfen einzusetzen. Einen Akzent bildeten leuchtende Farben wie Pink, Violett und Blau >01, 04. Der Astronautenhelm war eines der wichtigsten Symbole der Zeit und sorgte dafür, dass die Kugel und der Kreis im Design zu bestimmenden Formen wurden >03.

Die Op-Art beeinflusste Logoentwicklungen stark. Viele Logos basierten auf der geometrischen Grundform des Kreises. Lance Wyman gestaltete ausgehend von den olympischen Ringen das Logo der Olympiade in Mexico im Op-Art-Look >06. Das Wollsiegel – ein stilisiertes Wollknäuel – erinnert an die Gemälde der Op-Art-Künstlerin Bridget Riley >05. Im Trend waren Display-Schriften in konstruktiv-dekorativen Formen >07–08. Ihre Verbreitung wurde durch die neue Technik der Abreibeschriften der Firma Letraset begünstigt. Aber auch funktionalere Schriftentwicklungen wie die »Eurostile« nahmen die abgerundeten, kugeligen Formen der Zeit auf >09. Willy Fleckhaus, Art-Direktor der Zeitschrift »twen«, nutzte schmale Groteskschriften in riesigen Schriftgrößen.

02 A. Boggeri:
Op-Art-Teppich, 1966

03 V. Panton:
Teppich »Geometri 1«, 1960

04 H. Williams:
Stoffmuster für Heal's, 1968

05 F. Saroglia:
»Woolmark«, 1965–1966

06 L. Wyman:
Oympia-Logo, 1966

07 C. Brignall:
»Countdown«, 1965

08 M. Glaser:
»Babyteeth«, 1968

09 A. Novarese:
»Eurostile«, 1962

BILDSTIL

10

11

LAYOUT

12

MONDO CAVALLO

13

WE ALL LOVE JACK

Die Designer der 60er Jahre transferierten den Stil der Schweizer Schule in die Zukunft. Figuren wurden freigestellt und angeschnitten, aber viel freier und extremer als früher >10. Fotografien wurden oft auf den grafischen Kontrast zwischen Schwarz und Weiß reduziert >11. Art-Direktoren wie Willy Fleckhaus und Herb Lubalin revolutionierten das Zeitschriftendesign, indem sie die Typografie als ein wichtiges gestalterisches Element einsetzten. Gigantisch große Überschriften im Kontrast zu winzig kleinen Textblöcken oder einer vollflächigen Fotoseite erzeugten Spannung >13. Willy Fleckhaus bestimmte beim Design der Zeitschrift »twen« alles. Er engagierte die Avantgarde der Illustratoren und Fotografen, so dass man sogar vom »twen«-Style sprach >12.

10 P. Knapp: Doppelseite aus der Zeitschrift »Elle«, 1965

11 W. Fleckhaus: Illustration für »twen«-Schallplatte, 1961

12 W. Fleckhaus: Doppelseite aus »twen«, 1964

13 H. Lubalin: Seite aus der Zeitschrift »Eros«, 1962

OBJEKT

14

15

ARCHITEKTUR

16

17

Eero Aarnio schuf mit seinen kugelförmigen Sitzgelegenheiten »Bubble« >14, »Ball« und »Pastille« die Ikonen des Space-Age-Designs. Vico Magistretti bezog sich mit seinem Design der Lampe »Eclisse« >15 sogar noch stärker auf den Weltraum, indem er auf die Sonnenfinsternis anspielte. Designguru Richard Buckminster Fuller erdachte viele Design-Utopien, doch erfolgreich wurden hauptsächlich seine »geodätischen Kuppeln« >16, kugelförmige Gebäude, die aus kleinen Modulen zusammengesetzt waren. Module waren insgesamt ein wichtiges Thema im Industriedesign und der Architektur. Sicherlich auch angeregt durch Entwicklungen in der Raumfahrt. Ein gutes Beispiel ist das Gebäude von Moshe Safdie für die »Expo« in Montreal >17.

14 E. Aarnio: Sessel »Bubble«, 1968

15 V. Magistretti: Lampe »Eclisse«, 1967

16 R. Buckminster Fuller: »Geodesic Dome«, 1967

17 M. Safdie & Associates: »Habitat«, 1964–1967

FARBE

01

MUSTER

02

03

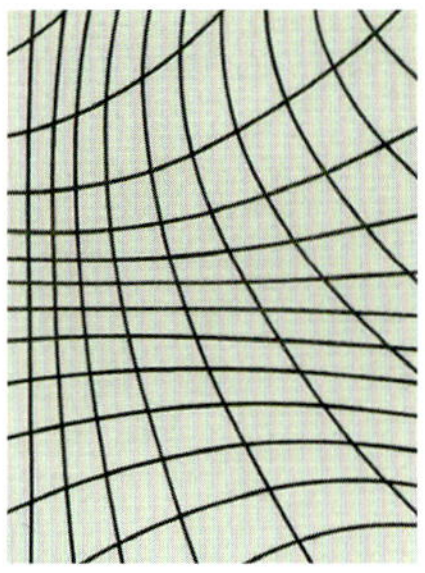

04

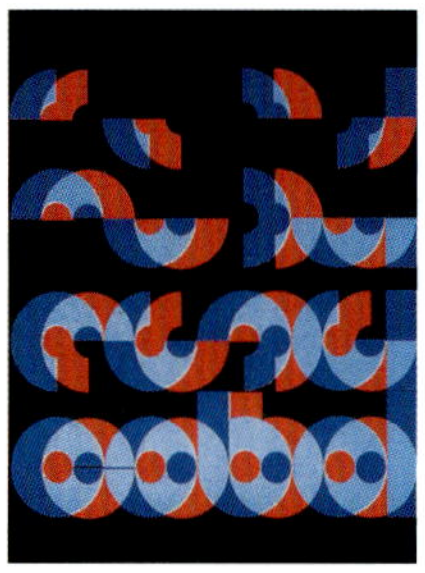

ZEICHEN

05

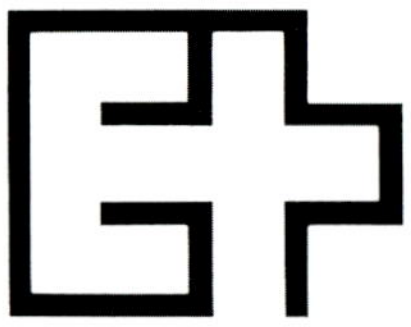

06

07

SCHRIFT

08

09

10

In der neutralen Schweiz konnten auch zur Zeit der Naziherrschaft und des Zweiten Weltkrieges die Gestaltungsregeln der Elementaren Typographie weitergeführt und weiterentwickelt werden. Das vom Weißraum dominierte Farbklima mit roten und schwarzen Akzenten behielten die Designer bei >01. Für dynamischere Gestaltungen nutzte man allerdings auch Akzente in anderen Farben als Kontrast zum Rot und kombinierte dies mit Transparenzen >04. Die Schweizer Grafik wurde sehr stark durch die Konstruktive Kunst geprägt. Gestalter wie z. B. Otl Aicher übertrugen ihre abstrakten Entwürfe aus der Kunst auf das Alltagsdesign. Für Plakate der Ulmer Volkshochschule visualisierte er jede Woche Vortragsthemen durch abstrakte Kompositionen >02–03.

Die starken Zeichen der Schweizer Schule waren meist aus abstrakten, geometrischen Formen aufgebaut >07. So reduziert das Logo für die »Schweizerische Ausstellung für Frauenarbeit« das Weiblichkeitssymbol auf Kreis und Quadrat >06. Bei dem Logo für die »Expo 64« in der Schweiz verschmelzen Schweizer Kreuz und Majuskel-»E« zu einem Superzeichen >05. Die Typografie wurde zum bedeutendsten Gestaltungselement, deshalb spricht man auch vom »Internationalen typografischen Stil«. Ein wichtiger Impuls war die Wiederentdeckung der »Akzidenz Grotesk« aus dem Jahr 1896 >08. Auf der Grundlage dieser Schrift entstanden 1956–1957 die »Neue Haas Grotesk«, die unter dem Namen »Helvetica« >09 berühmt wurde, und Adrian Frutigers »Univers« >10 .

02 O. Aicher: Ausschnitt aus einem Plakat, 1954

03 O. Aicher: Ausschnitt aus einem Plakat, 1952

04 D. Winkler: Ausschnitt aus einem Plakat, 1969

05 A. Hofmann: Logo für die »Expo 64«, 1964

06 H. Soland: »Saffa«-Logo, 1958

07 K. Gerstner: Logo für einen Drucker, 1958

08 Gießerei Berthold: »Akzidenz Fett«, Katalog 1952

09 M. Miedinger, E. Hoffmann: »Helvetica«, 1960

10 A. Frutiger: »Univers«, 1957 (Abb. Broschüre 1961)

BILDSTIL

11

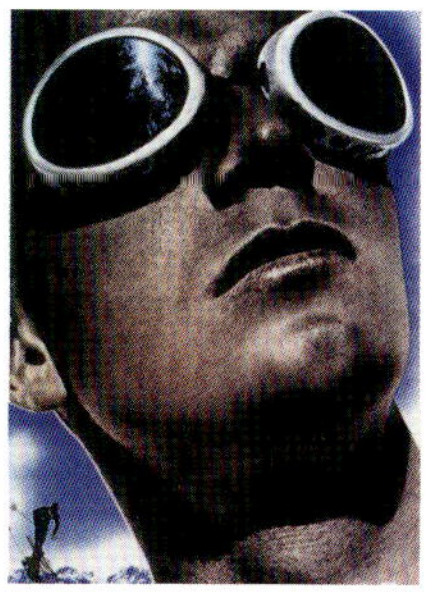

12

13

LAYOUT

14

15

16

Herbert Matter entwickelte mit seinen Plakaten für den Schweizer Tourismus den Bildstil der Neuen Sachlichkeit weiter. Starker Anschnitt und extreme Kontraste in den Größen der dargestellten Objekte waren dafür typisch. Farbige Hintergründe sorgten für eine emotionale Wirkung >11. Plakate wurden später noch stärker reduziert. Sie bestanden meist aus einer freigestellten Schwarz-Weiß-Fotografie vor weißem oder farbigem Hintergrund und einer dominant gesetzten Überschrift >12, 13, 16. Bereits 1928 begannen Gestalter damit, das Design an einem Raster auszurichten >14. Diese Entwicklung war entscheidend für die Layouts der Schweizer Schule. Text und Bilder wurden strikt im Raster platziert >15. Viele Raster ließen aber auch sehr lebendige Gestaltungen zu.

11 H. Matter: Ausschnitt aus einem Plakat, 1935

12 J. Müller-Brockmann: Plakat »Weniger Lärm«, 1960

13 K. Gerstner: Plakat »auch Du bist liberal«, 1959

14 E. Mumenthaler: Plakat, 1928

15 C. Vivarelli: »Neue Grafik« Zeitschriftencover, 1958

16 C. Vivarelli, W. Bischof: Poster »Für das Alter«, 1949

OBJEKT

17

18

19

ARCHITEKTUR

20

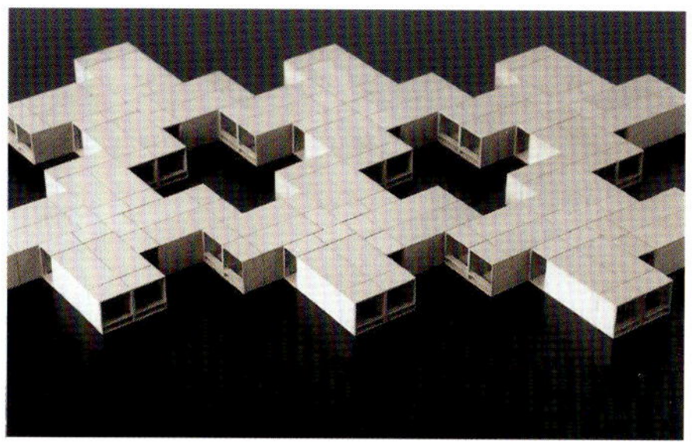

21

Die klassische Schweizer Bahnhofsuhr >18 und der »Landi«-Stuhl >17 sind Archetypen der funktional-reduzierten Gestaltung. Dieser rationale Gestaltungsansatz wurde besonders an der 1953 in Deutschland gegründeten Hochschule für Gestaltung Ulm verfolgt, die sich in der Tradition des Bauhauses sah. Der rechtwinklige »Ulmer Hocker« konnte auch zum Tragen von Büchern eingesetzt werden >19. An dem Architekturmodell für eine Teppichsiedlung in Raumzellenbauweise >20, das ebenfalls an der HfG Ulm entstand, kann man sehen, wie der Systemgedanke im Dreidimensionalen umgesetzt wurde. Die Struktur der typischen Hochhäuser der 50er Jahre >21 erinnert stark an den typografischen Raster der Schweizer Schule.

17 H. Coray: »Landi«-Stuhl, 1938–1939

18 H. Hilfiker: Schweizer Bahnhofsuhr, 1955

19 P. Hildinger, H. Gugelot, M. Bill: »Ulmer Hocker«, 1954

20 B. Meurer, H. Ohl: Teppichsiedlung in Raumzellenbauweise, 1961

21 H. Bartolmes, H. Assmann: AEG-Hochhaus, 1949–1950

FARBE

01

SCHRIFT

05

ZEICHEN

02

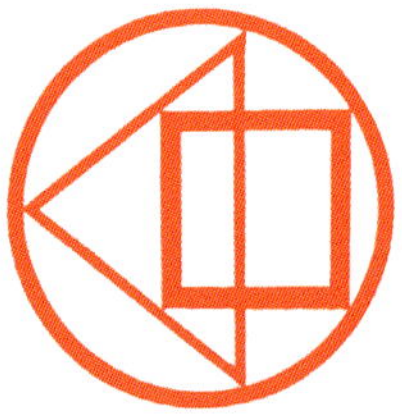

03

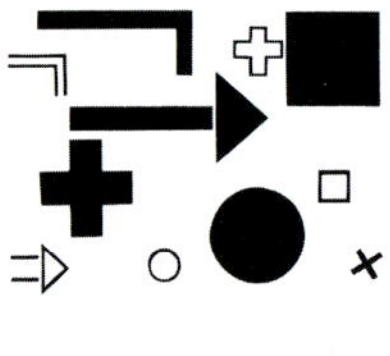

04

06

07

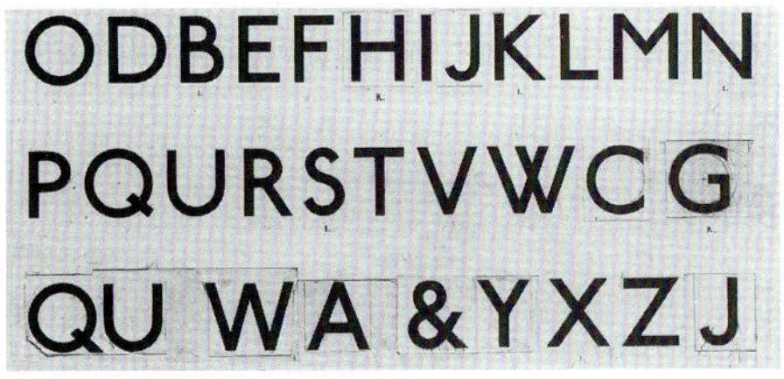

Die Gestalter der Elementaren Typographie erkannten die Wichtigkeit des Weißraumes als gestalterisches Element. Für Drucksachen nutzten sie hauptsächlich die Farben Schwarz und Rot >01. In seinem Aufsatz »Zeitgemäße Typografie« empfahl László Moholy-Nagy einige geometrische Zeichen >03, die er als »brauchbar« für die Gestaltung von Drucksachen empfand. Diese »Typosignale« fand man im Setzkasten für den Bleisatz. So war es auch ein Credo der Elementaren Typographie, solche Zeichen für die Entwicklung von Signets zu verwenden, damit diese leicht »nachzubauen« seien >04. Für das Logo des Bauhausverlags >02 verwendete Moholy-Nagy konsequenterweise die typografischen Grundzeichen Kreis, Dreieck und Quadrat.

Aus elementaren Formen konstruierte Schriften waren kennzeichnend und namensgebend für die Elementare Typographie. Die bekanntesten sind »Futura« >05 und »Kabel« >06. Ein Charakteristikum war auch, dass alles kleingeschrieben werden sollte, da der Gebrauch von Großbuchstaben ineffizient erschien. Edward Johnstons konstruktive »Underground Typeface« >07 wurde für das Leitsystem der Londoner U-Bahn eingesetzt. Eric Gill entwickelte auf dieser Grundlage die bekannte Satzschrift »Gill Sans«. In den 20er Jahren wurde beim Zeitungs- und Buchdruck schon mit den automatisierten Verfahren der Linotype- und Monotype-Setzmaschinen gearbeitet. Bei allen anderen gestalterischen Aufgaben gab es keine Alternative zum Bleisatz per Hand.

05 P. Renner:
»Futura«, 1927

02 L. Moholy-Nagy: Signet des Bauhausverlags, 1924

03 L. Moholy-Nagy: Typografische Zeichen, 1926

04 I. Tschichold: Exlibris, 1925

06 R. Koch: »Kabel leicht«, 1928

07 E. Johnston: »Underground Typeface«, 1916

BILDSTIL

08

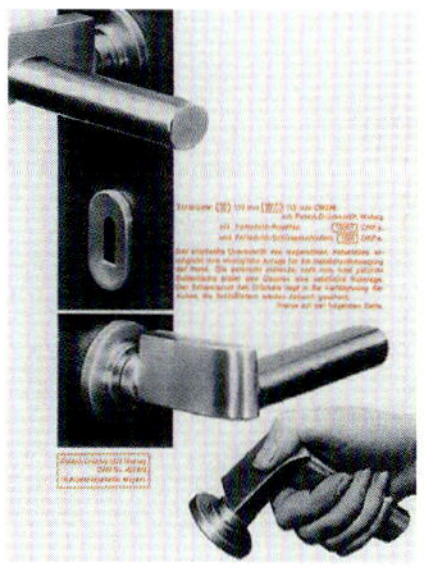

09

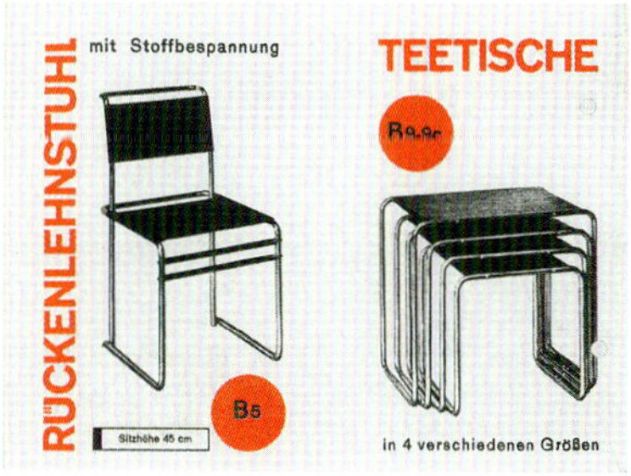

10

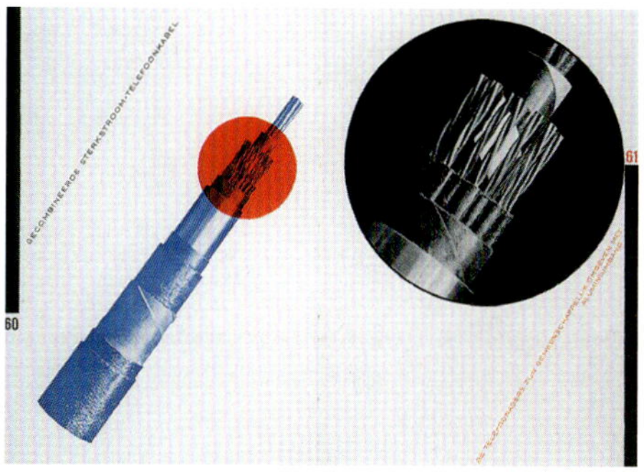

11

Fotografie wurde als exakteste Abbildungsform gesehen und daher bevorzugt verwendet. Die scheinbare Objektivität des Mediums wollte man noch stärker betonen. Dazu wurden Objekte freigestellt >08–09. Außerdem tauchten erste Beispiele von Close-up-Fotografie >10 auf. Mithilfe der Fotomontagetechnik stellten Gestalter Bildelemente in einen neuen Zusammenhang, um die Kommunikationswirkung noch zu verstärken >13. Diese nüchterne, visuelle Sprache, die als Reaktion auf einen allzu dogmatischen Konstruktivismus entstand, nannte man die »Neue Sachlichkeit«. Wegbereitend für die moderne Massenkommunikation war der häufig für Abbildungen genutzte Offsetdruck (erfunden 1904), weil er höhere Druckauflagen ermöglichte.

08 M. Burchardt: Ausschnitt aus einer Anzeige, 1930

09 H. Lengyel-Pataky: Faltprospekt (Ausschnitt), 1930

10 P. Zwart: Doppelseite aus einem Katalog, 1928–1929

11 P. Schuitema: Anzeige, 1928–1929

LAYOUT

12

13

14

15

16

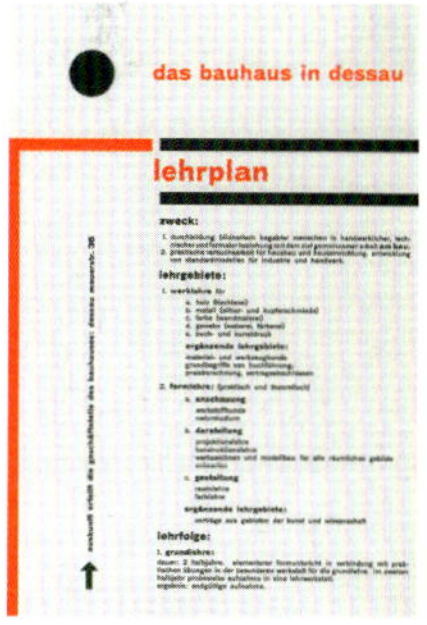

Der Begriff Elementare Typographie bezeichnete nicht nur die Verwendung von Groteskschriften, sondern auch gewisse Gestaltungsrichtlinien. Zu diesen gehörten unter anderem, Mitteilungen in knappester, eindringlichster Form zu kommunizieren, sie deutlich zu gliedern und auf Ornamente zu verzichten >16. Nach einer zugrunde liegenden horizontalen und vertikalen Struktur sollten asymmetrische Layouts konstruiert und die Weißräume als wichtiges gestalterisches Element aufgefasst werden >12. Wichtige Merkmale waren ein dominanter Einsatz der Typografie >14, diagonale Kompositionen >13 und vor allem blockige Linien zur Gliederung >15. Derartige Richtlinien wurden von vielen Grafikern und Druckern begeistert aufgenommen.

12 I. Tschichold: Filmplakat, 1927

13 E. Lissitzky: Zeitschriftencover, 1922

14 E. Lissitzky, H. Arp: Buchcover, 1925

15 L. Moholy-Nagy: »Dynamik der Großstadt«, 1922

16 H. Bayer: Lehrplan des Bauhauses, 1925

FARBE

01

MUSTER

02

03

04

ZEICHEN

05

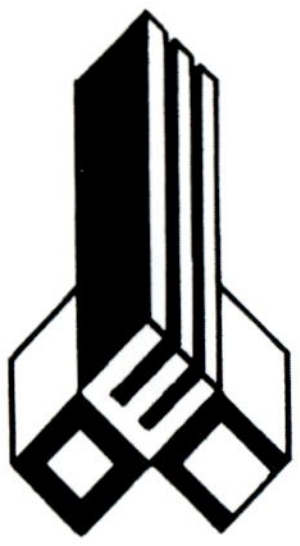

06

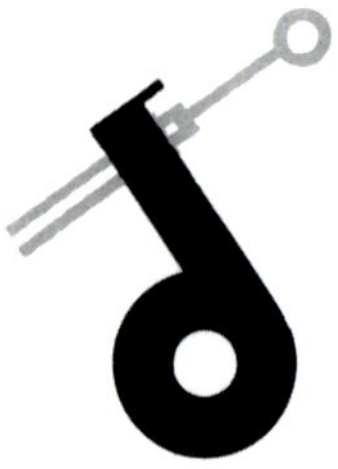

07

SCHRIFT

08

09

Expressionistische Maler wie Johannnes Itten, Paul Klee und Oskar Schlemmer haben das Bauhaus besonders in der Anfangszeit stark geprägt. In dieser Phase des Bauhauses waren die Arbeiten erstaunlich bunt und sehr individualistisch. Später beschränkte man sich meist auf Schwarz, Weiß und die Grundfarben >01. Diese Entwicklung spiegelte sich auch in den Stoffen und Teppichen des Bauhauses wider. Nach experimentellen, bunten Anfangswerken blieben die Stoffmuster farbenfroh >02–03, waren allerdings fast immer wie abstrakte Gemälde komponiert. Auch in der Textilwerkstatt brach dann – der allgemeinen Stimmung am Bauhaus entsprechend – eine auf Funktionalität und industrielle Fertigung zielende Phase an, die schlichtere Entwürfe >04 hervorbrachte.

Wassily Kandinsky entwickelte eine Farb-Form-Lehre >07, die besagte, dass Gelb zum Dreieck, Rot zum Quadrat und Blau zum Kreis gehöre. Die Verwendung dieser elementaren geometrischen Grundformen in Kombination mit den Grundfarben wurde als »Bauhausstil« bekannt. Schriftentwürfe entwickelten sich nicht mehr aus der Handschrift, sondern wurden konstruiert. Besonders deutlich erkennbar sind die geometrischen Teilformen bei Josef Albers »Schablonenschrift« >09. Herbert Bayer betonte bei seiner »Universal« >08 die Kreisform. Im Schriftnamen verkündete Bayer seinen Anspruch. Er wollte eine universelle Schrift schaffen, die mit ihren klaren Formen auf der ganzen Welt verstanden werden sollte, im Gegensatz zu regionalen Schriftformen wie der Fraktur.

02 G. Arndt: Entwurf für einen Knüpfteppich, 1924

03 L. Bergner: Teppich, 1928

04 G. Stölzl: Gebrauchsstoff, 1925–1928

05 A. Arndt: Signet »OEN«, 1923

06 J. Schmidt: Signet, Jahr unbekannt

07 Farb-Form-Verteilung nach der Lehre Kandinskys

08 H. Bayer: »Universal«, 1926

09 J. Albers: »Schablonenschrift«, 1926

BILDSTIL

10

11

12

LAYOUT

13

14

15

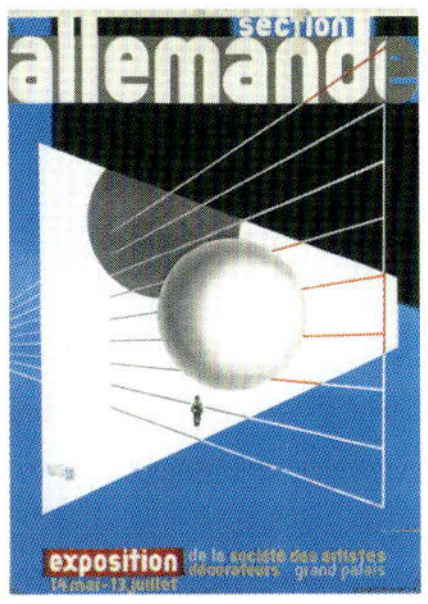

Am Bauhaus kamen geordnete, geometrisierende und sehr experimentelle Gestaltungsansätze zusammen. In Layout und Fotografie wurde sowohl mit grafischen Formen und Flächen >14–15 gearbeitet als auch mit ungewöhnlichen Bildausschnitten >13 und Spiegelungen >10 experimentiert. Diese Versuche dienten aber nicht nur dem künstlerischen Ausdruck, sondern führten zu einer kraftvollen, modernen grafischen Kommunikation, die in der Werbung sehr gefragt war. Nachdem unter László Moholy-Nagy dem Grafikdesign am Bauhaus eine prominentere Rolle zukam, wurde 1925 eine von Herbert Bayer geleitete Typografie-Werkstatt eingeführt. Joost Schmidt entwickelte daraus den ersten Reklame-Kurs, der je an einer Gestaltungsschule angeboten wurde.

10 M. Brandt: Selbstporträt, 1928–1929

11 M. Brandt: Collage »ME (Metallwerkstatt)«, 1928

12 L. Moholy-Nagy: Fotogramm, 1922

13 H. Bayer: Titelseite eines Prospekts, 1927

14 L. Moholy-Nagy: Titelseite eines Prospekts, 1924

15 H. Bayer: Titelseite eines Prospekts, 1930

OBJEKT

16

17

18

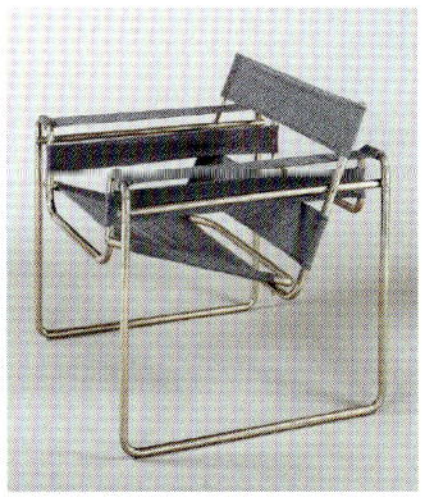

ARCHITEKTUR

19

20

Im Laufe der Entwicklung des Bauhauses wurde der Schwerpunkt auf formal reduzierte, funktionale Architektur >19–20 und auf Industriedesign gelegt. Am Bauhaus hergestellte Objekte hatten anfangs eher kunsthandwerklichen Charakter >16. Doch László Moholy-Nagy riet den Studenten anstelle von Silber, Ton und Holz industrielle Materialien wie Edelstahl, Industrieglas und Sperrholz zu nutzen. Eine besondere Leistung des Bauhauses war die Ästhetisierung der industriellen Materialien. So erfanden Mart Stam, Mies van der Rohe und Marcel Breuer die absolut neue Ästhetik der Stahlrohrmöbel. Diese wirken trotz offengelegter Konstruktion elegant. Breuers »B3«, auch »Wassily Chair« genannt >18, ist – neben den Freischwingern – das prominenteste Beispiel.

16 M. Brandt: Aschenbecher, 1924

17 Studierender des Vorkurses Albers: »Papierknickung«, 1928

18 M. Breuer: Stahlrohrsessel »Wassily« (»B3«), 1925–1926

19 W. Gropius: »Meisterhaus Gropius«, 1925–1926 fotografiert von Lucia Moholy

20 H. Bayer: Zeitungskiosk, 1924

FARBE

01

MUSTER

02

03

04

ZEICHEN

05

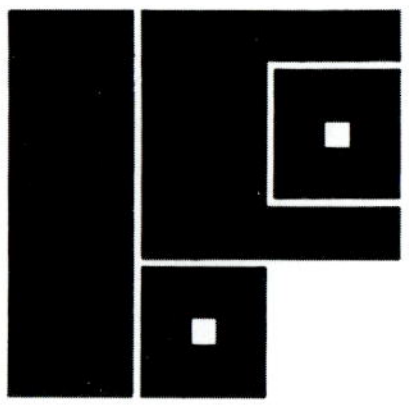

06

07

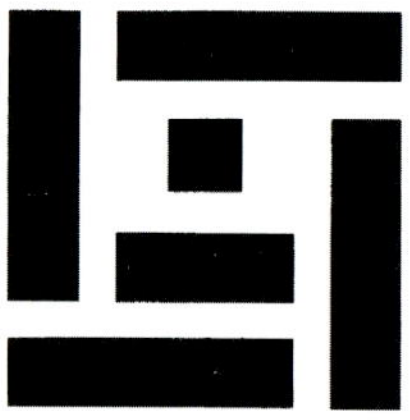

SCHRIFT

08

10

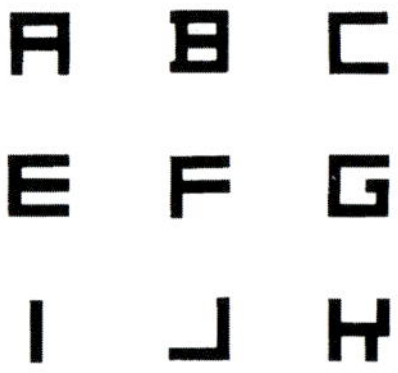

09

Eines der wichtigsten Charakteristika von De Stijl ist die reduzierte Farbpalette bestehend aus den Grundfarben Rot, Blau und Gelb und den Nichtfarben Weiß und Schwarz >01. Schwarz wurde dabei meist als Trennelement zwischen den farbigen und weißen Flächen genutzt. Allein mit diesen Farben und waagerechten und senkrechten Linien versuchten die De-Stijl-Künstler und -Gestalter, darunter Piet Mondrian, Theo van Doesburg, Gerrit Rietveld, Vilmos Huszár und Piet Zwart, die ganze Welt zu erfassen. Ihre freien Werke wie die Muster für Glasfenster und Teppiche >02–04 zeigen, dass es möglich ist, trotz der Selbstbeschränkung in der Wahl der Gestaltungselemente eine erstaunliche Vielfalt an Kompositionen zu entwickeln.

Die Reduzierung der Bildelemente auf Waagerechte und Senkrechte wurde konsequent auch auf Logos und Schriftzüge angewandt >05–07. Jegliche Spuren einer individuellen Handschrift sollten aus den typografischen Entwürfen verschwinden. Besonders deutlich wird dies an einem von Theo van Doesburg gezeichneten Alphabet >10, bei dem alle Buchstaben auf einer quadratischen Grundform basieren. Das ursprüngliche Raster von 5 x 5 Einheiten konnte verändert werden, um die Buchstaben breiter oder schmaler darzustellen >08. Vilmos Huszár hat die Buchstaben der Wortmarke für die De-Stijl-Gruppe >09 derart abstrahiert, dass sich die einzelnen Lettern aus horizontalen und vertikalen Rechtecken formen, die mosaikartig zusammenkommen.

02 T. van Doesburg: Buntglasfenster, 1921

03 T. van Doesburg: »Komposition IV«, 1917

04 V. Huszár: Wollteppich, 1925

05 P. Zwart: Logoentwurf »IOCO«, 1922–1924

06 V. Huszár: Poster für Zigarettenmarke, 1926

07 J. Wils: Monogramm, 1917

08 T. van Doesburg: Briefkopf, 1919

09 V. Huszár: Schriftzug für »De Stijl«, 1917

10 T. van Doesburg: Schriftentwurf, 1919

BILDSTIL

11

12

13

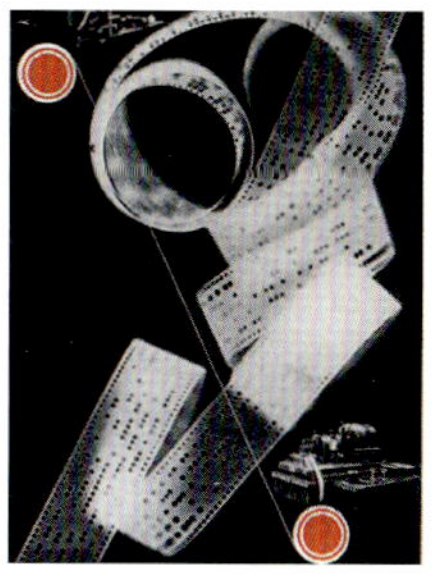

OBJEKT

17

18

19

LAYOUT

14

15

16

ARCHITEKTUR

20

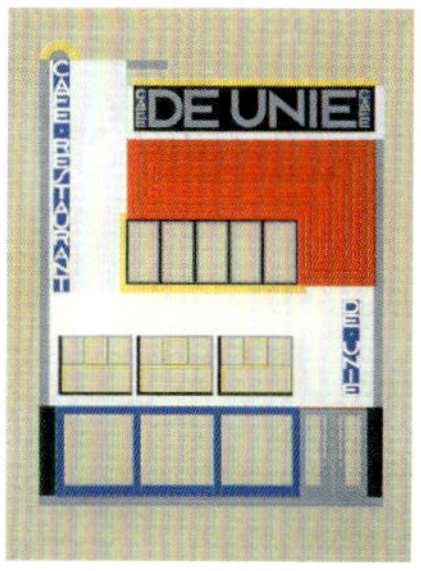

21

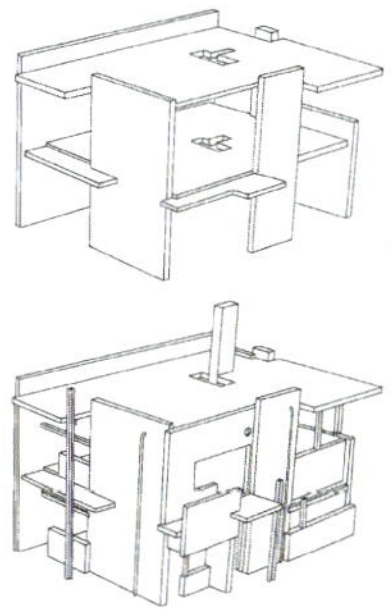

22

Layouts und Illustrationen der De-Stijl-Anhänger entsprachen dem reduzierten De-Stijl-Farbcode >11. Die farbigen Flächen und Rasterlinien der neoplastizistischen Gemälde ließen sich sehr gut im Grafikdesign anwenden. Gestalter, die in den Niederlanden arbeiteten, wie Piet Zwart, Vilmos Huszár und César Domela arbeiteten mit dem bekannten De-Stijl-Raster, indem sie auf der einen Seite Fotografie und Typografie daran ausrichteten und auf der anderen Seite bewusst das Raster durchbrachen >14–16. Beeinflusst durch die Elementare Typographie und die Neue Sachlichkeit, also gemäßigtere Varianten des Konstruktivismus, wurden ihre Gestaltungen mit der Zeit freier. Beispielsweise lockerten Fotomontagen >15 und Fotogramme >13 die Entwürfe auf.

Gerrit Rietveld übertrug die formalen Prinzipien der De-Stijl-Gruppe von der Kunst auf Industriedesign >18–19 und Architektur. Er fügte Bretter oder Wände rechtwinklig zu Möbeln bzw. Gebäuden zusammen, die eher Skulpturen ähnelten. Sein berühmtes »Schröder-Haus« ist hierfür das beste Beispiel >21. Es basiert auf der einfachen Form des Kubus, doch ausladende Balkone erweitern die Struktur der ineinander verschachtelten Wände nach außen. Durch farbige Bemalung wird die Wirkung der geometrischen Flächen verstärkt >20, 22. Kennzeichen der De-Stijl-Architektur, wie Kubus, Flachdach und die Offenlegung von Konstruktionselementen, entwickelten sich zu den wichtigsten Gestaltungsmerkmalen moderner Architektur.

11 V. Huszár: Anzeigenmotiv, 1919

12 T. van Doesburg: Komposition »ready-made«, 1928

13 P. Zwart: Fotogramm, 1921

14 P. Zwart: Programmheft, 1928

15 C. Domela: Broschüre, 1930

16 V. Huszár: Buchumschlag, 1931

17 G. Vantangerloo: Skulptur, 1917

18 G. T. Rietveld: Hängelampe, 1920

19 G. T. Rietveld: Beistelltisch, 1923

20 J. J. Oud: Fassade des »Cafe de Unie«, 1924–1925

21 G. T. Rietveld: Konstruktion des »Schröder-Hauses«, 1924

22 V. Huszár, G. T. Rietveld: Modell eines Raumes, 1923

FARBE

01

MUSTER

02

03

04

ZEICHEN

05

06

07

SCHRIFT

09

08

10

Lenin bestimmte Rot als die Staatsfarbe der russischen Sowjetrepublik. Die Farben Rot und Schwarz waren auch kennzeichnend für den Konstruktivismus >01 und den Suprematismus, das von Kazimir Malevich geschaffene Kunstsystem, das sich bereits ab 1913 auf die radikalste Abstraktion durch einfachste geometrische Formen beschränkte. Malevich beeinflusste eine ganze Generation jüngerer Künstler und Gestalter. Auch in der Mode tauchten die Farben und Formen des Suprematismus in abstrakten, geometrischen Stoffmustern auf >02. Später sollten Muster mit gegenständlichen Motiven wie Traktoren >03 oder Baumwollpflückern >04 – die meist im Rapport gestaltet waren – das Programm des Sozialismus verbreiten.

Gestalter konstruktivistischer Logos >05–07 verzichteten sehr oft auf Bildmarken. Stattdessen bauten sie Logos ausschließlich aus Buchstaben auf. Wortmarken und Schriftzüge zeichneten sie fast immer per Hand, die Buchstaben stammten also nicht aus dem Setzkasten. Als typische Gestaltungsmittel wurden auch Schablonenschriften >08 eingesetzt. Viele solcher zusammensetzbarer Schriften entstanden in den 20er Jahren. Schriften des Russischen Konstruktivismus hatten oft eine eckig-blockige Charakteristik, die sich durch eine hohe Prägnanz auszeichnete >09–10. Die Kombination von Text und Fotografie bezeichnete László Moholy-Nagy als »Typofoto«. Diese neue Technik galt unter den meisten Gestaltern der Zeit als die klarste und schnellste Form der Kommunikation.

02 N. Kisseleva:
Stoffmuster, 1929–1930

03 S. P. Burylin:
Stoffmuster »Traktor«, 1930

04 M. Nasarevskaia:
Seidenstoff, 1930–1931

05 V. Krinski:
Logo für »Asnova«, 1923

06 A. Damski: Logo für die
Fabrik »AMO«, 1926–1927

07 G. Etscheistov:
Verlagszeichen, 1920

08 A. Strachow: Schriftzug für
ein Propagandaplakat, 1920

09 A. Rodchenko: Schriftzug
für ein Theaterstück, 1929

10 Anonym:
Schablonenschrift, 1920

BILDSTIL

11

12

13

LAYOUT

14

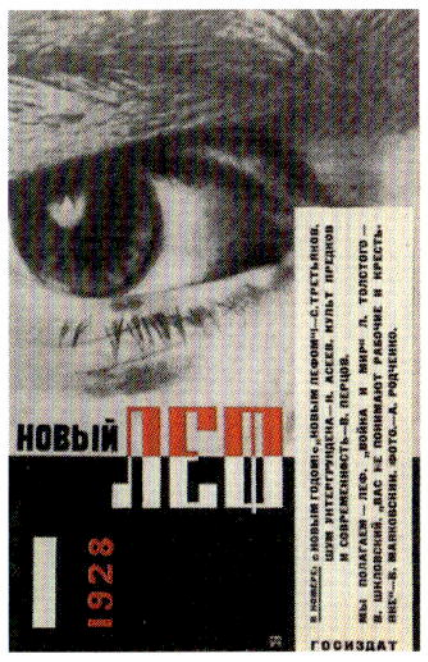

15

16

Alexander Rodchenkos Aussage »Wir erschließen die Wunder der Fotografie« ist sehr treffend. Die Konstruktivisten fotografierten mit ungewöhnlichen, extremen Perspektiven >13 und scharfen Kamerawinkeln. Fotografien wurden »konstruiert«, Bildbestandteile dabei wie grafische Elemente >12 genutzt. Die Künstler entwickelten neue Darstellungstechniken wie Fotomontage >15, Fotogramm, gezielte Doppelbelichtung oder die Kopplung von Fotografie mit Grafik und Malerei >11. Erstaunlicherweise begann man erst in den 20er Jahren, Fotografie bewusst innerhalb des Grafikdesigns einzusetzen >14. Neben dieser Verbindung von Schrift und Fotografie gab es häufig auch rein typografische Layouts. Rodchenkos Cover der Zeitschrift »LEF« >16 ist dafür beispielhaft.

11 A. Rodchenko: »Osip Brik«, 1924

12 A. Rodchenko: »Stufen«, 1930

13 A. Rodchenko: »Pionier«, 1928

14 A. Rodchenko: Cover der Zeitschrift »LEF«, 1928

15 G. Kluzis: »Spartakiada«, 1928

16 A. Rodchenko: Cover der Zeitschrift »LEF«, 1923

OBJEKT

17

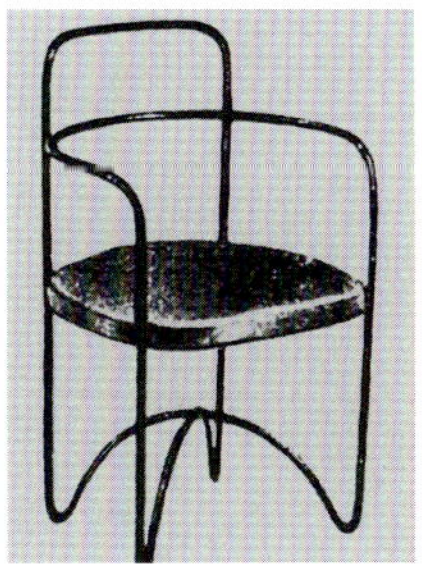

18

19

ARCHITEKTUR

20

21

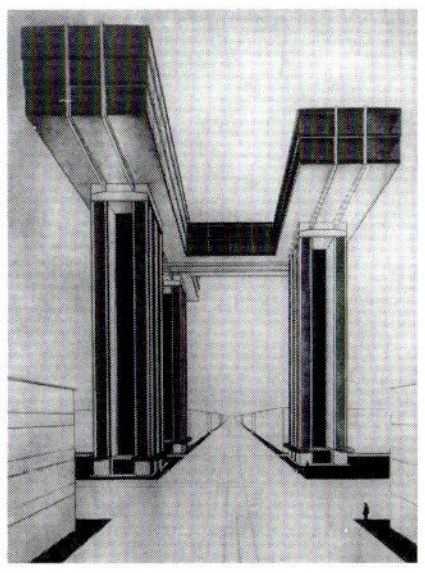

22

Der Begriff »Konstruktivismus« bezog sich anfangs nur auf dreidimensionale Werke von Künstlern wie Vladimir Tatlin oder Alexander Rodchenko >19. Wie in einem Laboratorium erforschten sie Eigenschaften von Materialien und gaben so wichtige Impulse für die Entstehung des Industriedesigns >17. Zahlreiche architektonische Ideen der Konstruktivisten waren utopisch und wurden nie realisiert, wie z. B. Tatlins monumentaler Turm zum Gedenken an die III. Internationale >20. Er sollte 400 m hoch werden und beinhaltete im Entwurf drei sich um ihre eigene Achse drehende, geometrische Räume (Kugel, Quader und Pyramide). Geometrische, suprematistische Formen dienten auch oft der Verzierung von in Masse produziertem Porzellan >18.

17 P. Gallaktionow: Zerlegbarer Sessel, 1928

18 N. Suetin: Kleine Kaffeekanne, 1923

19 A. Rodchenko: »Raumkonstruktion Nr. 22«, 1921

20 V. Tatlin: »Denkmal für die III. Internationale«, 1920

21 E. Lissitzky: »Der Wolkenbügel«, 1924

22 K. S. Melnikov: Russischer Pavillon, Expo Paris, 1925

FARBE

01

ZEICHEN

05

06

07

MUSTER

02

03

04

SCHRIFT

08

Firmin Didot
ABCDEFGHIJ
KLMNOPQRS
TUVWXYZ
abcdefghijklmno
pqrstuvwxyz
1234567890
fi & fl
Imprimerie

09

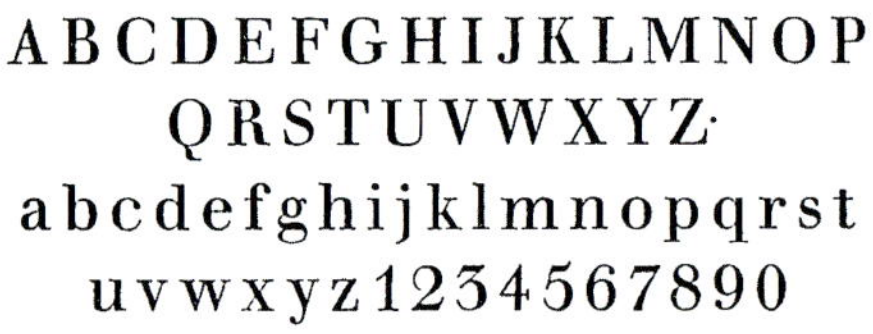

Typisch für den Klassizismus ist ein helles, freundliches Farbklima, geprägt durch viel Weißraum, Gold, klassisches Blau und Hellrot >01. Vor allem in der Buchgestaltung dominierte der Weißraum, da weitgehend auf Schmuckelemente verzichtet wurde. Als einziges Dekor dienten Zierleisten oder -rahmen aus sich wiederholenden grafischen Elementen in vielen Varianten. Auch Giambattista Bodoni, dessen Bücher besonders klar und reduziert gestaltet waren, setzte solche Rahmen ein >04. Gern wurden antike Ornamente verwendet, beispielsweise geometrisch konstruierte »Mäander« >02. Andere Objekte, z. B. Bucheinbände, dekorierte man mit Mustern aus verschiedenen, symmetrisch angeordneten Symbolen >03.

Das geschwungene, kalligrafische Monogramm des Druckers Firmin Didot >05 erhielt durch das antike Symbol des Ehrenkranzes seine klassizistische Strenge. Die Familie Didot sowie Justus Erich Walbaum und Giambattista Bodoni schufen die wichtigsten Schriften des Klassizismus >07–09. Die Form der Buchstaben leitete sich dabei nicht mehr von der Handschrift ab, sondern sie wurde komplett konstruiert. Die Schriften waren allesamt geprägt durch einen extremen Kontrast der Strichstärken, den man besonders gut an dem griechischen Buchstaben »Delta« erkennen kann >06. Dieser Kontrast verlieh den Schriften eine besondere Eleganz und in den nun erstmals verwendeten großen Schriftgraden >07 auch eine überzeugende Klarheit.

05 F. Didot: Monogramm, um 1800

06 G. Bodoni: Buchstabe aus dem »Manuale tipografico«, 1818

07 G. Bodoni: Buchstabe aus dem »Manuale tipografico«, 1818

02 Anonym: Mäandermuster, 18. Jh.

03 Anonym: Bucheinband (Ausschnitt), 1806

04 G. Bodoni: Zierrahmen aus dem »Manuale tipografico«, 1818

08 F. Didot: »Firmin Didot«, 1800

09 J. E. Walbaum: »Walbaum«, 1850

BILDSTIL

10

11

LAYOUT

12

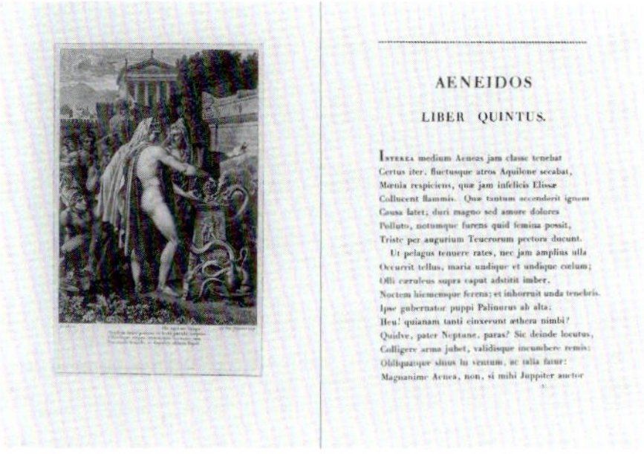

13

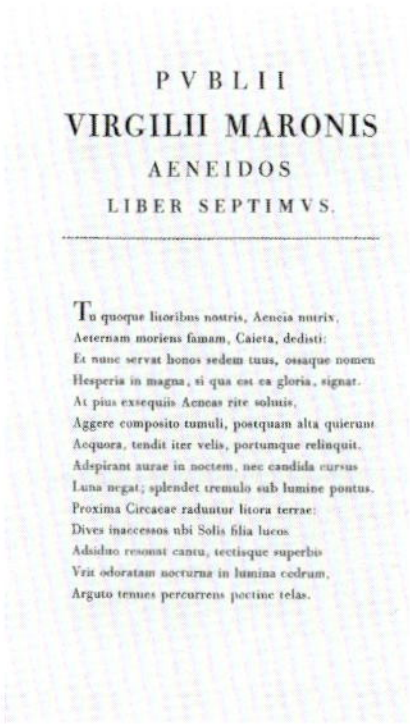

Bei Illustrationen in Büchern handelte es sich größtenteils um Kupferstiche. Oftmals wurden Themen und Motive aus der Antike aufgriffen >11–12. Einige der Stiche waren koloriert >10. Die Bildmotive besaßen meist einen unauffälligen Rahmen. Eine Besonderheit war dabei, dass gern runde Bildmotive >11 eingesetzt wurden. Ansonsten verzichtete man auf jeglichen Schmuck. Bild und Text wurden strikt getrennt >12. Das Bild stand allein auf einer Buchseite, was zu einer großen Klarheit im Aufbau führte. Die eleganten klassizistischen Schriften sollten eine größtmögliche Wirkung entfalten, deshalb wurden sie z. B. bei der Gestaltung von Kapitelseiten >13 und besonders auf Titelseiten in großen Schriftgraden zentriert gesetzt.

10 Magazin für Freunde des guten Geschmacks, Dritter Band, Leipzig: Gestochene, kolorierte Tafel, 1796–1799

11 S. Gessner: Gestochene Titelvignette, Zürich, 1796

12 P. Didot: Doppelseite aus einem »Vergil«-Band, 1789

13 G. Bodoni: Kapitelseite aus einem »Vergil«-Band, 1793

OBJEKT

14

15

16

ARCHITEKTUR

17

18

In der Produktgestaltung ließen sich Gestalter stark von Entwürfen der Antike anregen, z. B. von römischen, klappbaren Feldherrenstühlen >14 oder den Formen antiker Vasen und Gefäße. Josiah Wedgwoods »Portland«-Vase >15 ist sogar eine exakte Kopie einer römischen Vase. Viele von der Antike inspirierte Objekte beeindruckten durch ihre moderne Schlichtheit >16. Auch die klassizistische Architektur griff zurück auf die Antike, deutlich zu sehen an den Säulenreihen am Eingang klassizistischer Gebäude. Doch einige Architekten, wie Claude-Nicolas Ledoux und Étienne-Louis Boullée, fanden zu einer ganz neuen, radikalen Architektur, die sie aus reinen geometrischen Formen konstruierten. Dies zeigt Boullées Entwurf für ein 150 m hohes, kugelförmiges Gebäude >18.

14 J. Frères: Hocker, 1795

15 J. Wedgwood: Vase »Portland«, 1789

16 Anonym: Kanne, 1780–1790

17 C.-N. Ledoux: »Maison des Directeurs de la Loue«, 1804

18 É.-L. Boullée: Denkmal für Isaac Newton, 1784

FARBE

01

ZEICHEN

05

06

07

MUSTER

02

03

04

SCHRIFT

08

ABCDEF
GHIJKLM
NOPQR
STUVW
XYZ
1234567
890

09

ABCDEGH
IJKLMNOP
QRSTUVW
XYZ
1234567
890
abcdefghijk
lmnopqrstu
vwxyz

10

ABCDEFG
HIJKLMN
OPQRSTU
VWXYZ
1234567890
abcdefghijk
lmnopqrstu
vwxyz

Das Pop-Design war sehr stark durch die Kombination der warmen Farben Orange, Gelb und Braun geprägt >01. Insgesamt drückten leuchtende Farben am besten den jugendlichen, frischen Zeitgeist aus, so dass auch Pink, Hellblau, Rot und Grün eingesetzt wurden. Die auffälligen Tapetenmuster der 70er Jahre zeichneten sich durch eine konstruktiv-organische Formensprache aus.
In den typischen Blumenmustern wurden florale Motive stark vereinfacht dargestellt >02 bzw. auf geometrische Muster reduziert. Plakative, großzügige Pop-Muster entstanden durch Variation und Kombination einfacher, konstruktiver Formen >03. Durch Verzerrungseffekte erzeugte Wellenmuster wirkten psychedelisch und dynamisch >04.

Raymond Loewys Redesign des Shell-Logos zeigt, wie durch die Vereinfachung von Formen plakative Wirkung erzielt wurde >06. Im Pop-Stil wurden gern abgerundete Ecken eingesetzt, so dass Logos trotz ihrer geometrischen Konstruktion nicht hart wirkten >05. Auch die Spiralen der Kalligrafie des Logos »La Paillote« sind geometrisch konstruiert >07. Das Zusammenspiel von konstruktiven und organischen Formen erkennt man deutlich an den Schriften der 70er Jahre. Auffällige Display-Schriften wie »Octopuss« >10 und »Stop« >08, aber auch die »ITC Typewriter«, die an Schreibmaschinenschriften erinnern soll, haben sehr weiche Konturen >09. Die Firma ITC brachte in den 70er Jahren eine große Zahl erfolgreicher Schriften für den Fotosatz heraus.

02 Anonym:
Tapete, 70er Jahre

03 Anonym:
Tapete, 70er Jahre

04 B. Brown:
Stoffmuster für Heal's, 1969

05 Danne & Blackburn:
Logo für die NASA, 1975

06 R. Loewy: Redesign des
Shell-Logos, 1971

07 A. Beier für Lubalin, Delpire
& Cie: Logo, 70er Jahre

08 A. Novarese:
»Stop«, 1971

09 J. Kaden, T. Stan: »ITC
American Typewriter«, 1974

10 C. Brignall:
»Octopuss«, 1970

BILDSTIL

11

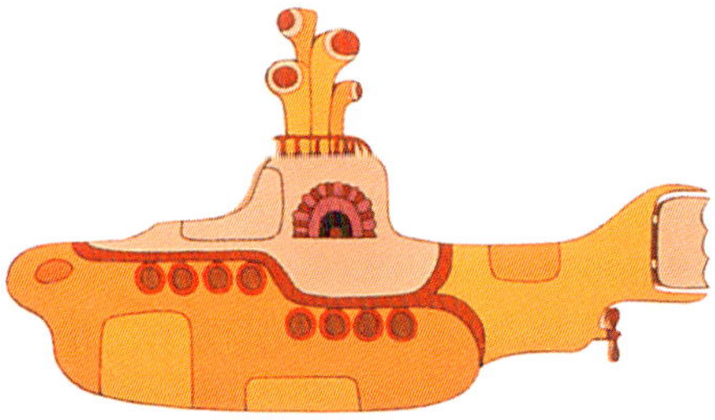

12

OBJEKT

15

16

LAYOUT

13

14

ARCHITEKTUR

17

18

Comics, die Pop-Art und besonders Heinz Edelmanns Grafiken für den Zeichentrickfilm »Yellow Submarine« beeinflussten den Pop-Bildstil stark >11. Zusätzlich entwickelte sich ein realistischer Illustrationsstil, häufig in Airbrush-Technik erstellt >12. Die Werbung bekam in den 70er Jahren einen starken Schub. Hier zeigte sich der Wille zur Reduktion. Anzeigen bestanden in der Regel aus einer großzügigen, fotografischen Abbildung, vollflächig oder freigestellt, die durch einen Slogan, gesetzt in einer fetten Groteskschrift erläutert wurde. Sehr beliebt war dabei z. B. die »Gill Sans« >13. Dennoch ergänzte man auch spielerische Elemente, wie die strahlenförmige Anordnung der Objekte in der Creme-21-Anzeige >14.

Kaum ein Bereich des Alltagsdesigns blieb in den 70er Jahren frei vom Pop-Stil. Nick Roericht, Absolvent der HfG Ulm, entwickelte in Zusammenarbeit mit Michiko Asaka und Franco Clivio Prototypen für ein Lufthansa-Bordgeschirr in Blumen- und Wabenform >16. Dabei arbeitete er mit einem Modulsystem, welches, wie schon in den 60er Jahren, einen besonders wichtigen Aspekt im Produktdesign darstellte. Joe Colombos gepolstertes Sitzmöbel mit charakteristisch abgerundeten Ecken lässt sich durch Zusammenstecken den eigenen Bedürfnissen entsprechend anpassen >15. In der Architektur dominierten abgerundete Ecken >17 und organische, skulpturale Formen >18 neben geradlinigen Betonbauten und Fassaden mit Wabenmustern.

11 H. Edelmann: Grafik für den Film »Yellow Submarine«, 1968

12 P. Castle: »Clockwork Orange«-Filmplakat (Ausschnitt), 1972

13 Anonym: Anzeige für »TED-Bildplatten«, 70er Jahre

14 Anonym: Anzeige für Creme 21, 70er Jahre

15 J. Colombo: Sitzmöbelsystem, 1967

16 N. Roericht: Lufthansa-Bordgeschirr, 1961–1975

17 ABB Architekten: »Silver Tower«, 1972–1978

18 A. Lovag: »Palais Bulles«, 1975

FARBE

01

ZEICHEN

05

06

07

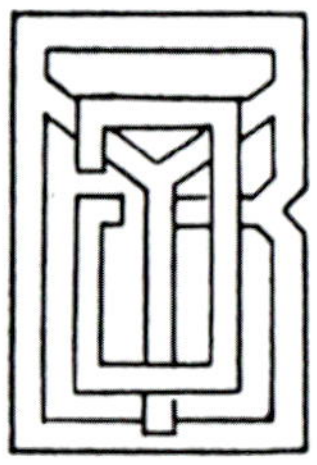

MUSTER

02

03

04

SCHRIFT

08

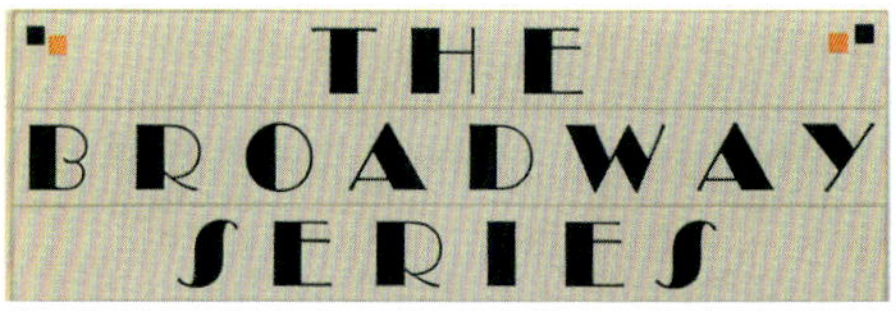

09

10

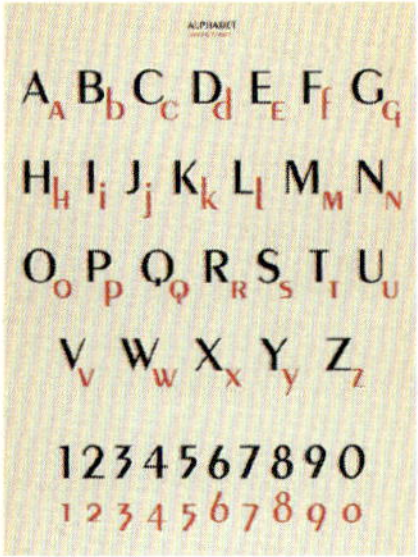

Das Art-déco-Design wurde durch warme Farben dominiert. Gold, Bronze und Brauntöne waren typisch. Rot diente häufig als Akzent. Silber verlieh vielen Gestaltungen ihre Eleganz >01. Im Produktdesign bzw. Kunsthandwerk leitete sich die Farbgebung aus den verwendeten Materialien ab: tropische Hölzer, Leder, Edelmetalle usw. Im Grafikdesign orientierte man sich zusätzlich an den gräulichen und bräunlichen Farben, die im Kubismus bevorzugt wurden. Inspiriert von moderner Kunst entstanden einige abstrakte Art-déco-Muster >03. Häufiger war jedoch die stark vereinfachte, stilisierte Darstellung von gegenständlichen Motiven wie Blumen >02 oder Musikinstrumenten >04. Daneben gab es auch Brunnen oder Sonnenaufgänge als symbolhafte Sujets.

Art-déco-Gestalter arbeiteten besonders gern mit geometrischen Formen >07, z. B. dem Achteck >05. Art-déco-Logos sollten vor allem eines sein: elegant >06. Ein Meister der Eleganz war der berühmte Plakatmaler A. M. Cassandre. Er experimentierte allerdings auch sehr viel im Bereich der Typografie und fand so zu innovativen, dekorativen Schriften. Die bekanntesten sind »Peignot« >10, »Bifur« und »Acier Noir« >09. Die Schriften dienten ihm als wichtige Gestaltungselemente für seine berühmten Plakatentwürfe. Eine andere Schrift, die den Art-déco-Stil verkörpert, wie kaum eine andere, ist die Schrift »Broadway« von Morris Fuller Benton >08. Die prägnante Display-Schrift zeichnet sich durch extreme Unterschiede in den Strichstärken aus.

02 R. Dufy: Gemusterter Stoff, 1920

03 G. Brown: Gemusterter Stoff, 1922

04 Anonym: Teppichmuster »Jazz«, ca. 1930

05 Anonym: Logo für MG, Anfang der 20er Jahre

06 Anonym: Logo für Nestlé, Jahr unbekannt

07 Anonym: Logo eines Silberschmieds, ca. 1925

08 M. F. Benton: »Broadway«, 1929

09 A. M. Cassandre: »Acier Noir«, 1929

10 A. M. Cassandre: »Peignot«, 1937

BILDSTIL

11

12

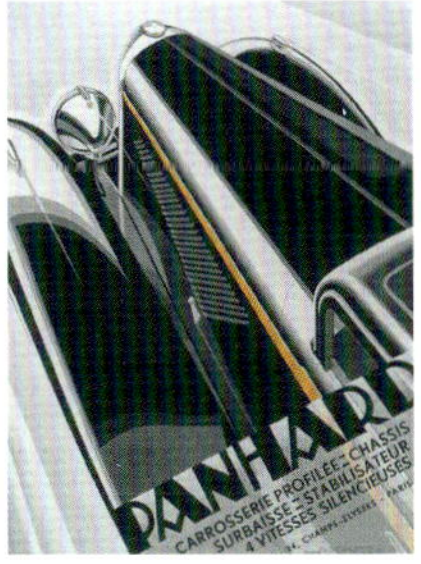

13

OBJEKTE

17

18

19

LAYOUT

14

15

16

ARCHITEKTUR

20

21

22

Ein häufig wiederkehrendes Bildmotiv im Art-déco-Design sind Strahlen. Mal visualisierten sie die Schnelligkeit eines Autos >12, mal symbolisierten sie Elektrizität >13. Das Motiv der Strahlen ergänzte perfekt die geometrisch-stilisierte, vom Kubismus inspirierte, malerische Bildsprache des Art déco >11. Der Art-déco-Stil ist sehr heterogen. Klassische, fast schon konservative Entwürfe existierten neben unglaublich experimentellen, modernen. Während der zentrierte Aufbau des Layouts – häufig versehen mit einem dekorativen Rahmen und in Blocksatz gehaltenem Text >14 – dominierte, wagten sich Gestalter wie Alexey Brodovitch oder Edward McKnight Kauffer an ungewöhnliche, vom Futurismus beeinflusste, asymmetrische Kompositionen >15–16.

Die geometrische Stilisierung ist ein Hauptcharakteristikum des Art déco, ob in Form von zweidimensionalen Ornamenten oder dreidimensionalen Objekten >17–18. Revolutionär war, dass Coco Chanel sogar einen Parfumflakon in Form eines schlichten Kubus gestaltete, während Flakons zuvor fast immer organische, geschwungene Formen hatten >19. In der US-amerikanischen Wolkenkratzer-Architektur entstanden kristalline Formen. Die Studie von Hugh Ferriss >20 zeigt die optimale Raumausnutzung bei Beachtung des New Yorker Zonierungsgesetzes. Dieses sah »Rücksprünge« der Fassade ab gewissen Höhen vor, um genug Tageslicht auf den Straßen zu gewährleisten, und bestimmte so die Form der berühmten Wolkenkratzer der 30er Jahre >21–22.

11 V. Brobritsky: Illustration für ein Zeitschriftencover, 1926

12 A. Kow: Anzeige (Ausschnitt), 1932

13 Anonym: Bemaltes Paneel, 1930–1932

14 R. Bonfils: Poster, 1925

15 A. Brodovitch: Cover eines Katalogs, 1929

16 E. McKnight Kauffer: Poster, 1930

17 J.-É. Ruhlmann: Lehnsessel, 1925–1930

18 E. Gray: »Adjustable Table E 1027«, 1927

19 C. Chanel: Parfumflakon für das Parfum »N° 5«, 1921

20 H. Ferriss: Architekturstudie, 1922

21 R. Hood: »RCA Building« (heute GE Building), 1931–1940

22 W. van Alen: »Chrysler Building«, 1928–1930

FARBE

01

MUSTER

02

03

04

ZEICHEN

05

06

07

SCHRIFT

08

**ABCDEFG
HIJKLMN
OPQRSTU
VWXYZ
1234567
890
abcdefghij
klmnopqrs
tuvwxyz**

09

10

KING
OF ALL TYPE

Im Plakatstil dominierten Flächen reiner, leuchtender Farbe als Hauptgestaltungselement. Grün und Blau wurden oft als Hintergrundfarben von Plakaten genutzt. Die Signalfarben Rot und Gelb kombinierten die Plakatmaler meist mit Schwarz >01. Bei der Gestaltung von Mustern arbeiteten die Gestalter vorwiegend mit geometrischen Formen. Peter Behrens konstruierte für jedes Cover der »Mitteilungen der Berliner Elektricitaets-Werke« ein anderes geometrisches Muster >03–04. Die Ornamentik ging immer vom zentral gesetzten Logo der Berliner Elektricitaets-Werke aus. Häufig spielte Behrens mit der Kombination von Kreis und Quadrat. Albin Müllers Entwurf für einen Linoleum-Bodenbelag >02 erinnert an die kristallinen Formen von Bienenwaben.

Die Wabenform setzte auch Peter Behrens häufig ein, z. B. für das Markenzeichen der AEG >05. Er wollte damit Reinheit und Präzision ausdrücken. Ansonsten wurden Logos zu dieser Zeit noch oft von Plakatmalern entwickelt. An der Entstehung des UFA-Logos haben wohl verschiedene Plakatmaler mitgewirkt >06. Lucian Bernhard entwarf ein sehr reduziertes, starkes Logo für Manoli >07. Die Schriftzüge auf seinen Plakaten zeichnete Bernhard immer per Hand. Manchmal entstanden daraus ganze Schriften >09. Der Amerikaner Bertram Goodhue entwarf die »Cheltenham« >10, eine plakative Serifenschrift, die sehr robust und in vielen Schriftschnitten vorhanden war. Doch auch serifenlose Schriften, wie die »Franklin Gothic« >08, wurden immer beliebter.

02 A. Müller:
Linoleum-Bodenbelag, 1910

03 P. Behrens:
Broschüre (Ausschnitt), 1908

04 P. Behrens:
Broschüre (Ausschnitt), 1908

05 P. Behrens:
Logo für die AEG, 1908

06 Anonym: Logo für die
Universum Film AG, 1917

07 L. Bernhard: Logo für
Manoli-Zigaretten, 1911

08 M. Fuller Benton:
»Franklin Gothic«, 1902–1905

09 L. Bernhard: »Extrafette
Bernhard Fraktur«, 1919

10 B. Goodhue:
»Cheltenham«, 1896

BILDSTIL

11

12

13

LAYOUT

14

15

In England entwickelten die Brothers Beggarstaff, William Nicholson und James Pryde, schon vor der Jahrhundertwende einen reduzierten, an Scherenschnitte erinnernden Stil, bei dem Konturen zum Teil wegfallen >11. Der Deutsche Ludwig Hohlwein führte diese Ästhetik weiter, indem er Muster rein flächig in die Gestaltung miteinbezog >12. Edmund Edel, einer der beliebtesten Plakatmaler im Berlin der Jahrhundertwende >14, gab, obwohl selbst noch vom Jugendstil beeinflusst, mit seinem flächigen Stil jüngeren Gestaltern wie Lucian Bernhard viele Anregungen. Dieser perfektionierte seine eigene Erfindung, das »Sachplakat«. Gegenstände wurden überhöht dargestellt und die Typografie übernahm die Aufgabe eines Logos >15.

11 Brothers Beggarstaff: »Harper's« (Ausschnitt), 1895

12 L. Hohlwein: »Confection Kehl« (Ausschnitt), 1908

13 H. R. Erdt: Plakat für Opel (Ausschnitt), 1911

14 E. Edel: Plakat für die Berliner Morgenpost, 1902

15 L. Bernhard: Plakat für Bosch, 1915

OBJEKT

16

17

18
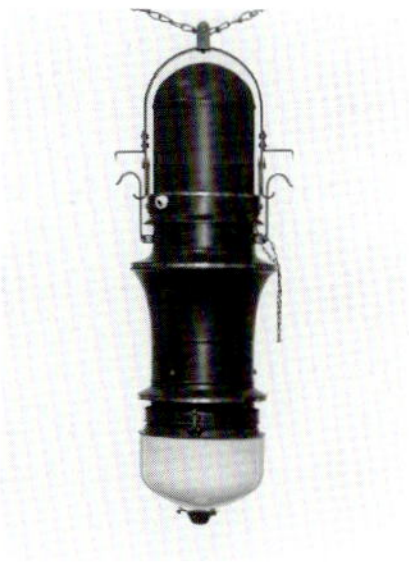

ARCHITEKTUR

19

20

21

Peter Behrens, Mitglied des Deutschen Werkbundes, gestaltete für die AEG Objekte, deren Konstruktion nicht versteckt wurde, sondern deutlich sichtbar war. Besonders die Bogenlampen zeigten kaum dekorative Elemente >18. Sein Ziel war »eine der Maschine angemessene Gestaltung«. Den gleichen Zweck verfolgte Richard Riemerschmid mit dem »Maschinenstuhl« >16. Behrens war anfangs ein Vertreter des Jugendstils, doch schon sein Haus in der Darmstädter Künstlerkolonie »Mathildenhöhe« unterschied sich von den umgebenden Jugendstilhäusern durch seine strengen Formen >20. Mit der AEG-Turbinenhalle schuf er dann, obwohl der Entwurf neuklassizistische Elemente enthielt, einen Meilenstein in der Entwicklung sachlich-funktionaler Architektur >21.

16 R. Riemerschmid: »Maschinenstuhl«, 1906

17 P. Behrens: Heizstrahler, 1911

18 P. Behrens: Bogenlampe, 1907

19 B. Taut: »Glashaus«, 1914

20 P. Behrens: »Haus Behrens«, 1901

21 P. Behrens: AEG-Turbinenhalle, 1909

FARBE

01

MUSTER

02

03

04

ZEICHEN

05

06

07

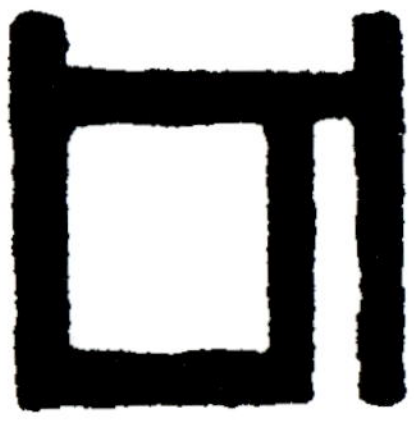

SCHRIFT

08

09

10

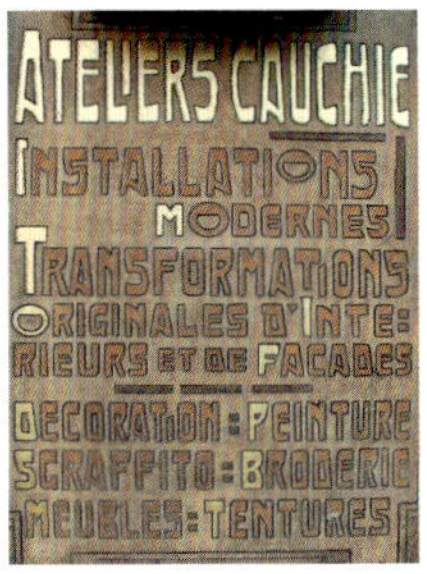

Im Spät-Art-nouveau dominierten, anders als im Hoch-Art-nouveau, die Nichtfarben Schwarz und Weiß >04. Viele Gestalter setzten dazu nur ein oder zwei Akzentfarben ein >11–13. Diese waren wesentlich kräftiger und gesättigter als die im Hoch-Art-nouveau verwendeten. Trotzdem überwiegen noch die sanften, hellen Farben wie Lindgrün, Beige, Hellgelb, Taubenblau und Flieder >01. Die Wiener Werkstätte, ein kunsthandwerklicher Betrieb gegründet von Josef Hoffmann und Koloman Moser, produzierte eine Vielzahl von Stoffmustern, deren Gestaltungen mit der Zeit immer geometrischer wurden. Anfangs tauchten noch stilisierte Blumen auf, die später durch Kreise, Punkte, Dreiecke, Rauten und Schachbrettmuster ersetzt wurden >02–04.

Josef Hoffmann wurde auch »Quadratl-Hoffmann« genannt. Für ihn gerieten das Quadrat und die vorwiegende Verwendung der Farben Schwarz und Weiß zunehmend zu einem Markenzeichen >07. So war auch die Schutzmarke der Wiener Werkstätte, die »Rosenmarke« >06 weitgehend aus Quadraten aufgebaut. Im Monogramm der Wiener Werkstätte >05 entsteht allein durch das Übereinanderlegen zweier Buchstaben ein dekoratives Muster. Charles Rennie Mackintoshs Schriftentwürfe fallen durch ihre eleganten, geometrischen Verzierungen auf >08. Ansonsten entstanden viele Schriftentwürfe, in denen sich organische und konstruktive Formen mischen >09–10. Dieser Charakter wurde oft noch durch die Anwendung des Blocksatzes betont.

02 C. Krenek:
Stoffmuster »Blitz«, 1910–1911

03 J. Hoffmann:
Stoffmuster »Vineta«, 1904

04 J. Hoffmann:
Stoffmuster »Miramar«, 1910

05 K. Moser: Monogramm der
Wiener Werkstätte, 1905

06 Schutzmarke der
Wiener Werkstätte, 1905

07 J. Hoffmann:
Monogramm, Jahr unbekannt

08 C. R. Mackintosh:
Schriftzug, 1896

09 M. Jung:
Schriftzug, 1903

10 P. Cauchie:
Schriftzug, 1905

BILDSTIL

11

12
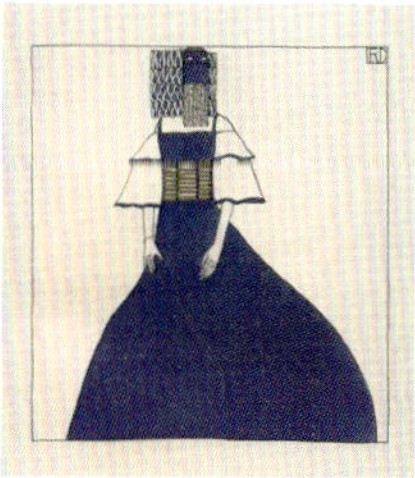

13
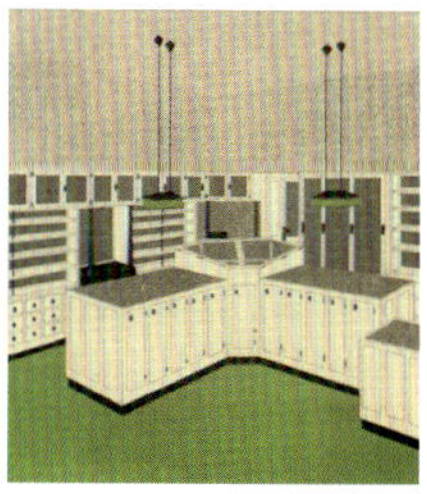

LAYOUT

14
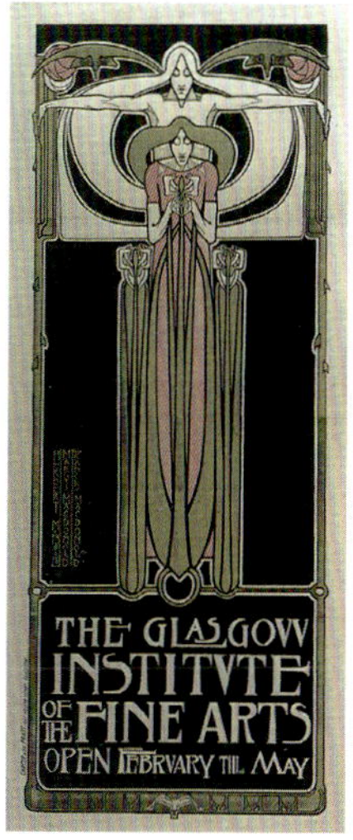

15

16

Der Illustrationsstil des Spät-Art-nouveau blieb flächig und linear, doch die schwungvolle Linie spielte kaum noch eine Rolle. Eher ist es der Kontrast zwischen kleinteiligem Muster und großzügiger Fläche, der Spannung erzeugt >11–13. Die Figuren der Schwestern MacDonald >14 haben eine ganz besondere Physiognomie: lang, schlank, zerbrechlich, aufgelöst in einem ans Keltische erinnernden Ornament. Sie integrieren sich perfekt in die typischen langen Formate des Spät-Art-nouveau, durch welche die Plakate besonders elegant wirken >14–15. Bei Koloman Mosers Plakat >15 sind noch Figuren abgebildet, allerdings bis aufs Äußerste stilisiert. Josef Hoffmann reduziert seine Gestaltung auf Ornament, Fläche und Typografie >16.

11 K. O. Czeschka: »Die Nibelungen«, 1908

12 F. K. Delavilla: »Domino-Entwurf«, vor 1910

13 H. Stubner: Chromolithografie, 1903

14 F. & M. MacDonald, H. McNair: Plakat, 1898

15 K. Moser: Ausstellungsplakat, 1903

16 J. Hoffmann: Ausstellungsplakat, 1905

OBJEKT

17
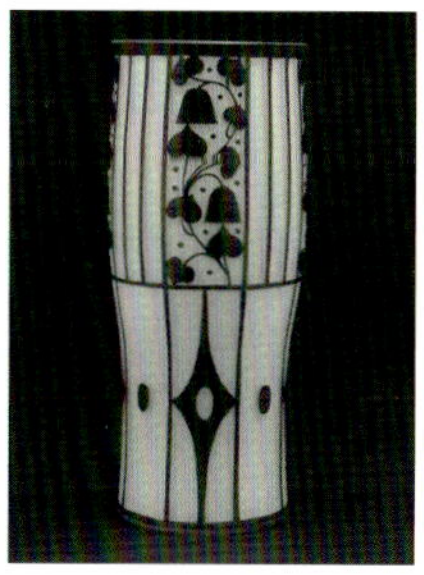

18

19

ARCHITEKTUR

20

21

22

Die Objekte >17–19, die in der Wiener Werkstätte hergestellt wurden, waren zu einem großen Teil aus geometrischen Formen aufgebaut und mit geometrischen Ornamenten verziert. Auch Josef Maria Olbrichs Ausstellungsgebäude für die Wiener Secession besteht aus glatten, weißen Kuben. Darauf thront dekorativ eine goldene Kuppel, ein stilisierter Lorbeerbaum >21. Sein »Hochzeitsturm«, der auf der »Mathildenhöhe« in Darmstadt errichtet wurde, hat eine fünffingrige Krone, die dem Turm eine expressive Wirkung verleiht >22. Die »Glasgow School of Art« >20, die Charles Rennie Mackintosh schon 1897 entworfen hatte, wirkt moderner und funktionaler, doch auch hier bilden die Fenster ein strenges, aber dekoratives Muster.

17 J. Hoffmann: Vase, 1911–1912

18 K. Moser: Blumenständer, 1903

19 J. Hoffmann: Stuhl, 1905

20 C. R. Mackintosh: »Glasgow School of Art«, 1897–1909

21 J. M. Olbrich: Secessionsgebäude, 1897–1898

22 J. M. Olbrich: »Hochzeitsturm«, 1905–1908

RETRO STYLE
HISTORISMUS

FARBE

01

MUSTER

02

03

04

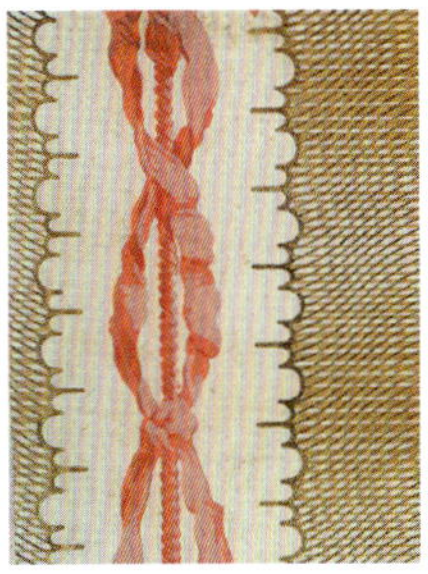

Im Historismus, in dem die Vergangenheit verklärt wurde, nutzte man für die Färbung von Flächen häufig Pastelltöne wie Lindgrün, Rosa oder Apricot. Den Kontrast dazu bildeten Schwarz, Braun oder Grautöne >01. Bei der Gestaltung von Tapetenmustern versuchte man dreidimensionale Motive exakt zu imitieren, um einen »Trompe-l'Œil-Effekt« zu erzielen. Materialien wie Spitze oder Seide wurden im Zweidimensionalen nachgeahmt >04. Auch Blumen wurden möglichst naturalistisch dargestellt und mit Zierleisten aus stilisierten Ornamenten kombiniert >02. Die Zusammenstellung der Blumen wurde genau komponiert. Manche Tapeten zeigten auch ganze Landschaften oder bestimmte Ereignisse, z. B. die Weltausstellung im Kristallpalast in London >03.

02 Anonym:
Tapete, 1850–1860

03 Heywood, Higginbottom & Smith: Tapete, 1853–1855

04 W. Woollams:
Tapete, 1837–1852

WESTERN STYLE

ZEICHEN

05

06

07

SCHRIFT

09

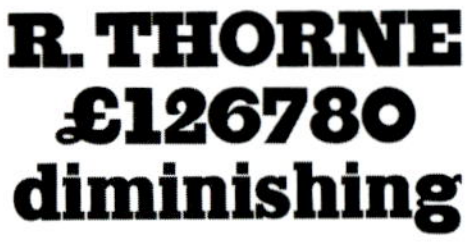

10

08

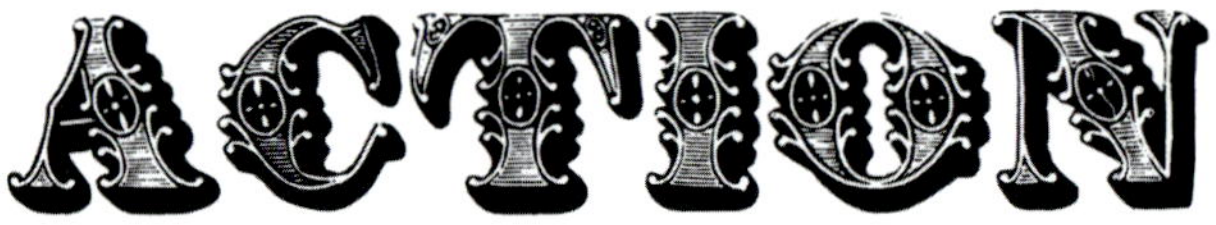

Logos, wie das der Weltausstellung 1851 >05, erinnerten meist an mittelalterliche Wappen. Historische Stile wurden zitiert, Kleinteiligkeit und Detailreichtum dominierten. Mit der beginnenden Massenkommunikation entstanden aber auch neue, funktionale Symbole, etwa die Hand, die auf wichtige Informationen hinweist, – eines der ersten Piktogramme >07. Das 19. Jahrhundert war ein Zeitalter der typografischen Innovationen. Es entstanden neue Schriftsippen wie die serifenbetonten »Egyptiennes« >09, Schriften mit einem extremen Unterschied zwischen den Strichstärken, genannt »Fat Faces« >10, serifenlose Groteskschriften und sehr viele dekorative Schriften >08. Um große Schriftgrößen drucken zu können, erfand man den Druck mit Holzlettern.

05 Bradbury and Evans:
Ausstellungslogo, 1851

06 W. H. Page: »Die-cut wood ornament«, 1890

07 W. H. Page:
Abbildung »Hand«, 1872

08 D. Wells:
Druck mit Holzlettern, vor 1828

09 R. Thorne:
»Egyptienne«, 1815

10 V. Figgins:
»Fat Face«, 1821

BILDSTIL

11

12

13

LAYOUT

14

15

16

Illustrationen waren meist als Kupferstiche gefertigt >11, die handkoloriert wurden >12, bis es zur Entwicklung der Chromolithografie kam. Dieses neue Verfahren ermöglichte die kostengünstige Herstellung von farbigen Drucken und prägte in Form von Sammelbildchen und Weihnachtskarten das Viktorianische Zeitalter. Besonders beliebt war ein hyperrealistischer Darstellungsstil >13. In Europa waren die grafischen Arbeiten des Historismus durch eine sehr starke Ornamentik bestimmt >14. Neben verschiedenen dekorativen Schriften dienten Säulen, Tempel und Statuen als Verzierungen. In Amerika entwickelten die kleinen Posterdruckereien dagegen einen ganz anderen Layoutstil >16. Wörter und kurze Sätze wurden effizient in Zeilen untereinander angeordnet.

11 Bradbury and Evans: Illustration, 1851

12 R. Ackermann: Mode-Illustration, 1827

13 S. S. Frizzall & J. H. Buffard's Sons: Poster, 1884

14 Kreisausschuss Ratibor: »Grußadresse«, 1890

15 L.-J. Priestley: Künstlerischer Druck, 1880

16 Brown's Steam-power Job Printing Est.: Proof, 1888

OBJEKT

17
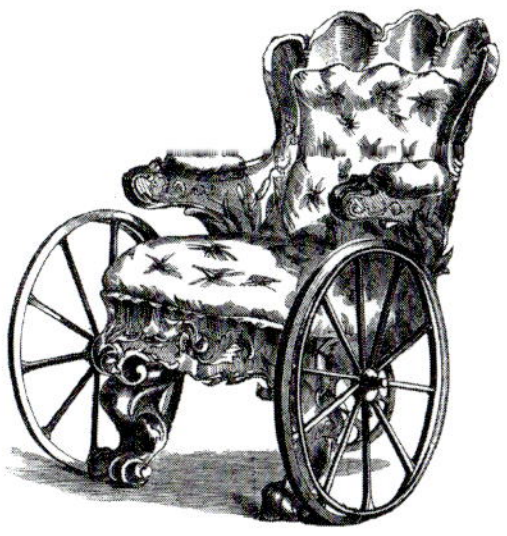

18

19

ARCHITEKTUR

20

21

Sogar Funktionsmöbel wie Rollstühle erhielten eine Verzierung mit historischen Ornamenten >17. Kostbare Materialien imitierte man häufig mit Billigmaterialien wie Papiermaché >18 oder Gummi, die auf einfache Art in ziselierte Formen gepresst werden konnten. Auch Pressglas wurde neben geschliffenem Glas häufig verwendet, meist farbig überfangen oder bemalt >19. Die von Charles Garnier entworfene Pariser Oper entwickelte sich zum Vorbild für viele historistische Bauten. Sowohl außen als auch innen herrschte ein eklektischer Stilmix aus Neo-Klassik, Neo-Barock und Neo-Romantik >20. Ornamentale Verhüllung hielt man für notwendig, so dass es sogar Vorschläge gab, den »nackten« Eiffelturm umzugestalten >21.

17 J. Heath: »Invalid Chair«, 1851

18 Anonym: Etagere aus Papiermaché

19 J. Meyr, Adolphshütte: »Zuckervase«, 1835

20 C. Garnier: Pariser Oper, 1861–1875

21 M. L. Tropey-Bailly: Eiffelturm-Umgestaltung, 1900

FARBE

01

MUSTER

02

03

ZEICHEN

04

05

06

SCHRIFT

07

08

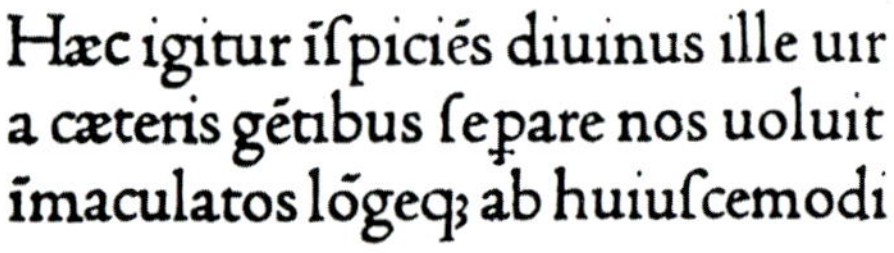

09

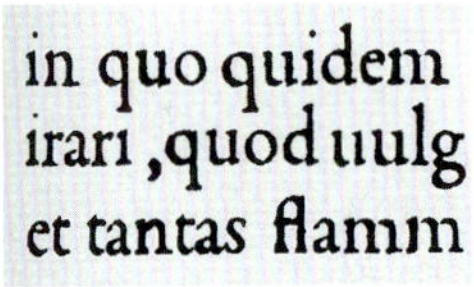

Zur Zeit der Renaissance wurden sowohl in der Buchmalerei als auch in der Keramik meist die Grundfarben Rot, Blau und Gelb in Kombination mit Weiß bzw. hellen Tönen genutzt >01. So machten die Gestaltungen einen lichten, freundlichen Eindruck, auch wenn viele Objekte vollständig mit Mustern verziert waren >17. Die Ornamentik war geprägt von unterschiedlichen Einflüssen. Von der Antike übernahm man unter anderem »Grotesken«, Putti (Engelsfiguren), Kandelaber, Akanthusranken und andere »All'antica«-Motive >02. Zusätzlich wurden orientalische Ornamente aufgegriffen und zu »Mauresken« >03 weiterentwickelt. Dazu gehörten geometrische Muster, das »Knotenwerk«, sowie stark stilisierte florale Ornamente.

Die Renaissance bemühte sich um die Wiederbelebung der Werte der Antike. So konstruierte Albrecht Dürer Großbuchstaben nach dem Vorbild der römischen »Capitalis Monumentalis« >07. Mitte des 15. Jahrhunderts entwickelte sich aus der karolingischen Minuskel und den römischen Majuskeln die neue Schriftgruppe »Antiqua«. Perfekte Beispiele dafür sind die Schrift, die Nicolas Jenson für Eusebius Buch »De Praeparatione Evangelica« >08 nutzte, und die Schrift des berühmten Druckers Aldus Manutius und seines Schriftenschneiders Francesco Griffo für Pietro Bembos »De Aetna« >09. Diese wurde zum Vorbild für die 1532 von Claude Garamond entworfene Schrift »Garamond«, die in den folgenden Jahrhunderten zur meistgenutzten europäischen Schrift avancierte.

02 P. del Vaga:
Muster, 1530

03 F. Pellegrin: Druck aus
»La Fleur de la Science«, 1530

04 Anonym:
Initial, 1495

05 A. Manutius:
Marke des Druckers, 1500

06 N. Jenson: Marke für eine
Druckervereinigung, 1481

07 A. Dürer: Seite aus »Underweisung der Messung«, 1525

08 N. Jenson:
Schrift, 1470

09 A. Manutius, F. Griffo:
Schrift, 1495–1496

BILDSTIL

10

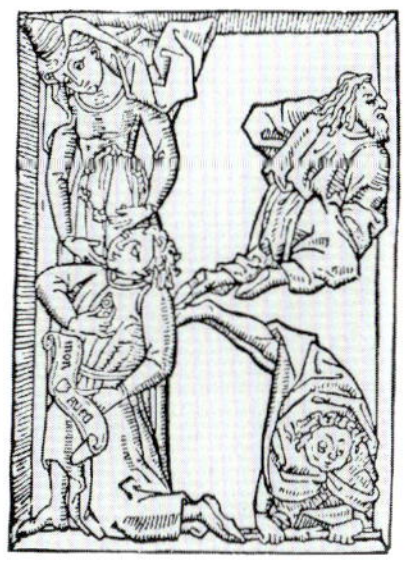

11

12

LAYOUT

13

TRIVMPHVS

14

Acteon deuoré par ses chiens.

15

PAVLI IOVII NOVOCOMEN-

OBJEKT

17

18

19

ARCHITEKTUR

20

21

22

In Europa wurde schon um 1400 mit Hilfe von geschnitzten Holzblöcken gedruckt. Anfangs druckte man Spielkarten, später religiöse Unterweisungen für Analphabeten und dann illustrierte Bücher, wie Albrecht Pfisters »Der Ackermann aus Böhmen« >11, das sehr populär wurde. Die Illustrationen waren zunächst in einem eher simplen Stil gehalten, mit der Zeit wurden sie jedoch immer komplexer und detailreicher >12. Im Layout wurden Illustrationen fast immer mit einem Rahmen versehen. Auch große Initiale >15 oder ornamentale Rahmen >14 waren beliebte Gestaltungsmittel. Gutenbergs Erfindung des Drucks mit beweglichen Lettern kam einer Revolution gleich. Die Schrift wurde kreativ gesetzt. Formsatz war beliebt, vor allem Spitzkolumnen >13.

Wohnräume waren zur Zeit der Renaissance spärlich möbliert, doch vorhandene Möbel waren reich verziert. Schränke und Truhen wurden z. B. mit Intarsien versehen >18. Nachdem in der Frührenaissance Blattwerk >17 und »Mauresken« zur Verzierung von Gegenständen dominierten, kam in der Spätrenaissance das »Rollwerk« dazu >19. In der Architektur orientierte man sich an der Antike. Ein besonderes Beispiel ist der »Palazzo Rucellai« in Florenz. Hier werden die drei antiken Säulenordnungen (dorisch, ionisch und korinthisch) übereinander in Form von Pilastern gezeigt >20. Ansonsten war den Renaissance-Architekten Symmetrie besonders wichtig, der Zentralbau »Santa Maria della Consolazione« in Todi >21 ist praktisch nur aus den Idealformen Kreis und Quadrat aufgebaut.

10 Buchstabe aus einem Groteskenalphabet, 1464

11 A. Pfister: Illustration, 1463

12 L. Stoer: Illustration, 1567

13 A. Manutius: Seitenlayout, 1499

14 B. Salomon: Seitenlayout, 1557

15 R. Estienne: Seitenlayout, 1549

17 Anonym: Vase, 1440–1470

18 Anonym: Schreibschrank aus Augsburg, 1575–1600

19 C. Floris: Entwurf eines Rahmens, 1550

20 L. B. Alberti: »Palazzo Rucellai«, 1446–1451

21 C. da Caprarola: »St. Maria d. Consolazione«, 1508–1607

22 F. Brunelleschi: Kuppel des Florentiner Doms, 1418–1436

FARBE

01

MUSTER

02

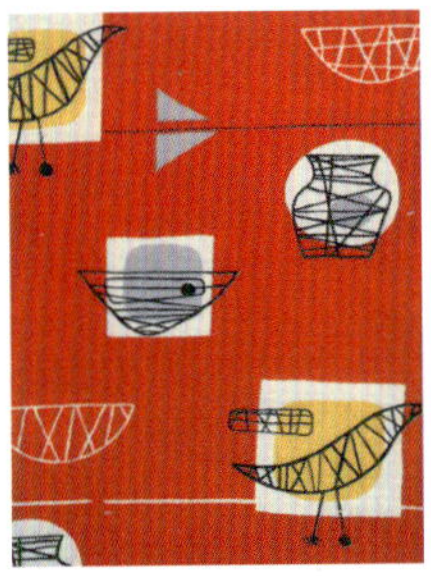

03

04

Die 50er Jahre waren bestimmt von einem luftigen, freundlichen Farbklima. Neben relativ viel Weißraum wurden Farben wie Beige, Rosa, Rot, Blau, Grün und Braun großzügig und in diversen Kombinationen eingesetzt >01. Muster, die damals Vorhänge, Teppiche, Möbel und Geschirr überzogen, waren sehr stark von Moderner Kunst und vom zeitgenössischen Produktdesign inspiriert. Manche Muster bestanden aus Zeichnungen der aktuellen skulpturalen Möbel >02. Die meisten Muster waren allerdings abstrakt und erinnerten eher an die Gemälde von Joan Mirò >03 oder die Mobiles von Alexander Calder. Bei allen Entwürfen spielte die Kombination von Linie und Fläche eine große Rolle. Lucienne Day entwarf daraus ungewöhnliche Eigenkreationen >04.

02 M. Mahler:
Stoffmuster, 50er Jahre

03 E. Kupferoth:
Stoffmuster »Space«, 1954

04 L. Day:
Stoffmuster »Calyx«, 1951

NEW YORK SCHOOL

ZEICHEN

05

06

07

SCHRIFT

08

ABCDEFGHIJ
KLMNOPQR
STUVWXYZ
1234567890
abcdefghijkl
mnopqrstuvw
xyz

09

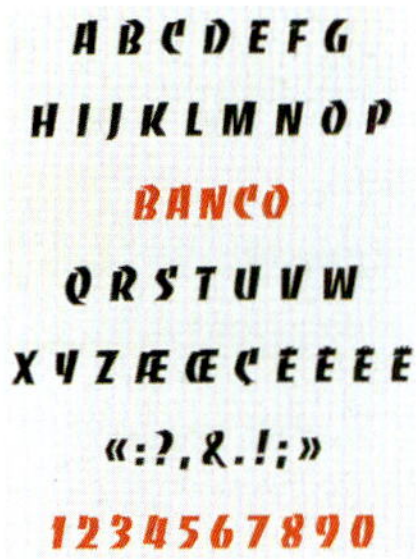

10

Für das Grafikdesign der New York School ist eine gewisse Naivität, Einfachheit und Leichtigkeit charakteristisch, was an Paul Rands Signet für die Westinghouse Corporation >06 besonders deutlich wird. Wie Typografie zum Bild wird, zeigt ansatzweise William Goldens CBS-Logo >07. Herb Lubalin trieb diese Kunst beim Titel der Zeitschrift »Mother & Child« auf die Spitze >05. Auch die leichte Antiqua, die er dabei verwendete, ist charakteristisch. Eine beliebte Schrift Ende der 50er Jahre in New York war die elegante »Optima« von Hermann Zapf >08. Der Franzose Roger Excoffon versuchte mit der Fraktur »Banco« >09 und der Schreibschrift »Mistral« >10 eher den organischen und dynamischen Charakter der zeitgenössischen Entwürfe zu unterstreichen.

05 H. Lubalin: Logo für
»Mother & Child«, 1966

06 P. Rand:
Logo für Westinghouse, 1956

07 W. Golden:
Logo für CBS, 1951

08 H. Zapf:
Schrift »Optima«, 1958

09 R. Excoffon: Schrift »Banco«,
1951; Broschüre, 1955

10 R. Excoffon:
Schrift »Mistral«, 1952

BILDSTIL

11

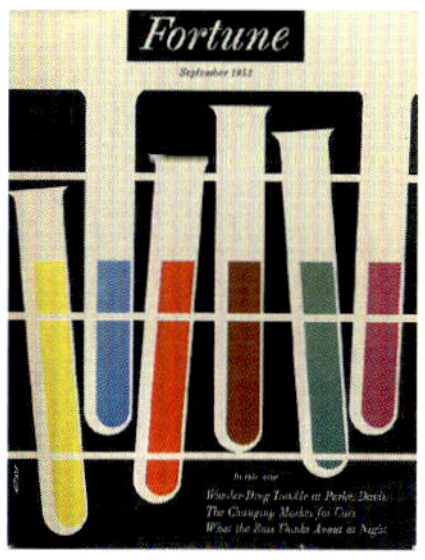

12

13

LAYOUT

14

15

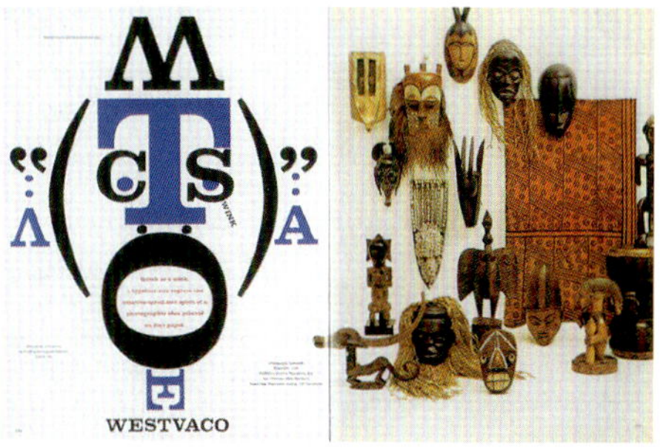

Ein spielerischer Umgang mit Bildmaterial und Farbflächen führte, zumindest bei herausragenden Designern wie Paul Rand, zu einem lockeren, oft auch witzigen, auf jeden Fall aber künstlerisch anmutenden Bildstil >12–13. Kontraste wie dick–dünn, glatt–rau, organisch–eckig spielten dabei eine große Rolle, genauso wie der Einsatz von künstlerischen Techniken wie Malerei oder Collage. Im Layoutdesign war der experimentelle, bildhafte Einsatz von Typografie eine der spannendsten Entwicklungen. Typografie wurde zur Illustration, um so mit den fotografischen Bildelementen zu interagieren >14–15. Besonders häufig kam bildhafte Typografie in der Werbung und im Zeitschriftenlayout zum Einsatz, das in den 50er Jahren vor der Verbreitung des Fernsehens eine Blütezeit hatte.

11 W. Allner: Cover der Zeitschrift »Fortune«, 1953

12 P. Rand: Buchcover, 1958

13 P. Rand: Zeitschriftencover, 1955

14 O. Storch (Art-Direktor), A. Arbus (Foto): Layout, 1959

15 B. Thompson: Seiten aus »Westvaco Inspirations«, 1958

OBJEKT

16

17

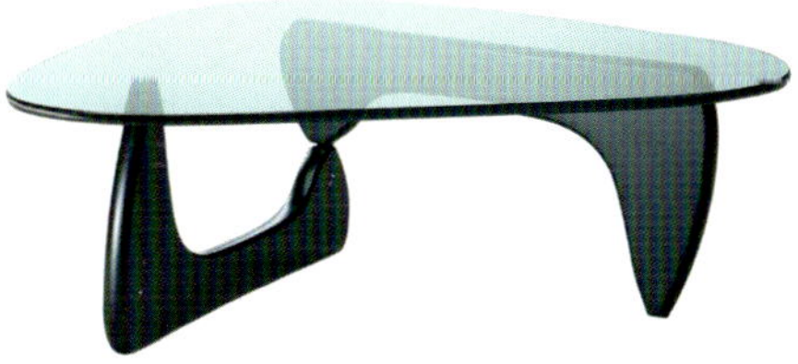

ARCHITEKTUR

18

19

Das Produktdesign zeichnete sich vor allem durch organische Formen aus. Der Nierentisch von Isamu Noguchi ist dafür das Paradebeispiel >17, doch auch skandinavische Designer wie Alvar Aalto, Eero Saarinen oder Arne Jacobsen hatten starken Einfluss. Leichte, skandinavische Teakholzmöbel passten gut in moderne Wohnungen. Typisch für den Contemporary Style war auch, an möglichst viele Objekte kleine, bunte Kugeln anzubauen >16. Insgesamt war die Innenarchitektur sehr luftig und locker >18. Japanische Papierlampen waren sehr beliebt, außerdem zarte Metallgitter und niedrige Möbel mit dünnen, spitz zulaufenden Beinen. Der organische Ansatz in der Architektur kommt am besten in den Bauten von Frank Lloyd Wright >19 und Eero Saarinen zum Ausdruck.

16 G. Nelson: »Ball Clock«, 1948

17 I. Noguchi: »Coffee Table«, 1944

18 J. Royère: Wohnzimmerentwurf, 1950

19 F. L. Wright: »Guggenheim Museum«, 1956–1959

HOCH-ART-NOUVEAU

FARBE

01

MUSTER

02

03

04

ZEICHEN

05

06

07

SCHRIFT

08

09

10

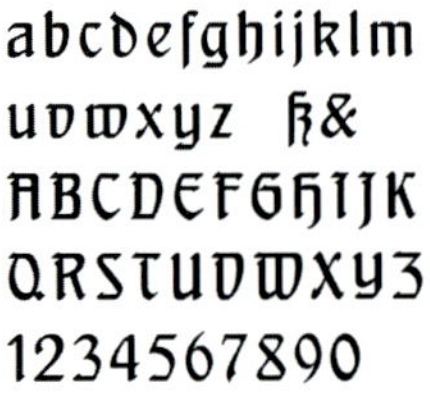

Typisch für das Hoch-Art-nouveau waren warme, natürliche Farben. Lauchgrün, Braun, Beige und warmes Violett bzw. Bordeauxrot oder Nuancen dieser Farben sorgten für das passende Farbklima. In Kombination mit viel Weißraum erhielten die Gestaltungen noch mehr Leichtigkeit. Der Stil war eher flächig, doch wurden diese Flächen meist durch dunklere Linien gegliedert. Für Muster suchte man sich oft Vorbilder aus der Natur, die Wellenlinien beinhalten, wie etwa Wasser und Wasserpflanzen >02. Die geschwungene Linie wurde so zum Hauptmotiv des Hoch-Art-nouveau. Im Laufe der Entwicklung des Art nouveau stilisierte man die Formen aus der Natur immer mehr >04 oder schuf durch extreme Reduzierung nahezu abstrakte Ornamente >03.

Typisch waren sehr verspielte und detailreiche Zeichen >07. Doch Henry van de Velde ließ sich von keltischen Symbolen und Ornamenten zu schlichten Entwürfen inspirieren >05. Otto Eckmanns Titelsignet der Zeitschrift »Die Woche« >06 zeigt, dass auch ein Jugendstillogo eine stark plakative Wirkung haben kann. Die prägnante »7« des Signets stammt aus seiner Schrift »Eckmann« >08, die mit ihren organischen Formen der Archetyp der Jugendstilschrift geworden ist. Peter Behrens' Schrift >10 wirkt auf den ersten Blick ähnlich, doch dann zeigt sich, dass sie viel strenger aufgebaut ist. Hector Guimards Schriftentwurf >09 verdeutlicht, wie viel leichter und zarter das französische Art nouveau im Vergleich mit dem deutschen Jugendstil wirkt.

02 P. Ranson: Textildesign, 1900

03 H. van de Velde: Wandrelief, »Hohenhof«, Hagen, 1908

04 K. Moser: Wanddekor »Scylla«, 1901

05 H. van de Velde: Signet des Künstlers

06 O. Eckmann: Titelsignet der Zeitschrift »Die Woche«, 1899

07 G. Lemmen: Initial, um 1900

08 O. Eckmann: Schrift »Eckmann«, 1900

09 H. Guimard: Schriftentwurf, 1900

10 P. Behrens: Behrensschrift, 1902

BILDSTIL

11

12

13

LAYOUT

14

15

16

Illustrationen des Art nouveau wiesen nahezu immer die Merkmale Flächigkeit und Betonung der Linie auf, die lediglich im Grad der Abstraktion variierten. Viele Bildmotive waren fast noch naturalistisch dargestellt >11. Doch durch die Fokussierung auf typische Jugendstilmotive, wie z. B. Haare, entstand ein außergewöhnlicher Bildstil >12. Manchmal wurde die schwingende Linie fast zum alleinigen Bildinhalt, wie William Bradleys Plakat >13 der Schleiertänzerin Loïe Fuller zeigt. Von besonderer Bedeutung für den Jugendstil war der Buchschmuck, wie etwa Vignetten oder dekorative Rahmen >15. Es gab aber auch Bestrebungen, Typografie und Bildmotiv zu einer Einheit verschmelzen zu lassen, indem sich die Schriften stilistisch anpassten >14, 16.

11 L. Zumbusch: Cover der Zeitschrift »Jugend«, 1897

12 P. Behrens: »Der Kuss«, 1898

13 W. H. Bradley: »The Serpentine Dancer«, 1895

14 J. Sattler: Cover der Zeitschrift »Pan«, 1895

15 J. M. Auchentaller: Seite aus »Ver Sacrum«, 1898

16 A. M. Mucha: Ausstellungsplakat, 1896

OBJEKT

17

18

19

ARCHITEKTUR

20

21

22

Pflanzen dienten sowohl in der Architektur als auch bei der Gestaltung von Objekten als Vorbild. Deshalb enthalten diese oft stilisierte Darstellungen von Blüten >17 und Stängeln >18. Es gab aber auch abstrakte Umsetzungen des Themas. Das Postament >19 von Serrurier-Bovy visualisiert z. B. die reine Wachstumsbewegung. Formal zeichnet sich Jugendstilarchitektur durch ihre schwungvollen Bögen und Wölbungen aus >20–22. Technisch gesehen war es vor allem eine sehr moderne Architektur. Neue industrielle Materialien wie Gusseisen und Glas ermöglichten eine Architektur der großzügigen, hellen Räume >21. Victor Horta verwendete zudem warme Farben, um eine angenehme Atmosphäre zu erzeugen >22.

17 L. C. Tiffany: Zierglas »Jack-in-the-Pulpit«, 1907

18 E. Gaillard, S. Bing: Stuhl, 1900

19 G. Serrurier-Bovy: »Großes Postament«, 1897

20 J. Brunfaut: »Hôtel Hannon«, 1903

21 B. Möhring, R. Krohn: »Zeche Zollern II/IV«, 1902

22 V. Horta: »Hôtel Solvay«, 1895–1898

AESTHETIC MOVEMENT

FARBE

01

MUSTER

02

03

04

ZEICHEN

05

06

07

SCHRIFT

08

10

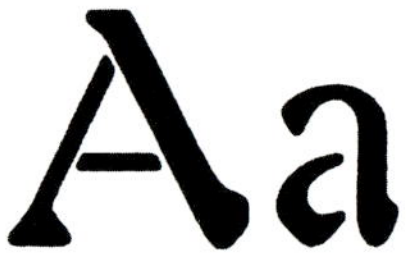

09

Bei japanischen Lackarbeiten dominierten die Farben Schwarz oder Rot. Die Drucke der japanischen Ukiyo-e-Künstler und ihr großzügiger Umgang mit Weißraum hatten auf das Grafikdesign großen Einfluss. Als vollkommen neue, erfrischende Farbe erschien das Gelb des Zitronenfalters >01, dessen Signalwirkung der Grafiker Aubrey Beardsley direkt für seine Zeitschrift »The Yellow Book« nutzte. Eine andere typisch japanische Gestaltungsidee war, Blättermuster so variantenreich zu gestalten, dass die Überlappung der Blätter fast zufällig wirkte. In den Entwürfen der Europäer gab es sehr deutliche Reminiszenzen an die Drucke des Ukiyo-e >02. Einige Stoffe erschienen durch ihre kostbaren Materialien und Goldtöne asiatisch >03–04.

Aubrey Beardsley und James Abott McNeill Whistler waren Dandys. Frühe Vertreter der Dekadenz des »Fin de Siècle«. Radikale Ästheten. Beardsleys lineare, in Schwarz-Weiß gehaltene Illustrationen wirkten elegant, fast schon manieristisch. Lieblingssymbole des Aesthetic Movement waren die Pfauenfeder >06 und der Pfau >07. Die Motive wurden immer wieder fantasievoll neu interpretiert. In der Typografie versuchten einige Gestalter ganz deutlich den Charakter asiatischer Schriftzeichen zu imitieren >08. Es entstanden aber auch für bestimmte Bildmotive passende Schriftzüge >09 und Satzschriften >10, die versuchten, vor allem den Schwung und expressiven Charakter japanischer Schriftzeichen aufzunehmen.

02 E. W. Godwin:
Tapete »Bamboo«, 1872

03 C. Dresser:
Stoffmuster, 1871

04 B. Talbert:
Damaststoff »Nagasaki«, 1874

05 A. Beardsley: Karikatur von Whistlers Signatur, 1893

06 A. Beardsley:
Buchvignette, 1893

07 A. Beardsley:
Buchvignette, 1893

08 Anonym: Schriftzug
für »Cycles Clemens«, 1900

09 P. Bonnard:
Schriftzug, 1889

10 G. Auriol:
Schrift »Auriol«, ca. 1900

BILDSTIL

11 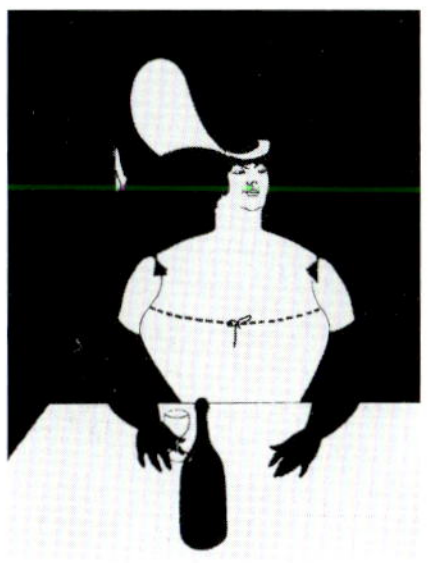

12 

13 

OBJEKT

17 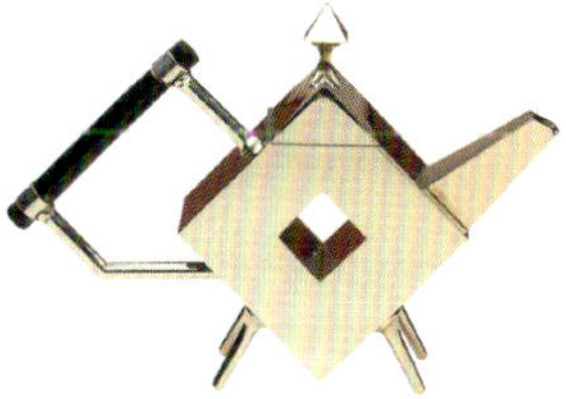

18 

19 

LAYOUT

14 

15 

16 

ARCHITEKTUR

20 

21 

22 

Durch die Entdeckung japanischer Drucke wurden westliche Grafiker darin bestärkt, die Natur zu studieren und Formen durch klare Linien voneinander zu trennen >12. Genauso war es mit der flächigen Darstellungsweise >13 und dem Spiel zwischen Figur und Grund >11. Elegante, längliche Formate >14 und asymmetrische Kompositionen >16 sorgten für eine größere Lebendigkeit der Gestaltung. Ein Plakat, wie das für die Sezessionsausstellung 1898 >15, hatte es nie zuvor im westlichen Raum gegeben. Das Zentrum des Bildes ist eine weiße Fläche. Das Ideal der »Amor vacui«, der »Vorliebe für Leere«, das dem ästhetischen Gefühl des Historismus direkt entgegengesetzt war, übernahm die westliche Gesellschaft nur sehr zögerlich von den Japanern.

Die berühmtesten Designer des Aesthetic Movement waren Edward W. Godwin >19 und Christopher Dresser. Dieser fand nach einer längeren Japanreise zu einer eigenen, sehr modernen Formensprache >17. Das »White House« >21, das Godwin für seinen Freund Whistler gebaut hatte, sah nicht aus wie japanische Häuser, sondern übernahm deren Purismus. In völligem Kontrast zu den Häusern in der Umgebung bildete die Fassade des Hauses eine ebene, weiße Fläche. Whistler sah einen Raum als Gesamtkunstwerk, wie einen Rahmen für seine Gemälde, was man gut am von ihm gestalteten »Peacock Room« >20 erkennen kann. Auch Frank Lloyd Wright war von japanischer Architektur beeinflusst, entwickelte daraus jedoch seine amerikanisch gefärbten »Prärie-Häuser« >22.

11 A. Beardsley: Illustration, 1894

12 O. Jones: »Horse Chestnut Leaves«, 1856

13 A. Hohenstein: Plakat für Campari (Ausschnitt), 1901

14 A. Beardsley: Farblithografie, 1895

15 G. Klimt: Plakat für die Sezessionsausstellung, 1898

16 H. de Toulouse-Lautrec: Plakat »Jane Avril«, 1893

17 C. Dresser: Teekanne, 1879

18 W. E. Nesfield: Paravent, 1876

19 E. W. Godwin: »Anglo-Japanese table«, 1872

20 J. A. M. Whistler: »Peacock Room«, 1876–1877

21 E. W. Godwin: »White House«, 1877

22 F. L. Wright: »Robie House«, 1907–1909

FARBE

01

MUSTER

02

03

04

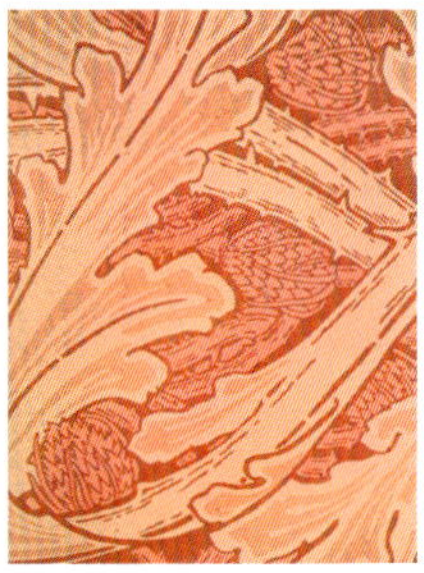

ZEICHEN

05

06

07

SCHRIFT

08

S AYS our friend: Consider-
ing the subject, the discus-
sion was good-tempered;
for those present, being used
to public meetings & after-
lecture debates, if they did
not listen to each other's opinions, which
could scarcely be expected of them, at all
events did not always attempt to speak
all together, as is the custom of people in
ordinary polite society when conversing

09

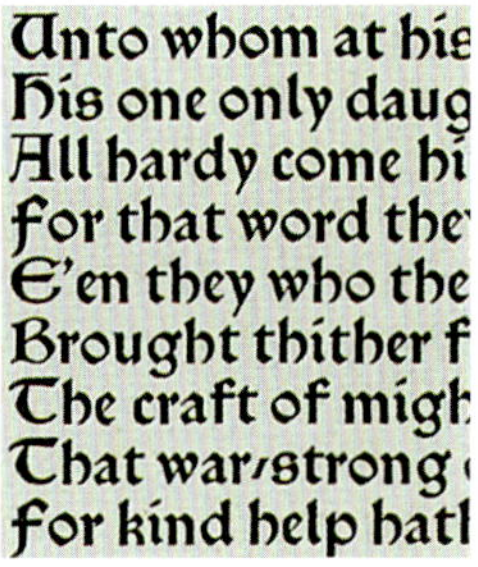

Unto whom at his
His one only daug
All hardy come hi
For that word the
E'en they who the
Brought thither f
The craft of migh
That war-strong
For kind help hat

Die Arts-and-Crafts-Gestalter schufen, vor allem im Bereich der Muster, sehr farbenfrohe Entwürfe. Typisch waren naturverbundene, gedeckte Töne wie Dunkelrot, Dunkelblau und Dunkelgrün, die jedoch immer durch hellere Akzente aufgelockert wurden >01. Oft wurde eine Farbe mit einem helleren Tonwert der gleichen Farbe kombiniert >04. William Morris, der genialste Musterentwerfer seiner Zeit, ließ sich von orientalischen und historischen Ornamenten inspirieren. Seine Hauptinspirationsquelle war allerdings die Natur. Florale Motive >02 ergänzte er manchmal durch Vögel oder andere Tiere. Obwohl die Arts-and-Crafts-Muster auf dem Rapport basieren, sind sie so lebendig, dass die Wiederholungen kaum auffallen >03.

Viele Arts-and-Crafts-Logos ähnelten historischen Wappen >05. Doch einige Gestalter begannen Formen zu entwickeln >06–07, welche die geschwungenen Linien des Art nouveau ankündigten. William Morris wollte mit der Gründung der »Kelmscott Press« das Druckwesen reformieren. Die Bücher seiner Zeit fand er hässlich und schlecht produziert. Für seine eigenen Bücher schuf er drei Schriften: »Golden Type« >08, »Troy Type« >09 und »Chaucer Type«. Mit der »Golden Type« strebte er die Schönheit der Drucke Nicolas Jensons an, mit »Troy Type« und »Chaucer Type« die der handgeschriebenen Bücher des Mittelalters. Die Strichstärke der Buchstaben war stark und die Zeilen wurden eng gesetzt, um einen hohen Grauwert der Schrift zu erzielen.

02 W. Morris: Tapete »St. James«, 1881

03 W. Crane: Stoff »The Orange Tree«, 1902

04 C. F. A. Voysey: Muster, Jahr unbekannt

05 W. Crane: Logo für die »Chiswick Press«, 1898

06 W. Morris: Logo für die »Kelmscott Press«, 1892

07 A. H. Mackmurdo: Logo für die »Century Guild«, 1884

08 W. Morris: Text gesetzt in »Golden Type«, 1890

09 W. Morris: Text gesetzt in »Troy Type«, 1891

BILDSTIL

10

11

LAYOUT

12

13

Die Bücher aus Morris' »Kelmscott Press« waren prachtvoll ausgestattet. Seine Künstlerfreunde, wie Edward Burne-Jones und Walter Crane, fertigten sehr hochwertige, individuelle Illustrationen >10. Zur weiteren Auszeichnung dienten Schmuckinitialen >11 und die Schmuckfarbe Rot. Fast alle Bilder und Texte erhielten Ornamentrahmen >12. Auch die Typografie wurde manchmal wie ein schmückendes Bildelement eingesetzt. Gustav Stickley verbreitete die Ideale der Arts-and-Crafts-Bewegung mit seiner Zeitschrift »The Craftsman« >13 in den USA. Hier versuchten einige, die Gestaltung der Bücher aus der »Kelmscott Press« zu imitieren, doch es setzte sich im Mission Style eher eine vereinfachte, flächigere Art der Gestaltung durch.

10 E. Burne-Jones: Illustration für »The Golden Legend«, 1892

11 W. Morris: Initialwort »WHILOM«, 1893

12 W. Morris: Frontispiz für »News from Nowhere«, 1892

13 Titelseite der Zeitschrift »The Craftsman«, 1904

OBJEKT

14

15

16

ARCHITEKTUR

17

18

Die Arts-and-Crafts-Möbel und -Produkte waren an den rustikalen, englischen Landhausstil angelehnt >14. Den Designern ging es darum, die natürliche Schönheit der verwendeten Materialien zu betonen >15. Häufig dienten Formen aus der Natur als Inspiration, diese wurden jedoch leicht vereinfacht und sehr klar gegliedert >16. Typische Art-and-Crafts-Häuser, wie das »Red House« >17, das Philip Webb für William Morris baute, entsprachen eher dem mittelalterlichen Prinzip von Landhäusern. Ihr asymmetrischer Aufbau ermöglichte es, immer neue Teile anzubauen. Die Optik wurde von den verwendeten Natursteinen bestimmt. In Amerika entwickelten von Arts-and-Crafts-Ideen beeinflusste Architekten großzügige Bungalow-artige Holzhäuser >18.

14 P. Webb: Armlehnsessel »Sussex«, entworfen um 1860

15 F. A. Voysey: Uhr »Tempus Fugit«, 1895

16 G. P. Kendrick: Vase, 1898–1902

17 P. Webb: »Red House«, 1859–1860

18 Greene and Greene: »David B. Gamble house«, 1908–1909

FARBE

01

MUSTER

02

02 Anonym:
Tapete, um 1740

03

03 Anonym:
Tapete, um 1740

04

04 Anonym:
Tapete, um 1780

ZEICHEN

05

05 Anonym: Mini-Kartusche,
Ende des 17. Jh.

06

06 Anonym:
Initial, Anfang des 18. Jh.

07

07 J. F. Rosart:
Initial, 1760

SCHRIFT

08

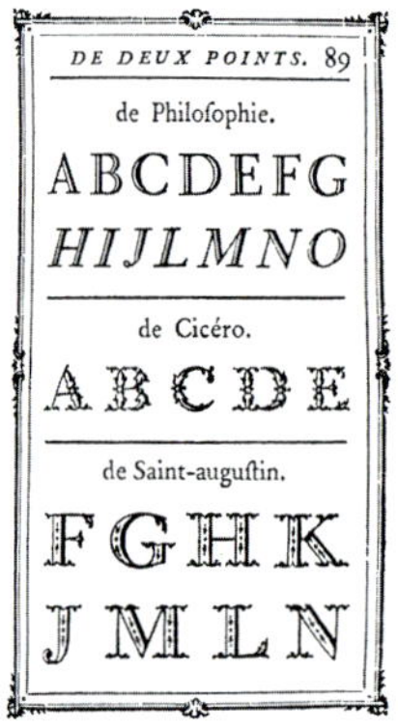

DE DEUX POINTS. 89

de Philofophie.

ABCDEFG

HIJLMNO

de Cicéro.

ABCDE

de Saint-auguftin.

FGHK

JMLN

08 P. S. Fournier:
Schriftmustertafel, 1768

09

09 M. Bauernfeind:
»Rococo letters«, 1737

10

10 G. Bodoni:
Initial, 1771

Die Farben des Rokoko drücken Leichtigkeit und Beschwingtheit aus. Dafür sorgen der dominante Einsatz von Weiß und Gold sowie Akzente in Pink bzw. Rosa und Lichtgrün >01. Die Verwendung von Pastelltönen war charakteristisch, vor allem bei der Gestaltung von Mustern. Florale Motive wurden häufig eingesetzt >02. Zudem herrschte eine etwas oberflächlich-naive Begeisterung für alles Exotische. Beliebt waren Szenen aus dem Leben in China, so wie man es sich in Europa vorstellte, sogenannte »Chinoiserien« >03–04. Muster waren dynamisch >02 und verspielt >03, im späten Rokoko wurden sie zurückhaltender >04. Das typischste Rokoko-Ornament, die »Rocaille« (»Muschelwerk«) tauchte eher selten auf Tapeten, sondern in Form von Stuckverzierungen auf.

Die Muschel war das wichtigste Symbol des Rokoko. In der kleinen »Kartusche« >05 aus der Zeit des Übergangs vom Barock zum Rokoko ist die Muschel noch recht naturalistisch und symmetrisch dargestellt. Im Rokoko wurde sie stärker stilisiert, bei einer Betonung der Asymmetrie in den Gestaltungen >07. Das goldene Initial >06 zeigt die Leichtigkeit des Rokoko. Giambattista Bodoni ist für seine klassizistischen Entwürfe bekannt geworden, doch in seinem Frühwerk >10 war er stark beeinflusst von Pierre Simon Fournier, dem wichtigsten Rokoko-Typografen. Dieser stellte in seinem »Manuel Typographique« seine Schriftentwürfe vor >08. Eine seiner wichtigsten Innovationen war die Idee, verschiedene Schriftschnitte systematisch in einer »Schriftfamilie« zu vereinen.

BILDSTIL

11

12

13

LAYOUT

14

15

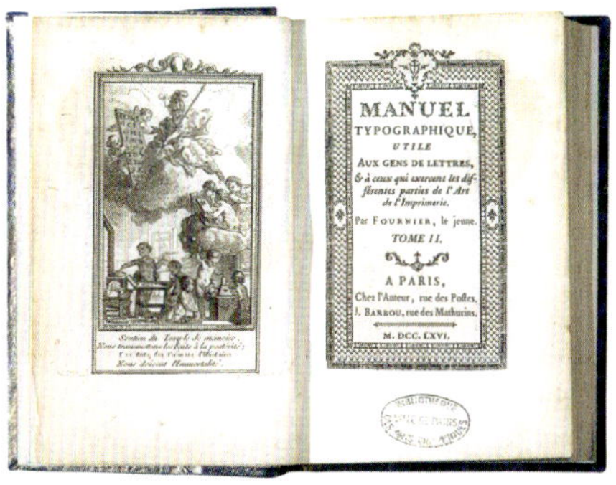

OBJEKT

16

17

18

ARCHITEKTUR

19

20

21

Das Exlibris von Elias Nilson >11 und die von Edward Warner entworfene Karte >14 zeigen die Dynamik der asymmetrischen Rokoko-Kompositionen mit ihren »C-« und »S-Schwüngen«. Kupferstecher wie Charles-Nicolas Cochin oder Charles Eisen orientierten sich stark an den amourösen Motiven der beliebten Maler François Boucher, Antoine Watteau und Jean-Honoré Fragonard >12–13. Solche Stiche setzte der Drucker Jean Gérard Barbou in seinen Büchern zusammen mit den Schriften und Schmuckelementen Pierre Simon Fourniers ein. Barbou druckte auch Fourniers »Manuel Typographique«. Innerhalb eines großen, weißen Rahmens demonstrierte Fournier mustergültig die elegante, verspielte Leichtigkeit des Rokoko-Designs >15.

Das geschwungene »Rocaillenmotiv« überzog alle möglichen Gegenstände >17. Besonders das in Europa gerade erst entdeckte, edle Material Porzellan wurde in feinste, ziselierte Formen gegossen >18. Das »Meißener« und »Nymphenburger Porzellan« gelangte zu Weltruhm. Der Haupteinsatzort der »Rocaillen« war jedoch die Innendekoration. Ganze Kirchen wurden mit »Stuckrocaillen« ausgekleidet, sowie die Haupträume in den »Lustschlössern« der Adeligen >16. Der Übergang zwischen Wand und Decke sollte auf diese Weise möglichst fließend gestaltet werden >20. Das Äußere der Rokoko-Gebäude war jedoch nur sehr selten derartig verziert >19. Idealerweise sollten Rokoko-Bauten von außen sehr schlicht und unauffällig erscheinen >21.

11 E. Nilson:
Exlibris, 1752

12 C. Cochin: Stich nach einer Vorlage F. Bouchers, ca. 1735

13 C. Eisen:
Kupferstich, 1762

14 E. Warner:
Visitenkarte, um 1750

15 P. S. Fournier:
»Manuel Typographique«, 1766

16 F. Cuvilliés:
Rocaille aus Stuck, um 1740

17 Anonym: Stuhl für »Schloss Augustusburg«, Brühl, um 1740

18 Anonym: Porzellanrocaille »Toilette der Venus«, 1760

19 M. Pöppelmann: Wallpavillon des »Zwingers«, 1710–1728

20 F. Cuvilliés: Saal in »Schloss Augustusburg«, 1728–1740

21 D. Zimmermann:
»Die Wies«, 1746–1754

FARBE

01

MUSTER

02

03

04

ZEICHEN

05

06

07

SCHRIFT

08

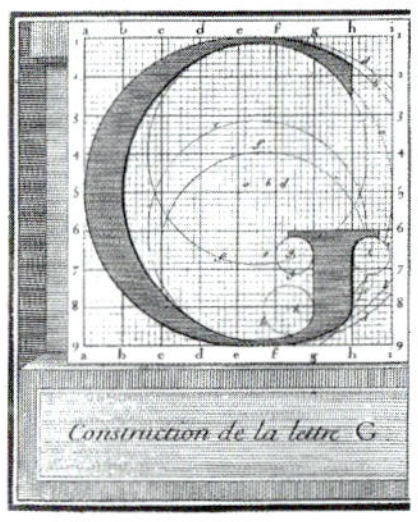

09

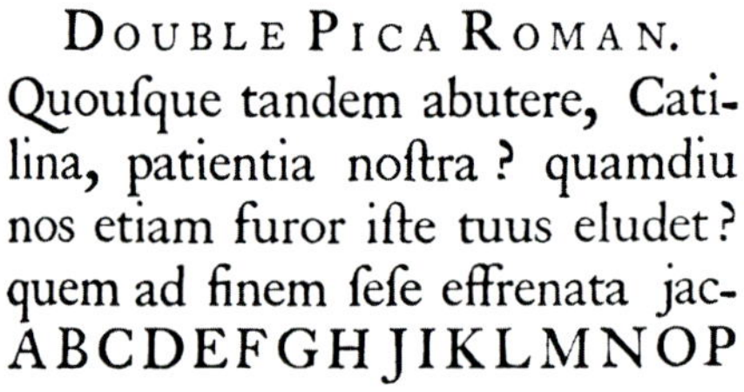

DOUBLE PICA ROMAN.
Quoufque tandem abutere, Catilina, patientia noftra? quamdiu nos etiam furor ifte tuus eludet? quem ad finem fefe effrenata jac-
ABCDEFGHJIKLMNOP

Im Barock dominierten kräftige, herrschaftliche Farben wie Gold und leuchtendes Rot >01. Kostbare Materialien wie Marmor und Edelhölzer trugen zum prachtvollen Gesamtbild bei. Die Vorliebe für geschwungene Formen und die Begeisterung für alles Exotische führten dazu, dass im Bereich der Muster exotische Pflanzen zu einer wichtigen Inspirationsquelle wurden. Die stilisierten Pflanzenmotive wurden rhythmisch zu kleinteiligen, reichhaltigen Mustern angeordnet >02–04. Reliefartige Darstellungen waren sehr beliebt. Häufig entstand die plastische Wirkung durch das Zusammensetzen unterschiedlicher Materialien, z. B. einer Stickerei und einem Seidenstoff >02 oder Stücke verschiedener Lederarten zu einem Gesamtwerk >03.

Der Reichtum und die Fülle des Barock drückten sich im Bereich der Grafik vor allem in prunkvollen Initialen aus. Buchstaben wurden mit »Akanthusranken« >05 oder »Rollwerk« >07 verziert. Eine Blütezeit erlebte die Kunst der Kalligrafie. Ausladende Spiralen und Kurven umschlängelten die Initialen >06. Doch der Barock kannte auch ein anderes Denken. Genauso wie Stadtplaner ganze Städte nach geometrischen Formen am Reißbrett entwarfen, entwickelte die akademische Kommission König Ludwig XIV. ein Alphabet anhand eines Rastersystems >08. Bei der Gestaltung der davon inspirierten Barock-Antiqua »Romain du Roi« richtete sich Philippe Grandjean dann jedoch eher nach seinem persönlichen Harmonieempfinden als nach der Geometrie.

02 Anonym: Wandbehang, 1705–1729

03 Anonym: Vergoldete Lederarbeit, 17. Jh.

04 Anonym: Seidenarbeit, Ende des 17. Jh.

05 Anonym: Initial aus einem Chorbuch, 1705–1729

06 Anonym: Kalligrafisches Initial

07 Kilian: Initial, 1627

08 L. Simoneau: Gravur eines Modellbuchstabens, 1692

09 W. Caslon: Muster der »Caslon roman«, 1734

BILDSTIL

10

11

LAYOUT

12

A Poem On the Universal Penman By Mr. John Bancks

13

124 Q. HORATII FLACCI

EPISTOLA XI.
AD BVLLATIVM.

QVID tibi visa Chios, Bullati, notaque Lesbos?
Quid concinna Samos? quid Croesi regia Sardis?
Smyrna quid, et Colophon? majora, minorane fama?
Cunctane prae Campo, et Tiberino flumine, sordent?
An venit in votum Attalicis ex urbibus una?
An Lebedum laudas, odio maris atque viarum?
Scis Lebedus quid sit: Gabiis desertior atque
Fidenis vicus: tamen illic vivere vellem,
Oblitusque meorum, obliviscendus et illis,
Neptunum procul e terra spectare furentem.
Sed neque, qui Capua Romam petit imbre lutoque
Adspersus, volet in caupona vivere; nec, qui
Frigus collegit, furnos et balnea laudat,
Vt fortunatam plene praestantia vitam;

14

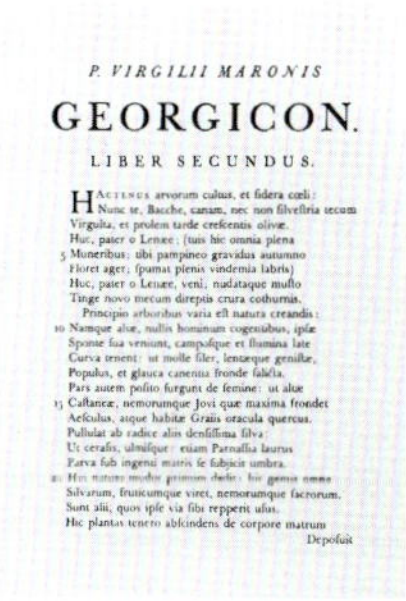

P. VIRGILII MARONIS
GEORGICON.
LIBER SECUNDUS.

HACTENUS arvorum cultus, et sidera coeli:
Nunc te, Bacche, canam, nec non silvestria tecum
Virgulta, et prolem tarde crescentis olivae.
Huc, pater o Lenaee: (tuis hic omnia plena
Muneribus: tibi pampineo gravidus autumno
Floret ager; spumat plenis vindemia labris)
Huc, pater o Lenaee, veni, nudataque musto
Tinge novo mecum direptis crura cothurnis.
Principio arboribus varia est natura creandis:
Namque aliae, nullis hominum cogentibus, ipsae
Sponte sua veniunt, camposque et flumina late
Curva tenent: ut molle siler, lentaeque genistae,
Populus, et glauca canentia fronde salicta.
Pars autem posito surgunt de semine: ut altae
Castaneae, nemorumque Jovi quae maxima frondet
Aesculus, atque habitae Graiis oracula quercus.
Pullulat ab radice aliis densissima silva:
Ut cerasis, ulmisque: etiam Parnassia laurus
Parva sub ingenti matris se subjicit umbra.
Hos natura modos primum dedit: his genus omne
Silvarum, fruticumque viret, nemorumque sacrorum.
Sunt alii, quos ipse via sibi repperit usus.
Hic plantas tenero abscindens de corpore matrum
Deposuit

OBJEKT

15

16

17

ARCHITEKTUR

18

19

20

Der Bildstil des Barock orientierte sich an der Antike. Man nutzte z. B. das Motiv der »Grotesken«, also menschlicher Figuren, deren Körper in Fischschwänzen oder »Blattwerk« enden >10. Solche bizarren Motive wurden fantasievoll weiterentwickelt, mit »Rollwerk« verbunden und zum weichen, fleischigen »Ohrmuschelstil« verdichtet. Diese Formen dienten häufig als Rahmen (»Kartuschen«) für Bilder oder Texte >11. Zur Zeit des Barock erstellten einige Kupferstecher nicht nur die Illustrationen für Bücher, sondern den gesamten Text >12–13. Diese Technik ermöglichte einen starken Kontrast zwischen den Strichstärken der Buchstaben. Die Ästhetik der starken Kontraste setzten William Caslon >09 und John Baskerville >14 in ihren Schriftentwürfen um.

»Ohrmuschelornamente« wurden verstärkt bei der Gestaltung von Silberarbeiten >16, Schnitzereien und Beschlagwerk >15 eingesetzt. Im Bereich der Plastik >17 legte man besonderen Wert auf die Gestaltung dynamischer Elemente, wie Locken oder Faltenwurf. Insgesamt steht der Barock für Dynamik, im Gegensatz zur eher statischen Renaissance. Der Bau der Kirche »Il Gesù« in Rom gilt als Beginn der Barock-Architektur >18. Der dreieckige Giebel wird durch »Voluten«, großzügige, schneckenförmige Elemente, mit dem Bauwerk verbunden. Auch weist die Kirche schon ein weiteres Kennzeichen von Barock-Fassaden auf, die besonders plastische Gliederung. Die Fassaden von Barock-Kirchen wurden immer üppiger durch plastische Dekorelemente gegliedert >19–20.

10 J. Bérain d. Ä.: Dekoration des »Fenster Karl IX.«, 17. Jh.

11 D. Rabel: Kartusche, 1625

12 G. Bickham: Gravur, ca. 1740

13 Druck nach einer Gravur von J. Pine, 1737

14 J. Baskerville: Layout einer Kapitelseite, 1757

15 A.-C. Boulle: Kommode, 1708

16 P. van Vianen: Silbernes Gießgefäß, 1613

17 H. Pelle: Büste »Charles II«, 1684

18 G. B. da Vignola & G. della Porta: »Il Gesù«, 1568–1584

19 F. Borromini: »San Carlo alle Quattro Fontane«, 1665–1668

20 F. de Casas y Novoa: »Santiago de Compostela«, 1738

RETRO REVIEW

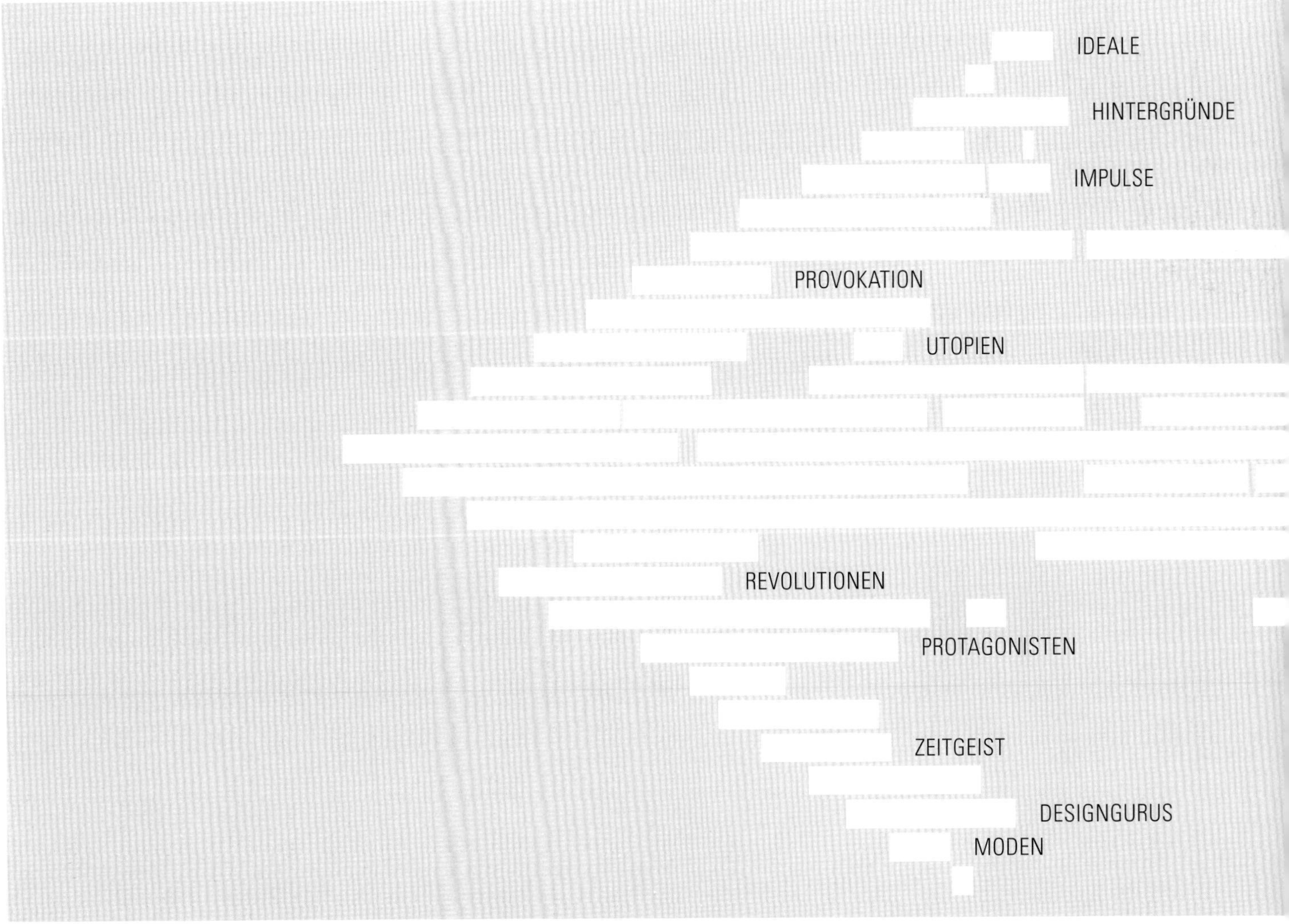

ZEITIMPULS

Diese Kalligrafie zeigt sehr gut das »Flechtwerk«, eine formale Gestaltung, die für die dekorativen Künste zur Zeit der Renaissance typisch war – die Illustrationen von Flora und Fauna wurden nachträglich hinzugefügt, das Buch also »illuminiert«

renaissance – Im 15. Jahrhundert begann das während des Mittelalters vorherrschende, religiöse, jenseitsorientierte Weltbild zu wanken. Ausgelöst wurde dies durch bahnbrechende Entdeckungen, wie die, dass die Erde keine Scheibe ist, oder Kopernikus' Theorie, dass sich die Planeten um die Sonne bewegen und nicht um die Erde. Aber auch die »Wiedergeburt« (ital. Renaissance) der Antike trug zu einem neuen Weltbild bei. Ruinen und vor allem Texte aus der Zeit der Römischen Antike wurden erforscht. Als 1453 nach der Eroberung Konstantinopels durch die Türken viele griechisch sprechende Gelehrte in den Westen flohen, brachten sie auch Werke der Griechischen Antike mit sich, die nun ins Lateinische übersetzt werden konnten. »Der Mensch ist das Maß aller Dinge.« Diese Aussage des Philosophen Protagoras machten sich die Humanisten, also Gelehrte, die die antiken Texte studierten, zu ihrem Leitbild. Der Humanismus durchströmte mit seiner Diesseitsorientierung alle Bereiche des sozialen und kulturellen Lebens. Zentrum und Ausgangspunkt dieser Entwicklung war Italien, genauer die Stadtstaaten Florenz und Venedig. Hier besaßen reiche Kaufmannsfamilien wie die Medici die Macht. Um ihren Ruhm zu mehren, wurden sie – neben der Kirche – zum wichtigsten Auftraggeber für Maler. Lange Zeit galten als freie Künste, als »artes liberales«, nur Arithmetik, Dialektik, Grammatik, Rhetorik, Geometrie, Musik und Astronomie. Maler hatten den Stand von Handwerkern. Doch auch das änderte sich zur Zeit der Renaissance, in der unser heutiges Bild des »Künstlers« entstand. Die Entdeckung der Zentralperspektive und ihrer korrekten Konstruktion war für die Entwicklung der Kunst extrem wichtig. Hierdurch konnte zum ersten Mal Dreidimensionalität im Zweidimensionalen wirklichkeitsgetreu wiedergegeben werden.

Es ist eine Lust zu leben

Ulrich von Hutten, Humanist

Georg Bocskay, illuminiert von Joris Hoefnagel: »Schmetterling, Schneckenhaus und Birne«, Folio 118 verso aus »Mira Calligraphiae Monumenta«, 16.7 x 12.4 cm, geschrieben 1561–1562, illuminiert 1590–1596

Giorgio Sellas: Mit »Grotesken«-Marketerie (Holzfurnier-Einlegearbeiten) verzierte Gitarre, 1627

Schrift Zitat: »FF Humanist« Jürgen Brinkmann, 1993

Da die Renaissance den Menschen in den Mittelpunkt stellte, gewann die Porträtmalerei stark an Bedeutung

Einige Künstler, vor allem Leonardo da Vinci und Michelangelo Buonarotti, verwirklichten sogar das Ideal des »uomo universale«, des allseitig interessierten und begabten Universalgenies. Beide ließen Kunst und Wissenschaft miteinander verschmelzen. Leonardo studierte die menschliche Anatomie, war ein erfolgreicher Maler und fertigte gleichzeitig Konstruktionszeichnungen für Kriegsmaschinen, Festungen und vieles mehr an. Michelangelo, hauptsächlich Bildhauer, betätigte sich auch als Architekt und Dichter. Von Italien aus verbreitete sich der Stil der Renaissance durch Künstler wie Albrecht Dürer in ganz Europa. Auch andere wichtige Ereignisse, wie der Beginn der Reformation und die darauf folgenden Glaubenskriege sowie Gutenbergs Erfindung des Buchdrucks mit beweglichen Lettern (um 1450), der eine viel schnellere Verbreitung von Wissen ermöglichte, führten dazu, dass die Renaissance als Beginn der Neuzeit bezeichnet wird.

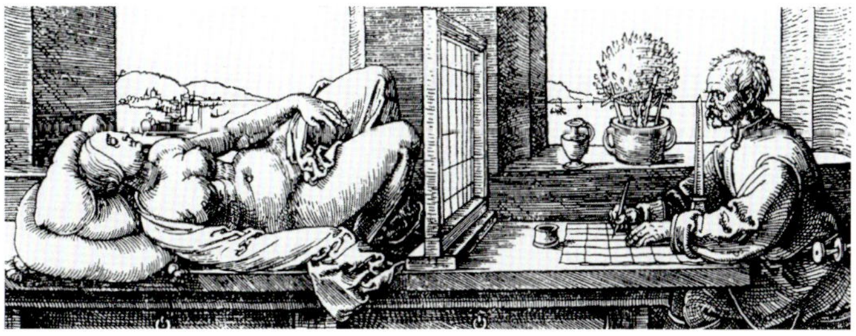

O welch ein anmutig Ding ist diese Perspektive!

Paolo di Dono, genannt Uccello

exkurs manierismus – Giorgio Vasari (1511–1574), der erste Kunsthistoriker, sah in der Entwicklung der Renaissance eine kontinuierliche Steigerung, deren Höhepunkt das Schaffen Michelangelos sei. Daher prägte er für die nachfolgende Kunst, die die Prinzipien der Renaissance überspitzte, die Negativbezeichnung Manierismus (ital. »maniera«: Eigenart, Künstelei). Tatsächlich brachen oder störten die Künstler des Manierismus, wie Jacopo Tintoretto (1518–1594), El Greco (1541–1614) und Giuseppe Arcimboldo (1527–1593), durch überdehnte Proportionen, übertriebene Perspektive, Effekthascherei und eine Verrätselung der Aussage absichtlich die »schöne« Form. Dadurch erzielten sie gleichzeitig aber auch eine größere Raffinesse und Dramatik.

Giovanni Bellini:
»Der Doge Leonardo Loredan«,
Öl auf Leinwand, 62 x 45 cm,
1501–1504

Albrecht Dürer:
Holzschnitt aus dem Werk
»De Symmetria Partium
Humanorum Corporum«, 1532

Schrift Zitat:
»Stempel Garamond Pro Italic«
entworfen 1925
basierend auf Entwürfen von
Claude Garamond, 1532

Jacopo Pontormo:
»Kreuzabnahme Christi«,
Öl auf Holz, 313 x 192 cm,
1525–1528

barock – »Welttheater«. Das Barockzeitalter sah die Welt als Bühne, in der jeder Mensch seine gottgegebene Rolle auszuüben hatte. Regie führten dabei die katholische Kirche und die absolutistischen Herrscher. Die katholische Kirche hatte auf die Schwächung durch die Reformation reagiert, indem sie beim »Konzil von Trient« (1545–1563) zur Gegenreformation und Rekatholisierung aufrief. Die Päpste förderten die Künste, um ihre Ziele zu erreichen. Kirchliche Feiertage

Das höchste Ziel christlicher Bilder wird immer darin bestehen, die Menschen zur Frömmigkeit anzuhalten und zu Gott zu führen

Francisco Pacheco in seinem Werk »Geschichte der Kunst, ihr Alter und ihre Größe«, 1649

und Prozessionen wurden zu riesigen Festen, welche die Macht der Kirche demonstrierten. Sie dienten aber auch als Ausgleich für die Leiden im alltäglichen Leben der Menschen, in dem Vergänglichkeit (»Vanitas«) und Tod allgegenwärtig waren. Die Feste der Kirche wurden in ihrer Pracht nur noch übertroffen von den Festen der absolutistischen Herrscher. Auf die Spitze trieb es »Sonnenkönig« Ludwig XIV. In seinem Schloss in Versailles wurde sogar das morgendliche »Lever« (Sich Erheben) und allabendliche »Coucher« (Sich Niederlegen) des Königs zum Stunden andauernden Spektakel, das streng reglementiert war und an dem der gesamte Hofstaat beteiligt war.

All dies diente zur Selbstinszenierung und Überhöhung des absoluten Herrschers. Die Feste des Barockzeitalters, die zu regelrechten Gesamtkunstwerken wurden, indem sich bei der Gestaltung der Kulissen und dem Spiel mit der Illusion alle Künste durchdrangen, bildeten die Höhepunkte der Barockkunst. Diese zeichnete sich durch ein hohes Maß an Pathos, Dramatik und Dynamik aus. So war es für Künstler wie Gianlorenzo Bernini, Architekt und wichtigster Barock-Bildhauer, die größte Ehre, solche Feste zu inszenieren. Auch die Werke der berühmtesten und virtuosesten Maler des Barock, wie Caravaggio, Rubens, Rembrandt oder Velázquez, durchzieht als verbindendes Element die Betonung des Theatralischen.

Reichverzierte Kleider, wie dieses Kostüm Ludwig XIV. als Sonnengott »Apoll«, spielten im Barock eine wichtige Rolle und dienten der Repräsentation

L'état c'est moi

König Ludwig XIV.

Anonym:
Geschnitzter und vergoldeter Rahmen, 1640

Schrift Zitat: »Caslon«
American Type Founders, 1905
basierend auf Entwürfen von
William Caslon, 1725

Henri de Gissey:
Ludwig XIV. als Apoll,
Aus: »Le Ballet de la nuit«,
1653

Schrift Zitat: »Baskerville«
Linotype Design Studio, 1972
basierend auf Entwürfen von
John Baskerville, 1757

Die Stuckverzierungen in Form geschwungener »Rocaillen« (Muschelwerk) bildeten das bestimmende Ornament der Rokoko-Gestaltung

rokoko – Mit dem Tod Ludwigs XIV. im Jahr 1715 begann die 8-jährige Regentschaft Phillipp Herzog von Orléans, die Régence. Sie bildete den Beginn bzw. Übergang zum Rokoko. Die liberale, friedliche Herrschaft des Herzogs wirkte wie ein Befreiungsschlag auf die Adligen, die zuvor im strengen Zeremoniell bei Hofe gefangen waren. Nun standen nicht mehr der Hof des Königs, sondern die Stadthäuser und Lustschlösschen des Adels im Mittelpunkt. Sie wurden zum Treffpunkt für das gesellige Beisammensein, die Vergnügungen und Genüsse von Adel, Künstlern, Literaten und Musikern. Die nun erbauten Salons und Stadthäuser spiegelten die neue Intimität, Wohnlichkeit, die Sehnsucht nach dem Privaten wider. Während im Barock alles groß, monumental und repräsentativ sein sollte, herrschte nun im Rokoko das Kleine, Zierliche, Verspielte und Elegante vor. Das Ornament, das dies am besten zum Ausdruck brachte, war die »Rocaille«, französisch für Muschelwerk. Kleinteilige Stuckverzierungen überwucherten Wände und Decken, bis man nicht mehr erkennen konnte, wo die Wand endete und die Decke anfing. Der zusätzlichen Dekoration dienten Gemälde der besten Rokoko-Maler Antoine Watteau, François Boucher und Jean-Honoré Fragonard. All diese in Pastelltönen gehaltenen Bilder visualisierten die Ideale der Rokoko-Gesellschaft. Sie zeigten heitere, idyllische Szenen sowie Erotik und Frivolität. Von Frankreich aus breitete sich der Rokoko-Stil nach Süddeutschland aus, wo das Innere vieler Kirchen äußerst prunkvoll ausgestattet wurde. Doch mit der Französischen Revolution 1789 fand dieser Stil, der ja hauptsächlich dem Adel vorbehalten gewesen war, ein schnelles Ende.

Wer nicht vor 1789 gelebt hat, weiß nichts von der Süße des Lebens

Charles-Maurice de Talleyrand-Périgord

Balthasar Neumann: Treppenhaus des »Schloss Augustusburg«, Brühl, 1741–1744

Schrift Zitat: »Fournier« Monotype 1925 basierend auf Entwürfen von Pierre Simon Fournier, 1742

Johann Anton Feuchtmeyer: »Der Honigschlecker«, Teil des Seitenaltars des Bernhard von Clairvaux, Birnau, Klosterkirche, 1748–1750

Habe den Mut, deinen Verstand zu nutzen; das ist das Motto der Aufklärung

Immanuel Kant, 1784

klassizismus – Das 18. Jahrhundert war geprägt von der Emanzipation des Bürgertums und von der Aufklärung. Unter diesem Begriff fasste der deutsche Philosoph Immanuel Kant seine eigenen Ideen und die anderer Philosophen wie René Descartes und François Marie Voltaire zusammen.

Die Innenarchitektur des Klassizismus nutzte antike Gestaltungselemente und beeindruckte durch elegante Schlichtheit

Das »Brandenburger Tor« in Berlin erinnert durch seine Bauweise an antike Tempel

Edle Einfalt, stille Größe

Johann Joachim Winckelmann über die Kunst der Antike, 1755

Schrift Zitat: »Linotype Didot Italic« Adrian Frutiger, 1991 basierend auf dem Druck »Henriade«, Firmin Didot, 1818

D. Berger: Stich »Brandenburger Tor vom Pariser Platz aus«, 1798 Entwurf: Carl Gotthard Langhans, 1788–1791

Giuseppe Naudin: Entwurf für das Schlafzimmer von General Adam Neippberg in Parma, vor 1829

Schrift Zitat: »Bauer Bodoni« Heinrich Jost, 1926 basierend auf Entwürfen von Giambattista Bodoni, 1767

Sie alle betonten die Bedeutung der empirischen Erfahrungen, der Logik und der Ratio, also des menschlichen Verstandes. Immanuel Kant forderte seine Mitmenschen dazu auf, Aberglauben sowie staatliche und kirchliche Autoritäten in Frage zu stellen. Genau diese Geisteshaltung förderte die Entwicklung hin zu radikalen Umwälzungen in der Gesellschaft durch die Französische Revolution im Jahre 1789 mit weitreichenden Folgen für Europa und die ganze Welt. Das Volk kämpfte um seine Rechte und stürzte auf blutige Weise die Monarchie. Die Französische Revolution wurde durch einen Stil visualisiert: den Klassizismus. Als einschneidende Ereignisse im 18. Jahrhundert hatten die Ausgrabungen von »Herculaneum« ab 1738 und »Pompeji« 1748 eine ungeheure Antikenbegeisterung ausgelöst. Die Revolutionäre begrüßten die Kunst der Klassischen Antike als die Kunstform einer Demokratie und sahen die klaren, geometrischen Formen und die Symmetrie als Gegenprogramm zu den dekadenten Auswüchsen des Rokoko, der Kunst der verhassten Adeligen. Nun wurden Gebäude formal reduziert gebaut und glichen monumentalen Tempeln. Jacques-Louis David malte die Märtyrer der Revolution wie Helden aus historischen Sagen. 1804 krönte sich Napoleon zum Kaiser der Franzosen und unterwarf in der Folge fast ganz Europa. So verbreitete er den Klassizismus, dessen französische Form »Empire« genannt wurde. Weniger strenge Standesgrenzen und das Erstarken des Bürgertums sorgten für die Entstehung einer ganz neuen Käuferschicht für klassizistische Möbel, Mode und die im Stil der Typografen Bodoni und Didot elegant und schnörkellos gestalteten Bücher.

FREIHEIT – GLEICHHEIT – BRÜDERLICHKEIT

Motto der Französischen Revolution, 1789

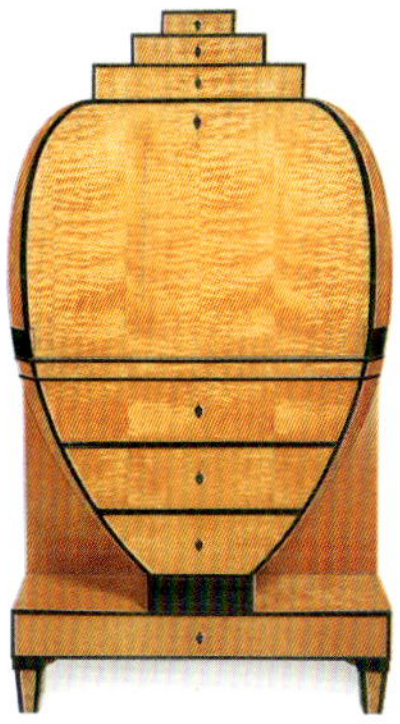

exkurs biedermeier – Dieser Stil, der auf Deutschland, Österreich und Skandinavien begrenzt war, entwickelte sich von 1815 bis 1848, zur Zeit der Restauration. Das Bürgertum zog sich aus der Politik ins Private zurück. Die Familie sowie die Wohnung und deren »gemütliche« Inneneinrichtung wurden wichtiger. Mit vom Klassizismus inspirierten, schlichten, bescheidenen, aber eleganten Möbeln wollte man sich von den anderen sozialen Schichten abgrenzen. Die Gemälde besonders beliebter Künstler wie Carl Spitzweg zeigten harmonische, idyllische Szenen aus dem Alltag.

Schrift Zitat:
»Linotype Didot Bold«
Adrian Frutiger, 1991
basierend auf dem Druck
»Henriade«, Firmin Didot, 1818

Philibert Louis Débucourt:
»La Course«, Stich aus »Héro et Léandre« (gedruckt und verlegt von Didot l'Aîné), Paris 1801

Anonym:
Schreibsekretär, Wien,
147,3 x 83,2 x 38,1 cm,
um 1810

historismus – Heißer Dampf brodelte in den 1765 von James Watt erfundenen Dampfmaschinen. Die ungeheure Energie, die diese Maschinen freisetzten, veränderte das Leben der Menschen fundamental. Zuerst in England und wenig später in der ganzen Welt leitete diese Erfindung die Industrielle Revolution ein. Überall entstanden riesige Fabriken, und die Städte wuchsen in kürzester Zeit explosionsartig an. Obwohl die Arbeits- und Lebensbedingungen der neu entstandenen Arbeiterschicht miserabel waren, sorgte die Industrialisierung durch die nun mögliche Massenproduktion für erschwinglichere Waren. Großbritannien erlebte im Viktorianischen Zeitalter (1837–1901) eine Blütezeit als Wirtschafts- und Kolonialmacht. Einen Höhepunkt bildete die von Prinz Albert, Ehemann Königin Victorias, erdachte erste Weltausstellung von 1851. Die »Great Exhibition of the Works of Industry of all Nations« – nach ihrem Austragungsort auch »Crystal Palace Exhibition« genannt – sollte der Welt beweisen, dass das englische Königreich an der Spitze der industriellen Produktion, der wissenschaftlichen Erkenntnis und der ästhetischen Gestaltung stand.

THE EXHIBITION AS A LESSON IN TASTE

Titel eines Artikels von Ralph Wornum 1851

Was als guter Geschmack bezeichnet werden konnte, war allerdings sehr umstritten. Zwar wurde durch wissenschaftliche Forschung eine Fülle von neuen Materialien wie Gummi, Linoleum, Zelluloid, Pappmaché usw. entwickelt, diese dienten jedoch oft nur als Imitate teurer Materialien wie Edelmetalle, Edelhölzer, Elfenbein oder Horn. Die Formen der Gestaltungen waren aber oft nicht neu! Neo-Gotik, Neo-Renaissance, Neo-Barock und Neo-Rokoko kamen in schneller Folge nacheinander in Mode und bündelten sich nun zur Zeit der Welt-

Die Öffentlichkeit hat ein krankhaftes Verlangen nach Neuheiten, ohne auf die wirkliche Güte zu achten

Journal of Design, 1849

James Watt:
Dampfmaschine »Cabinet«, nach 1800

Schrift Zitat: »Algerian«
Phillip Kelly, 1988
basierend auf Holzstempel-Typen, 19. Jahrhundert

J. McNeven (Zeichnung), William Simpson (Druck), Ackermann & Co. (Verlag):
Blick in den »Glaspalast« der 1. Weltausstellung, Farblithografie, 1851

Schrift Zitat: »Kismet«
John F. Cumming, 1892

IN WELCHEM STYLE SOLLEN WIR BAUEN?

Heinrich Hübsch, 1829

»Horror vacui« – aus »Angst vor der Leere« war den Konsumenten alles recht, solange sie mit ihren Möbeln und Dekorationsgegenständen, wie dieser Vase, nur protzen konnten und sie der neuesten Mode entsprachen

ausstellung in einem Mix vergangener Stile. Gotik für die Kirche, Barock für das Rathaus, Rokoko fürs Damenzimmer, Griechische Antike für die Badewanne. Alles war möglich, doch bildeten sich für viele Gestaltungsaufgaben typische Stilzuordnungen heraus. Wirklich innovativ war im Historismus dagegen vor allem ein Gewerbe, nämlich das der Schriftgestalter. Wohl in keinem anderen Jahrhundert wurde eine derartige Masse neuer Schriften entwickelt, wie z. B. die völlig neue Schriftgruppe der »Egyptiennes«, also extrem serifenbetonte Schriften.

western style – Amerika übernahm neben England bei der Schriftgestaltung eine Führungsrolle. Während Typografie zuvor hauptsächlich für Bücher benötigt wurde, begann nun die Ära der Massenkommunikation. Schriftentwürfe mussten nun »lauter«, expressiver und vor allem größer sein! Große Schriftlettern in Blei zu gießen, war aber unpraktisch und teuer, deshalb erfand Darius Wells 1828 eine Methode, um »Wood Type«, also Buchstaben aus Holz in Masse zu produzieren. Die für die amerikanische Pionierzeit typischen, kleinen Druckereien, »Poster Houses« genannt, prägten mit ihren Schriftplakaten unser heutiges Bild des »Wilden Westens«.

»Wanted«-Plakate, wie man sie aus dem »Western« kennt, sind die bekanntesten Anwendungsbeispiele der Holzschriften

Haas & Lippert, Schlaggenwald, Böhmen: Vase, 1837

Schrift Zitat: »Cottonwood« Barbara Lind, Kim Buker Chansler, Joy Redick, 1991 basierend auf »Toscanienne«-Schriften, 19. Jahrhundert

Anonym: Poster, das eine Belohnung für die Gefangennahme der Lincoln-Attentäter verspricht, 1865

arts and crafts – Zur Zeit der Regentschaft von Queen Victoria (1837–1901) ließen sich nicht alle Engländer von der Euphorie für den technischen Fortschritt und die Errungenschaften der Industrialisierung mitreißen. Ein idealistischer junger Mann namens William Morris (1834–1896), der später zu einiger Berühmtheit gelangen sollte, weigerte sich sogar, den Kristallpalast der Weltausstellung 1851 in London zu betreten, da er sicher war, dass ihm alles, was er dort sähe, missfallen würde. Ihn störte, dass die natürlichen Eigenschaften von Materialien ignoriert wurden, da sie mit Hilfe von Maschinen in jegliche Form gepresst werden konnten. Die so entstehende Massenware hatte meist eine extrem schlechte Qualität. Auch das gedankenlose Kopieren alter Stile war Morris zuwider. Dabei blickte der Student mittelalterlicher Geschichte gern zurück in die Vergangenheit. Er war ein Fan der Geschichten um »König Artus und die Ritter der Tafelrunde« und besonders der handwerklichen Erzeugnisse des Mittelalters. Im damals vorherrschenden Historismus griff man zwar auch ausgesprochen gern auf gotische Stilelemente zurück, doch Designtheoretiker wie Augustus Pugin und John Ruskin forderten, dass man nicht den Stil kopieren, sondern die Gestaltungsprinzipien der Gotik verstehen und weiterentwickeln solle. Genau wie Morris verzweifelten sie an den zeitgenössischen Produkten, da sie überzeugt waren, dass minderwertiges Design die »Moral« der Konsumenten und der Gestalter negativ beeinflussen würde. Darüber hinaus waren sie empört über die miserablen Arbeitsbedingungen der Arbeiterklasse zur Zeit der Industrialisierung. Morris, als überzeugter Sozialist, wollte vielmehr, dass Arbeiter, die Spaß an ihrer Arbeit haben, qualitätvolle Produkte für jedermann herstellen. So gründete er die Firma Morris & Co, in der überwiegend mit traditionellen Methoden kunsthandwerklich gearbeitet wurde.

Ich spreche von der Gefahr, dass die gegenwärtige Entwicklung der Zivilisation jegliche Schönheit des Lebens zu zerstören im Begriff steht

William Morris

Mit Holzblöcken wie diesem wurden in der Werkstatt von Morris & Co Stoffe bedruckt

exkurs präraffaeliten – 1848 gründete eine Gruppe von sieben Künstlern – darunter Dante Gabriel Rossetti und Edward Burne-Jones, beide Freunde von William Morris – die »Präraffaelitische Bruderschaft«. Diese Gruppe nannte sich so, da sie sich einig war in der Bewunderung der italienischen Kunst vor Raffael (1483–1520). Eines ihrer großen Vorbilder war Botticelli (1445–1510). Auch der Dichter, Maler und Mystiker William Blake (1757–1827), der mit seinen einzigartigen Illustrationen eine fantasievolle Traumwelt entwickelt hatte, war eine besondere Inspiration für sie. Dies wurde sichtbar im flächigen, konturierten Stil ihrer Malerei. Dabei wählten die Präraffaeliten bevorzugt mittelalterliche Themen und Motive.

George Frederic Watts:
»William Morris«,
Öl auf Leinwand, 65 x 52 cm,
1870

Schrift Zitat: »P22 Morris Troy«
Richard Kegler, 2002
basierend auf »Troy Type«
William Morris, 1891

Dante Gabriel Rossetti:
»Proserpina«, 7. Version,
Öl auf Leinwand, 126 x 61 cm,
1874

Schnell fand er viele Mitstreiter, so dass sich bald in ganz England Werkstätten und Gilden gründeten, die sich 1883 zur »Arts and Crafts Exhibition Society« zusammenschlossen.

mission style – Doch nicht nur in England fand Morris Anhänger und Nachahmer. Der Amerikaner Gustav Stickley lernte die Arts-and-Crafts-Bewegung bei einer Englandreise kennen und machte sie mit der von ihm publizierten Zeitschrift »The Craftsman« in den USA bekannt. Wie sehr er von Morris beeinflusst war, kann man daran ablesen, dass das Motto »Als Ik Kan« seiner neu gegründeten Firma genau wie Morris persönliches Motto auf dem Ausspruch »Als ich kanne« des flämischen Renaissancemalers Jan van Eyck basierte. Die kalifornische »Arroyo Guild of Fellow Craftsmen« wandelte das Motto um in »We Can«. Dieser kollektive Ansatz ist charakteristisch für die amerikanische Form der Arts-and-Crafts-Bewegung. Hier war man besonders begeistert von Morris' sozialen Ideen, löste jedoch sein Dilemma, dass handwerklich hergestellte Produkte so teuer waren, dass sie nur von Reichen gekauft werden konnten, dadurch, dass man auch Maschinenarbeit einsetzte. Dadurch wurden Produkte im Arts-and-Crafts-Stil einem breiten Publikum zugänglich. Man versuchte, einen typisch »amerikanischen« Stil zu erschaffen. Der Name »Mission Style« entstand, weil man die Produkte mit Möbeln aus Missionskirchen aus der spanischen Kolonialzeit (18. Jahrhundert) assoziierte und weil Gustav Stickley immer wiederholte, dass ein Produkt seine »Mission der Nützlichkeit« erfüllen müsse.

IF I CAN

Motto von William Morris

WE CAN

Motto der »Arroyo Guild of Fellow Craftsmen«

Auf diesen Gefäßen wurden die Spuren der Hammerschläge belassen, um zu zeigen, dass sie handgefertigt sind

William Morris: Holzblock für das Muster »Tulip«, 1871–1875

Schrift Zitate: »P22 Arts and Crafts« James Greishaber, Richard Kegler, 2001 basierend auf Entwürfen von Dard Hunter, um 1900

Clara Pauline Barck Welles: Milchkännchen und Zuckerdose für The Kalo Shop, 1908

japonismus – In der Edo-Zeit von 1615 bis 1867 herrschten in Japan die Shogune, Diktatoren, die das Land aus Angst vor dem europäischen Kolonialismus und christlichen Missionaren fast vollständig vom Rest der Welt abschnitten. So entwickelte sich dort eine einzigartige Kultur mit besonderen Gesetzen, Sitten, Kostümen, Utensilien und Zeremonien. Auch Kunst und Kunsthandwerk waren frei von westlichen Einflüssen. Erst 1854 zwang das amerikanische Militär die Japaner zur Öffnung der Häfen für ausländische Händler und bewirkte so, dass Zeugnisse der japanischen Kunst und Kultur in den Westen gelangten und umgekehrt. Bei der zweiten Weltausstellung 1862 in London wurden japanische Drucke, Möbel und Lackarbeiten einem breiten Publikum vorgestellt. Publikationen über japanische Kunst und Lebensart weckten zusätzlich das Interesse. Am stärksten packte die Begeisterung für alles Japanische die europäischen Künstler. Monet, Degas, van Gogh und Klimt sammelten japanische Drucke und ließen sich von diesen inspirieren.

Carl Strathmann gehörte zur Kerngruppe des Münchner Jugendstils, hatte aber einen individuellen, stark vom Japanischen beeinflussten Stil

Ein Tropfen ihres Blutes hat sich mit unserem Blute vermischt, und keine Kraft der Erde kann ihn wieder ausscheiden

Kunsthistoriker Louis Gonse über Japonismus, 1888

Edward William Godwin, hergestellt von William Watt: Anrichte, Teil der Serie »Anglo-Japanese Furniture«, 1867

Carl Strathmann: Grafik »Angreifender Fisch«, um 1890

Schrift Zitat: »Linotype Tiger Tame« Gerd Sebastian Jakob, Jörg Ewald Meißner, 1996

Katsushika Hokusai: Holzschnitt »Red Fuji«, 1830–1832

WIE WENIG WIRD SELBST BEI EINIGEN DER BEDEUTENDSTEN MALER DIE WICHTIGKEIT DER UMRISSLINIE VERSTANDEN.
ES IST DAS GEFÜHL FÜR DIE HARMONIE, DAS DEN ALTEN MEISTERN EINEN SO GROSSEN VORSPRUNG VOR DEN MODERNEN GIBT, DIE ANZUNEHMEN SCHEINEN, DASS MAN EINZIG AUF DIE HARMONIE DER FARBEN WERT ZU LEGEN BRAUCHE

Aubrey Beardsley

Beardsley wurde Art-Direktor der Zeitschrift »The Yellow Book«. Diese Zeitschrift, die im typisch japanischen Gelb des Zitronenfalters gehalten war, sorgte dafür, dass die 1890er Jahre in England die »Yellow Nineties« getauft wurden

Die japanische Kunst wirkte wie ein Katalysator für die künstlerischen Entwicklungen in Europa. Sie ließ die Künstler neue Sehweisen entdecken. Linie, Fläche und Weißraum spielten in der japanischen Kunst eine herausragende Rolle. Asymmetrische Gewichtsverteilung, eine geschwungene Linienführung und der Verzicht auf Körperlichkeit waren typische Gestaltungsmittel. Einige abendländische Künstler verstanden es, eine Synthese des Japanischen und des Westlichen herzustellen. So wie der in London lebende Amerikaner James McNeill Whistler, der sich, nachdem er sich anfangs nur in der Motivwahl an japanischen Vorlagen orientiert hatte, später vollkommen in die fernöstliche Kunst und Kultur versenkte. Eine derartige Verschmelzung japanischer und europäischer Gestaltungselemente führte zu einem neuen Stil, dem Japonismus. Besonders Grafiker wurden vom Ukiyo-e stark beeinflusst. So entwickelten der Franzose Henri de Toulouse-Lautrec und der Engländer Aubrey Beardsley daraus ihren eigenen, jeweils unverwechselbaren Stil.

aesthetic movement – Sowohl Whistler als auch Beardsley gehörten zum Aesthetic Movement. Diese Gruppe von Gestaltern schuf in England einen Mischstil aus englischem und japanisch-orientalischem Design. Weitere bedeutende Vertreter waren Christopher Dresser und William Godwin.

exkurs ukiyo-e – Ein japanischer Holzdruck im Ukiyo-e-Stil wurde von den oberen gesellschaftlichen Schichten Japans nicht als Kunst angesehen. Ukiyo-e, die durch kräftig geschwungene oder gerade Linien und fein abgestufte Farbtöne geprägte Gestaltung von Drucken, war eher eine Kunst der städtischen Unterschicht in Edo, dem späteren Tokio. Meist wurden Alltagsszenen bzw. erotische Sujets dargestellt. Lieblingsmotive des Ukiyo-e waren Kurtisanen. Trotz der derben bzw. trivialen Themen entwickelte sich eine eigenwillige Ästhetik. Als Begründer des Ukiyo-e gilt Hishikawa Moronobu (1625–1695) und als größte Meister Katsushika Hokusai (1760–1849) und Ando Hiroshige (1797–1858).

Schrift Zitat: »Ginko«
Paul Pegoraro

Hishikawa Moronobu:
Holzschnitt aus dem dreibändigen Werk »Die Vergnügungen der Liebe«, 1683

Aubrey Beardsley:
Cover der Zeitschrift »The Yellow Book«, 1894

UNTER DEN ASCHENHAUFEN DER ALTEN SYSTEME IST DER FUNKE DES LEBENS ZU SUCHEN

Samuel Bing

Viele Kinder und Jugendliche der Mittelschicht zog es zu den »Wandervögeln« und damit »zurück in die Natur«

art nouveau – Der Kunsthändler Samuel Bing, der 1895 eine Galerie mit dem Namen »L'Art Nouveau« gründete, formulierte, was viele Künstler am Ende des 19. Jahrhunderts dachten. Sie hatten genug vom Stillstand, von den hässlichen, billigen Stilimitaten, wie sie zur Zeit des Historismus üblich waren. Ein neuer Stil sollte geboren werden, der Stil des 19. Jahrhunderts! »Naissance« statt Renaissance! Entdeckung der Gegenwart, Verzicht auf Tradition. Frühling! Leben! Jugend! Doch die Stimmungslage war nicht durchweg so positiv. Das allgemeine Lebensgefühl des »Fin de Siècle«, des Endes des Jahrhunderts, war bestimmt von einem Taumeln zwischen Lebensüberdruss und Hochgefühl, Depression und Dekadenz, Unlust und Frivolität, zwischen Zukunftseuphorie und Furcht vor dem Zukünftigen. In einigen Teilen des Bildungsbürgertums war die Haltung verbreitet, dass die Industrialisierung und die neu entstehenden Großstädte ausschließlich Negatives bringen würden: Hässlichkeit, Schmutz und ein unendliches Leiden der Arbeiterschicht. Andere erkannten schon

Frauen sollten durch Reformkleidung aus ihren engen Korsetts befreit werden

Schrift Zitat: »Metropolitaines« Fonderie Berthier, 1905

Fotograf anonym: »Die Wandervögel«, 1912

Louis Comfort Tiffany: Vasen, 1896–1900

Fotograf anonym: Reformkleid, 1907

In diesem Bild sieht man gleich drei vom Art nouveau wiederentdeckte Dekorationstechniken, das Mosaik, die Freskomalerei und die Schmiedekunst, die zu einem Gesamtkunstwerk zusammengeführt wurden

Chancen in der industriellen Produktion. Einig war man sich, dass es Reformen geben müsse. Viele Reformbewegungen entstanden, darunter die Gartenstadtbewegung, die Gewerkschaftsbewegung, die Gesundheitsreformbewegung, die Naturschutzbewegung und die »Wandervögel«. Ein fundamentales Streben nach totaler Erneuerung kennzeichnete die Zeit. So auch im Bereich der Gestaltung. Das Ziel war die umfassende künstlerische Durchgestaltung aller Lebensbereiche: das Gesamtkunstwerk.

ALLES, WAS ZUM LEBEN GEHÖRT, SOLL SCHÖNHEIT EMPFANGEN

Peter Behrens

Daher malten Jugendstilkünstler wie Peter Behrens oder Henry van de Velde keine Staffeleibilder, sondern schufen Plakate, Teppiche, Kleider, Geschirr, Möbel und Gebäude. Erstaunlicherweise fand die Entwicklung des neuen Stils international parallel statt. In Deutschland mit den Zentren München und Darmstadt nannte man ihn »Jugendstil«, in Österreich bzw. Wien »Sezessionsstil«, in Frankreich mit den Zentren Nancy und Paris »Art nouveau«, in England »Decorative Style« und in Spanien »Modernismo«. Belgiens Hauptstadt Brüssel war einer der Schmelztiegel der neuen Entwicklungen, ebenso Nordamerika mit Chicago und New York. Die verschiedenen Richtungen standen im regen Austausch über internationale Ausstellungen und über die vielen neu gegründeten Zeitschriften, »The Studio« in England, »Ver Sacrum« in Österreich, die Illustrierte »Jugend«, die dem Stil in Deutschland ihren Namen gab, und ihren Namensvetter »Joventut« aus Barcelona. Allen Richtungen des Art nouveau war gemein, historisch abgenutzten Formen neue entgegensetzen zu wollen. Abgesehen von den regionalen Unterscheidungen kann man den Stil auch in zwei Spielarten aufteilen: Hoch- und Spät-Art-nouveau, umgangssprachlich »Nudelstil« und »Quadratlstil« genannt.

exkurs symbolismus – In Malerei und Literatur formierte sich etwa 1890 eine neue Stilrichtung, der Symbolismus. Seine Vertreter waren Gegner der als zu oberflächlich empfundenen Stile Naturalismus und Impressionismus. Sie vermissten die seelische Tiefe in den Kunstwerken. Deshalb versuchten Maler wie z. B. Arnold Böcklin oder Edvard Munch innere Empfindungswelten darzustellen, Sinnbilder und Symbole zu schaffen. Dabei hatten Farben, Formen und Linien eher expressiven Charakter. Die Vorliebe des Jugendstils für mystische und fantastische Motive leitete sich aus dem Symbolismus ab.

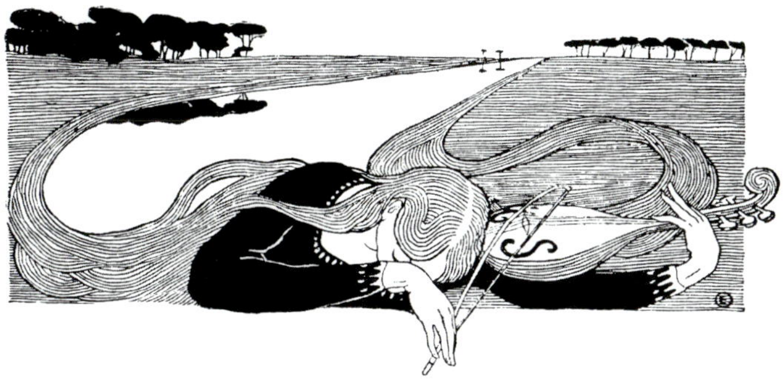

Jules Brunfaut (Architektur), Paul-Albert Baudouin (Fresko): »Hôtel Hannon«, 1903

Schrift Zitat: »Kolo« Garrett Boge, Paul Shaw, 1996 basierend auf Schriftzügen der Wiener Sezession, um 1900

Edward Okun: Vignette zu »Salve Regina« von Jan Kasprowicz, 1901

hoch-art-nouveau – Das Leitmotiv des Hoch-Art-nouveau ist die lange, kurvige Schwingung. Das Wechselspiel zwischen Linie und Fläche wurde im Design bestimmend. Der neue Stil suchte, da er sich von den alten historischen Ornamentformen losgesagt hatte, unverbrauchte Motive und fand sie im Organisch-Floralen. Blumen, Algen, Haare, Wellen, Pfaue und Schwäne wurden stilisiert dargestellt. Sie verschmolzen zum Dekor, genau wie sich menschliche Figuren durch Rapport zum Ornament fügten. Bei der Gestaltung von Objekten sollte das Ornament, anders als im Historismus, nicht aufgesetzt sein, sondern die Struktur des Gegenstandes bestimmen, so dass er wirkte wie gewachsen. Zentren dieser organisch-floralen Form des Jugendstils waren Frankreich, Deutschland und Belgien. Die »belgische Linie« wurde sogar zu einem feststehenden Begriff, der einen Linienverlauf bezeichnet, der in engen Kurven dick und in weiten Schwüngen dünn wird.

Das Ornament wird ein Organ und weigert sich, nur etwas Aufgeklebtes zu sein

Henry van de Velde, 1901

Mit seinem Buch »Kunstformen der Natur«, in welchem er niedere Lebensformen, vor allem aus der Unterwasserwelt, vorstellte, beeinflusste Ernst Haeckel viele Jugendstilkünstler

Alfons Maria Mucha: Werbeplakat für »Job«-Zigarettenpapier, 1896

Ernst Haeckel: Tafel 7 »Familie: Trachomedusa-Kolbenquallen. Typus: Geryones elephas« aus dem Buch »Kunstformen der Natur«, 1899

Louis Sullivan: Fassadendetail des »Carson, Pirie, Scott and Co. Department Store«, Chicago, 1899–1904

Schrift Zitat: »Eckmann« Otto Eckmann, 1900

Henry van de Velde: Gürtelschnalle, um 1900

Louis Sullivan: »Carson, Pirie, Scott and Co. Department Store«, Chicago, 1899–1904

spät-art-nouveau – 1897 bildete sich die Wiener Secession. Eine Gruppe von Künstlern um Gustav Klimt, die aus Protest aus der »offiziellen«, sehr konservativen Wiener Künstlervereinigung austraten. Unter Einfluss der Glasgower Gruppe »The Four«, bestehend aus Charles Rennie Mackintosh, Frances und Margaret MacDonald und James Herbert MacNair, entwickelte sich aus dem weichen, fließenden Sezessionsstil die Spätform des Art nouveau, deren Kennzeichen das kristallin-geometrische Ornament war. Quadratische und kubische Muster herrschten vor. Möbel, die meist von der Wiener Werkstätte hergestellt wurden, hatten betont schlichte Formen. Das Spät-Art-nouveau wurde zur »Frühen Moderne«, zum Wegbereiter der modernen Gestaltung.

DER ZEIT IHRE KUNST
DER KUNST IHRE FREIHEIT

Slogan der Wiener Secession

Überraschende Verbindung: Die beiden Abbildungen auf der linken Seite zeigen das gleiche Gebäude. Louis Sullivan war nämlich sowohl der Schöpfer einer eigenwilligen Früh-Jugendstil-Ornamentik als auch ein Pionier der sachlich-funktionalistischen Architektur. Dieses Beispiel zeigt, dass sich die florale und die geometrische Variante des Art nouveau nicht widersprechen.

Adolf Loos, anfangs Vertreter des Spät-Art-nouveau, verabscheute jedoch bald jegliches Ornament. Die Fassaden seiner Gebäude wirkten auf viele Bürger Wiens abschreckend. Sie empfanden sie als »nackt«, sogar »obszön«.

Koloman Moser:
Doppelseite zu Rainer Maria Rilkes Gedicht »Vorfrühling« in der Zeitschrift »Ver Sacrum«, 1901

Adolf Loos:
»Haus Steiner«, Wien, 1910

Schrift Zitat: »P22 Vienna Round«
Richard & Denis Kegler, 1995
basierend auf Entwürfen
von Adalb Carl Fischl, 1900

Josef Hoffmann:
Lehnsessel »Sitzmaschine«, 1908

Auf dem Bocke thront der Omnibuskutscher. Eine Elektrische fährt uns entgegen, ein weißlackierter Taxameterführer betrachtet eine Litfaßsäule; ein Strom Rungescher Tinte, die bekanntlich überall ist, ergießt sich aus einem roten Sprengwagen zum lebhaften Entsetzen eines Straßenreinigers

Walter von Zur Westen

plakatstil – Tempo, Tempo! Wohl am stärksten beeinflusste die Städter zu Beginn des 20. Jahrhunderts die gestiegene Geschwindigkeit. Diejenigen, die sich kein Auto leisten konnten, und das waren die meisten, fuhren Fahrrad. Auch durch Busse und Bahnen war das Leben viel schneller geworden. In den Großstädten herrschte ohrenbetäubender Lärm. Plakate überfluteten die Straßen, so dass in Berlin der Wildplakatierung schon Einhalt geboten worden war. Hier durften Plakate nur noch auf die von Ernst Litfaß erfundenen Litfaßsäulen geklebt werden. Dennoch nahm der Konkurrenzkampf um die Aufmerksamkeit der Menschen zu. Bei einem Plakatwettbewerb der Streichholzfirma Priester gelang dem jungen Grafiker Lucian Bernhard der Coup.

exkurs expressionismus – Anfang des 20. Jahrhunderts entstand eine Kunstrichtung, die sich, beeinflusst von der »primitiven« Kunst der Naturvölker, das Ziel setzte, sich vom tradierten Stil der Akademie zu lösen und Gefühle durch Formen und Farben auszudrücken. In Deutschland gründeten sich zwei expressionistische Künstlergruppen: »Die Brücke«, zu der u. a. Ernst Ludwig Kirchner und Karl Schmidt-Rottluff gehörten, und »Der Blaue Reiter« mit Franz Marc, Wassily Kandinsky u. a. Die Künstler der »Brücke« nutzten häufig die Technik des derben, einfachen Holzschnitts. Dieser Stil fand nach dem Ersten Weltkrieg Anwendung in der Buch-, Zeitschriften- und Plakatgestaltung.

JEDER GEHÖRT ZU UNS, DER UNMITTELBAR UND UNVERFÄLSCHT DAS WIEDERGIBT, WAS IHN ZUM SCHAFFEN DRÄNGT

Ernst Ludwig Kirchner

Schrift Zitat: »Bernhard Std Bold Condensed«
Lucian Bernhard, 1912

Ernst Ludwig Kirchner:
»KG Brücke«, Ausstellungsplakat der Galerie Arnold in Dresden, Farbholzschnitt, 1910

Schrift Zitat: »P22 Koch Neuland«
Richard Kegler, 2000
basierend auf »Neuland«
Rudolf Koch, 1922

Edmund Edel:
Karikaturen auf einem Bauzaun vor dem Ullsteinhaus in Berlin, 1901–1902

1. brummen,
donnern,
bersten,
prasseln,
plumpsen,
dröhnen;
2. pfeifen,
zischen,
pusten;
3. flüstern,
murmeln,
brummeln,
surren,
brodeln;
4. knirschen,
knacken,
knistern,
summen,
knattern,
reiben

Luigi Russolo,
vier Geräuschfamilien
des futuristischen
Orchesters, 1913

Weil sein ursprünglich im Jugendstil gehaltener Wettbewerbsvorschlag ihn selbst frustrierte, übermalte Bernhard alles Unnötige in seinem Entwurf: eine Zigarette, einen Aschenbecher, ein kariertes Tischtuch und einige dekorative Jugendstilnymphen. Alles, was übrig blieb, waren zwei rote Streichhölzer mit gelben Spitzen, gesetzt vor einen dunklen Hintergrund und dem Wort »Priester« in blockigen, blauen Lettern darüber. Damit gewann er nicht nur den Wettbewerb, sondern hatte auch einen neuen Stil erfunden, das »Sachplakat«, und damit Deutschland an die Weltspitze der Reklamegestaltung katapultiert. Zuvor war Frankreich in diesem Bereich lange führend gewesen, doch nun entstand in Deutschland eine regelrechte Markenkultur. Sogar Psychologen erdachten schon erste Werbestrategien.

deutscher werkbund – Die 1907 gegründete Vereinigung »Der Deutsche Werkbund« sorgte dafür, dass Künstler und Industrie verstärkt zusammenarbeiteten und sich »Made in Germany« als internationales Gütesiegel etablierte. Sein bekanntestes Mitglied Peter Behrens entwickelte für die AEG das weltweit erste Corporate Design. Für das Unternehmen gestaltete er alles, von Broschüren über Produkte bis hin zu den Fabrikhallen.

»Industrial Designer« Peter Behrens entwickelte für das Kesselsortiment der AEG ein System mit austauschbaren Modulen, welches 81 verschiedene Kesseldesigns ermöglichte

Schrift Zitat: »Venus«
Bauer'sche Gießerei,
1907–1910

Hermann Muthesius:
Seidenweberei »Michels und Cie«
in Norawes bei Potsdam,
vor 1913

Peter Behrens:
Elektrischer Kessel für die AEG
(Allgemeine Elektrizitäts-
Gesellschaft), 1909

Lucian Bernhard:
Plakat »Priester«,
ca. 1905

dada – Zürich, 1916. Der Erste Weltkrieg war in vollem Gange, doch in der neutralen Schweiz sammelten sich all jene, die sich voller Wut gegen den menschenverachtenden Krieg wandten: Pazifisten, Deserteure, Poeten, Anarchisten, Sozialisten. Auf das Grauen und die Absurdität des Krieges reagierten sie ganz unerwartet: mit Cabaret! Hugo Ball und seine Frau Emmy Hennings, eine Cabaret-Sängerin, gründeten das »Cabaret Voltaire«, das zum Treffpunkt der linken Avantgarde wurde. In den wildesten Performances wurden den Zuschauern Chaos, Sinnlosigkeit und Primitivität entgegengeschleudert. Hugo Ball ließ sich z. B. in einem kubistischen Kostüm auf die Bühne hieven und rezitierte dort seine wirren, experimentellen Lautgedichte. Es war eine Kritik an den Grundlagen der Zivilisation, die verantwortlich war für den Krieg. Eine Kritik an Sprache, Syntax und Logik. Nach Ansicht vieler Künstler hatte der Glaube an die Sprache und das gedruckte Wort die Menschen dazu gebracht, voller Überzeugung in den Krieg zu ziehen.

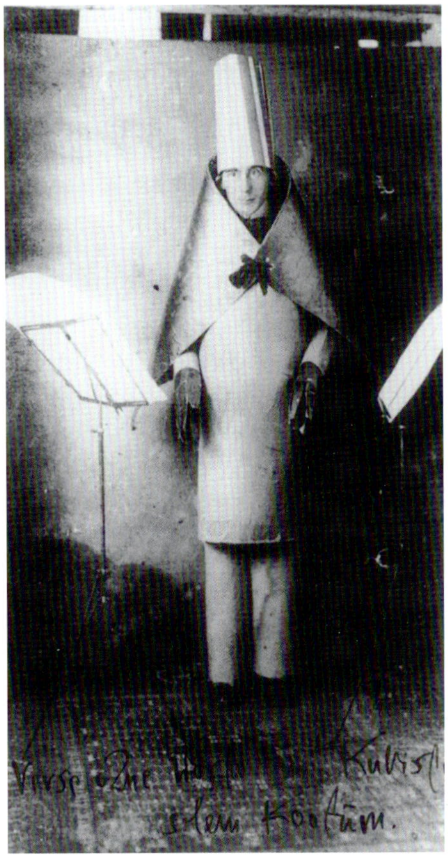

Gadji
Beri
Bimba

Erste Zeile eines Lautgedichts von Hugo Ball, 1916

Hugo Ball beschrieb seine »Performance« im kubistischen Kostüm als den Auftritt eines »magischen Bischofs«

exkurs futurismus – Filippo Tommaso Marinetti publizierte 1909 das »Erste Futuristisches Manifest«. Mit dieser Verherrlichung der Jugend, der Geschwindigkeit, der Gewalt und des Krieges provozierte er genauso wie mit seinem Ausspruch: »Ein schnelles Auto ist schöner als die Nike von Samothrake«. Dennoch gelang es ihm, einige talentierte Künstler aus den verschiedensten Bereichen wie Literatur, Architektur, Bildhauerei, Malerei und Grafik um sich zu scharen. Giacomo Balla, Umberto Boccioni und Fortunato Depero gehörten zu den bekanntesten Vertretern dieser einflussreichen Bewegung. Besonders die experimentellen typografischen Arbeiten der Futuristen ähnelten denen der Dadaisten.

Filippo Tommaso Marinetti: »Les mots en liberté futuristes«, Mailand, Edizione futuriste di »Poesia«, Ausklappseite (33,5 x 26,5 cm), 1919

Fotograf anonym: Hugo Ball im »Cabaret Voltaire« ein Lautgedicht rezitierend, 1916

Schrift Zitat: »P22 Dada Alternate« Richard Kegler, 1995–1998

Die Dadaisten wollten die Bevölkerung dazu bringen, endlich die kriegsverherrlichende Propaganda in Frage zu stellen.

SPERREN SIE ENDLICH IHREN KOPF AUF!

Inschrift bei der 1. Internationalen Dada-Messe, Berlin, 1920

»Dada«!? Das Wort hatte keine sinnvolle Bedeutung. Auf französisch heißt Dada »Holzpferdchen«. Auch ein Shampoo unter diesem Namen wurde verkauft. Doch erst der Dichter Tristan Tzara machte Dada zur Marke. Er brachte eine Zeitschrift namens »Dada« heraus und verschickte sie in die ganze Welt. Zeitungsverlage erhielten von ihm fiktive Stories über Pistolenduelle zwischen Dada-Anhängern und druckten diese in ihrer Sensationsgier arglos ab. So und natürlich über die bereits »vom Dada-Virus Infizierten«, die nach dem Ende des Krieges wieder herumreisen konnten, breitete sich Dada über ganz Europa und bis nach New York aus. Besonders wild trieben es die Dadaisten in Berlin. Sie kürten Johannes Baader zum Oberdada und zum »Präsidenten des Erdballs«, nominierten ihn für alle Nobelpreise und machten ihn zum Chef verschiedenster fiktiver Institutionen, wie des »Dada Graphologischen Instituts«, des »Dada Sex Zentrums« usw. Die Berliner Dadaisten Raoul Hausmann, Hannah Höch und John Heartfield entdeckten die Fotomontage für sich. Durch das Zusammensetzen von Wort- und Bildfetzen aus der Tagespresse in beeindruckenden Collagen entstanden ganz neue Ausdrucksmöglichkeiten. Wieland Herzfelde, der Bruder von John Heartfield, ermöglichte den Berliner Dadaisten die groß angelegte Publikation ihrer Arbeiten über den von ihm geführten Malik-Verlag. In den 30er Jahren riskierte John Heartfield mit aufsehenerregenden Entwürfen in Fotomontagetechnik, die er im Kampf gegen die Nationalsozialisten einsetzte, sein Leben.

In dem neuen Medium der Illustrierten Wochenzeitschriften fanden die Dadaisten ihr Collagematerial

Was Dada ist, wissen nicht einmal die Dadaisten, sondern nur der Oberdada und der sagt es niemand

Johannes Baader

Schrift Zitat: »FUSE Tape Type«
Fuel

Schrift Zitat: »P22 Dada Regular«
Richard Kegler, 1995–1998

Raoul Hausmann:
»ABCD«, Fotomontage,
40,5 x 28,5 cm, 1923–1924

konstruktivistische strömungen – »Bei Null anfangen.« Diese Redensart war bezeichnend für die Stimmung nach dem Ersten Weltkrieg (1914–1918). Bei Null anzufangen hieß nichts anderes, als die Welt neu zu konstruieren. Europa lag in Trümmern. Schockiert von den Schrecken des Krieges waren für viele Menschen auch ihre bürgerlichen und nationalen Ideale zusammengebrochen. Neue Ideale mussten her. Diese fanden sich in erster Linie in der Utopie einer besseren Welt durch die Macht der Technik. Der Traum vom Fliegen war wahr geworden. Die Gebrüder Wright hatten die ersten bemannten Motorflüge gemeistert. Louis Blériot war über den Ärmelkanal geflogen. Vorwiegend Intellektuelle, die vom Sozialismus begeistert waren, glaubten zu Beginn der 20er Jahre, dass die Industrialisierung auch einen anderen Traum verwirklichen könne. Den einer brüderlichen, klassenlosen Gesellschaft. Es hatte Revolutionen gegeben, die in Russland war der erste Schritt hin zum Kommunismus, die in Deutschland führte zur Abdankung des Kaisers und zur Entstehung der moderat sozialdemokratischen Weimarer Republik. In einer Welt voller gesellschaftlicher Umbrüche konnte auch die Kunst nicht bleiben wie sie war. Es kam zur künstlerischen Revolution. Der in Russland und Deutschland tätige Maler Wassily Kandinsky war einer der Vorreiter. Er hatte begonnen, sich von der gegenständlichen Malerei zu lösen und abstrakte Bildwelten zu entwickeln. Dieser Bruch mit der Kunsttradition war charakteristisch für den internationalen Konstruktivismus. Die verschiedenen konstruktivistischen Avantgardebewegungen wie der Russische Konstruktivismus, die niederländische Gruppe De Stijl, das deutsche Bauhaus und die Protagonisten der Elementaren Typographie hatten ähnliche Ziele und tauschten sich untereinander aus. Das Hauptziel der Avantgarde war die Kluft zwischen Hochkunst und Massenkultur zu überwinden, die »Kunst ins Leben« zu bringen. Dies sollte ermöglicht werden durch die Abwendung vom Bürgertum, hin zum gemeinen Volk. Und durch die Bejahung der industriellen Massenproduktion. Designer strebten danach, eine dem Industriezeitalter angemessene Gestaltung zu entwickeln.

Die wilden, abstrakten Kompositionen Wassily Kandinskys visualisieren die dramatischen Umwälzungen seiner Zeit

die flügel der wrights und blériots sind unsere flügel. die welt beginnt erst

Wassily Kandinsky

Alexander Rodchenko: Illustration für Vladimir Mayakovskys Gedichtband »Pro eto«, 1923

Wassily Kandinsky: »Studie für Komposition VII (Nr. 2)«, 78 x 99,5 cm, 1913

Schrift Zitat: »Kabel« Rudolf Koch, 1928

DER ZEITGENÖSSISCHE INGENIEUR ERZEUGT DIE OBJEKTE DES GENIES: BRÜCKEN, DAMPFMASCHINEN, FLUGZEUGE, KRÄNE DER ZEITGENÖSSISCHE KÜNSTLER MUSS OBJEKTE SCHAFFEN, DIE DIESEN AN KRAFT, SPANNUNG UND POTENTIAL ÄHNLICH SIND

Alexander Vesnin

russischer konstruktivismus – Diese Aussage Alexander Vesnins fasst die radikale Sicht der russischen Künstler vor, während und nach dem Ersten Weltkrieg besonders treffend zusammen. Mit Kazimir Malevichs Suprematismus und dem Russischen Konstruktivismus entwickelten sie eine geometrisch-abstrakte Formenwelt. Einige Künstler, darunter auch Malevich, sahen Kunst als rein geistige Tätigkeit an und lehnten eine soziale und politische Rolle ab. Doch die Mehrheit engagierte sich mit ihrer »Produktionskunst« für die sowjetische Revolution. El Lissitzky unterstützte die kommunistische Propaganda z. B. mit Entwürfen für Plakate, Buchumschläge, Möbel und Ausstellungen. Alexander Rodchenko entwickelte zusammen mit dem bekannten Dichter Vladimir Mayakovsky als »Reklame-Konstruktor« erfolgreich Werbung für staatliche Geschäfte. Viele konstruktivistische Künstler, darunter Varvara Stepanova, Ljubov Popova und Vladimir Tatlin, lehrten auch als Professorinnen und Professoren an den »VHUTEMAS«, den staatlichen Höheren Künstlerisch-Technischen Werkstätten oder dem angeschlossenen Institut »VHUTEIN«. An dieser riesigen, interdisziplinären Hochschule mit Abteilungen für nahezu alle gestalterischen Disziplinen, wie Malerei oder Architektur, wurde auf hohem Niveau geforscht. Anfang der 30er Jahre wurden die Avantgardisten jedoch durch die Sowjetmacht eingeschränkt und letztlich abgelehnt.

Kazimir Malevich sah in seinem Gemälde »Schwarzes Quadrat« den Nullpunkt der Kunst, die Auslöschung der gesamten gegenständlichen Malerei

Schrift Zitat:
»P22 Constructivist Typeface«
Richard Kegler, 1995

Gustav Kluzis:
Sowjetisches Propagandaplakat, 1930

Kazimir Malevich:
Ausstellung »0,10«, 1915

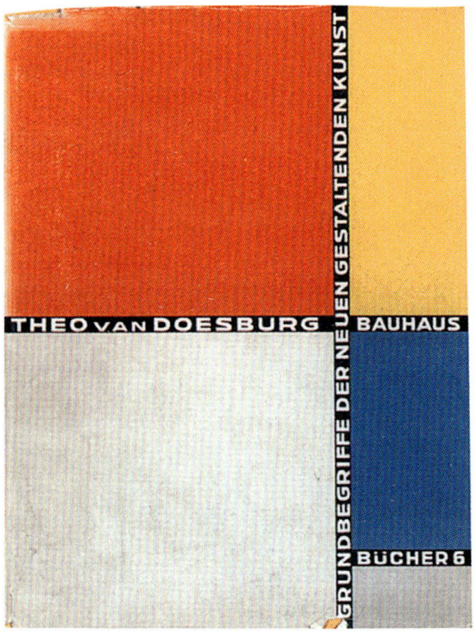

DAS QUADRAT IST FÜR UNS DAS GLEICHE WIE DAS KREUZ FÜR DIE FRÜHEN CHRISTEN

Theo van Doesburg

de stijl – 1917 entwickelte sich in den Niederlanden eine Gruppe von Malern, Architekten und Grafikern um die von Theo van Doesburg gegründete Zeitschrift »De Stijl«. Diese Gruppe war gleichzeitig die rationalistischste sowie idealistischste der konstruktivistischen Bewegungen. Piet Mondrian als ihr prominentester Vertreter entwickelte die Theorie des Neoplastizismus. Diese besagt, dass alles Emotionale und Individuelle aus der Kunst verbannt werden müsse, damit sie wirklich universal sein könne. So beschränkte sich Mondrian auf waagerechte und senkrechte Bildelemente sowie auf die Primärfarben Rot, Blau, Gelb und die Töne Schwarz, Grau und Weiß. Dieses kompromisslose Kunstkonzept sollte Reinheit und kosmische Harmonie ausdrücken. Die charakteristischen Gestaltungsmerkmale wurden von Vilmos Huszár, Piet Zwart und anderen De-Stijl-Gestaltern im Grafikdesign umgesetzt. Gerrit Thomas Rietveld und Jacobus Johannes Pieter Oud übertrugen sie auf die Bereiche des Industriedesigns und der Architektur.

bauhaus – Der Architekt Walter Gropius gründete 1919 das »Staatliche Bauhaus«, eine der einflussreichsten Gestaltungsschulen des 20. Jahrhunderts. Die Idee der Einheit der bildenden Künste unter Führung der Baukunst, die Gropius im Bauhaus verwirklichen wollte, war abgeleitet von der mittelalterlichen Bauhütte, die für den gotischen Kathedralenbau sämtliche bildenden Künste unter einem Dach vereinte. Dieser besondere, interdisziplinäre Ansatz wurde dadurch gefördert, dass das Studium am Bauhaus in Vorlehre, also zweckfreies Experimentieren mit Formen, Farbe und Material, und eine anschließende Ausbildung in Werkstätten durch einen »Meister der Form« und einen »Meister des Handwerks« aufgeteilt war. Die internationale Reputation des Bauhauses begründete sich unter anderem darin, dass Gropius anerkannte Maler wie Lyonel Feininger, Oskar Schlemmer und Paul Klee als Lehrer ans Bauhaus berief. Johannes Itten, der zu Beginn den Vorkurs leitete, betonte noch das autonom Künstlerische und Spirituelle. 1923 wurde Ittens Stelle mit dem

Die Klarheit des geometrisch konstruierten Schriftzuges an der Fassade des Bauhausgebäudes in Dessau ist charakteristisch für das Bauhaus-Design

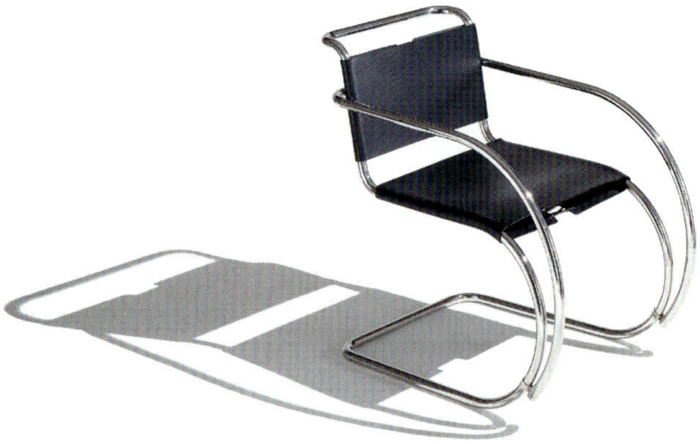

weniger
ist mehr

Mies van der Rohe

Theo van Doesburg und László Moholy-Nagy: Cover aus der Reihe der Bauhausbücher, 1925

Schrift Zitat: »P22 DeStijl« Richard Kegler, 2005 basierend auf Entwürfen Theo van Doesburgs, 1919

Ludwig Mies van der Rohe: »MR Side Chair«, 1927

Joost Schmidt: Schriftzug »Bauhaus«, 1929

Schrift Zitat: »ITC Bauhaus« Ed Benguiat, Vic Caruso, 1975

konstruktivistischen Grafiker László Moholy-Nagy besetzt, der die Ausbildung stark modernisierte und den reduzierten, geometrischen Bauhausstil mitentwickelte. Nach Gropius wurde der Kommunist Hannes Meyer Direktor und forderte noch stärker einen sozialen Funktionalismus. Obwohl Mies van der Rohe, der letzte Direktor, eher unpolitisch war, wurde das Bauhaus 1933 von den Nationalsozialisten geschlossen. Durch die Emigration einiger »Bauhäusler« verbreitete sich der Stil vor allem in den USA und entwickelte sich bis in die 70er Jahre hinein zum International Style insbesondere in der Architektur.

Mit dem Sonderheft »Elementare Typographie« der Zeitschrift »Typographische Mitteilungen« des Buchdruckerverbandes schuf Tschichold ein Manifest der Neuen Typographie

die neue typographie ist zweckbetont zweck jeder typographie ist mitteilung

Jan Tschichold

Schrift Zitat: »Futura Medium«
Paul Renner, 1927

elementare typographie – Im Laufe der 20er Jahre entstand, motiviert durch die klare, reduzierte, konstruktivistische Gestaltung, die Elementare Typographie. Diese neue Art des typografischen Designs war für die visuelle Kommunikation des 20. Jahrhunderts prägend. Den international orientierten, rationalen Zeitgeist schien eine auf die elementaren geometrischen Formen reduzierte Schrift am besten auszudrücken. Schon um 1816 war in England die erste Groteskschrift entwickelt worden, also eine Schrift mit gleichbleibender Strichstärke ohne Serifen. Diese völlig neue Schriftgruppe wurde damals noch nicht akzeptiert. Nun wuchs jedoch das Bedürfnis nach modernen, serifenlosen Schriften.
Jan Tschichold, der sich aus Begeisterung für den Russischen Konstruktivismus Iwan Tschichold nannte, machte die Elementare Typographie bekannt und publizierte ein dazugehöriges Regelwerk (»elementare typographie«, 1925, und »Die neue Typographie«, 1928). Darin wurde unter anderem ausgeführt, dass man Groteskschriften verwenden, auf unwichtige Elemente verzichten und Layouts bevorzugt asymmetrisch aufbauen sollte. 1927 wurde die »Futura« von Paul Renner und 1928 die »Gill Sans« von Eric Gill entwickelt, die zu den bedeutendsten Schriften dieser Zeit gehören. Bis heute sind diese Groteskschriften weltweit im Einsatz.

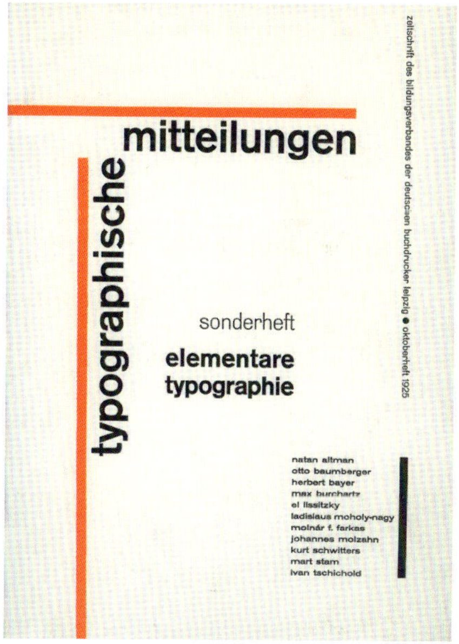

Jan Tschichold:
Zeitschriftencover, 1925

art déco – Die »Goldenen Zwanziger«. Das »Jazz Age«. Großstadtdekadenz und Amüsierbetriebe prägten die Gesellschaft. Die dunkelhäutige Josephine Baker wurde durch ihre Tanzshow, bei der sie nur mit einem Röckchen aus Bananen bekleidet war, in Paris zum Star. Es war eine Zeit, in der die Menschen alles Exotische liebten. Auch 1925 bei der »Exposition Internationale des Arts Décoratifs et Industriels Modernes« schwelgten die Gestalter in exotischen Materialien. Aus teuren Tropenhölzern und Haileder fertigten Kunsthandwerker wie Jacques-Émile Ruhlmann luxuriöse und elegante Möbel in klassischen Proportionen.

Die Baker tanzte ... Die nackten Mädchen lagen und tänzelten zwischen den vier oder fünf Herren im Smoking herum, und die kleine Landshoff, die wirklich wie ein bildhübscher Junge aussieht, tanzte mit der Baker moderne Jazztänze zum Grammophon

Aus dem Tagebuch von Harry Graf Kessler, 13.12.1926

Undatierte Aufnahme der französisch-amerikanischen Tänzerin und Sängerin Josephine Baker

Schrift Zitat: »Broadway Engraved«
Morris Fuller Benton, 1928

Jacques-Émile Ruhlmann: Schminktisch, 1919–1923

ICH ASS ALLEIN UND SAH IMMER AUF DIE PRACHTVOLLEN, UNWIRKLICHEN WOLKENKRATZER

Greta Garbo auf die Frage, was sie an ihrem ersten Abend in New York 1925 tat

Auf dem Höhepunkt des »Wolkenkratzer-Wahns« zeigten sich New Yorker Architekten verkleidet in Form ihrer berühmten Bauwerke

In Amerika dagegen feierten die Menschen den Fortschritt und die Maschine. Die Größe und Schönheit der Wolkenkratzer wurde zum Symbol für wirtschaftliche Macht und Innovationskraft. In der Architektur besonders dominant, verbreitete sich der Art-déco-Stil auch stark über Musicals und Kinofilme. Sogar als im Zuge der Weltwirtschaftskrise Tausende von Menschen in Arbeitslosigkeit und Armut fielen, blieb ein gemäßigter Art-déco-Stil aktuell. Um nach der Weltwirtschaftskrise den Konsum wieder anzukurbeln, wurde das Styling von Produkten verstärkt. Die »Stromlinienform«, die wegen des geringen Luftwiderstands beim Design von Flugzeugen und Autos eine wichtige Rolle spielte, wurde nun auch bei der Gestaltung von anderen Produkten eingesetzt, um ihnen eine fortschrittliche, dynamische Form zu geben. Dieser amerikanische Beitrag zum Art déco überdauerte den Krieg und war noch in den 50er Jahren ein wichtiges Designelement. Herausragende Vertreter waren Raymond Loewy, Walter Dorwin Teague und Norman Bel Geddes.

exkurs kubismus – Pablo Picasso (1881–1973) und Georges Braque (1882–1963) entwickelten ab 1907 die kubistische Malerei. Schon ihr großes Vorbild Paul Cézanne (1839–1906) meinte, dass man bei der Darstellung der Natur auf die geometrischen Grundformen Kugel, Kegel und Zylinder zurückgreifen solle. Picasso und Braque analysierten jedes Bildmotiv und zergliederten es durch die gleichzeitige Darstellung in verschiedenen Perspektiven. So war der Kubismus einer der wichtigsten Schritte hin zur abstrakten Malerei. Die Ästhetik der geometrischen Stilisierung und die gedeckten Töne des Kubismus hatten einen starken Einfluss auf das Art déco, besonders im Bereich der Grafik.

New Yorker Architekten beim »Beaux Arts Ball«, 1931

Pablo Picasso: »Nature morte sur un piano«, Öl auf Leinwand, 50 x 130 cm, 1911–1912

Schrift Zitat: »Matra« basierend auf der Schrift »Bifur« von A. M. Cassandre, 1929

bauhaus, folkwang, mondrian, lissitzky, burchartz, typographie, fotografie, die dreigroschenoper, die weltbühne, dada

Anton Stankowski

schweizer schule – Anton Stankowskis Aufzählung seiner gemeinsamen Gesprächsthemen mit Max Bill zeigt, dass Schweizer Design und Kunst der 30er und 40er Jahre ansetzten, wo die Avantgarde in Deutschland und Russland durch totalitäre Regime zum Aufhören gezwungen worden war. Konstruktivismus, Elementare Typographie und De Stijl blieben in der neutralen Schweiz aktuell, während die Gestaltung in »Nazi-Deutschland« immer konservativer wurde. Pioniere moderner Gestaltung wie Henry van de Velde oder Jan Tschichold emigrierten in die Schweiz, die ehemaligen Bauhausschüler Max Bill und Theo Ballmer kehrten in ihr Heimatland zurück. In der Kunst entwickelte sich auf der Grundlage der Werke der Gruppe De Stijl ein spezifisch schweizerischer Stil, die Konkrete Kunst. Passend zur Vorliebe der Schweizer für Präzision wurden dabei Gemälde aus Farbflächen in geometrischen Formen komponiert bzw. nach mathematischen Gesetzen errechnet. Da viele der Künstler auch als Designer tätig waren, schlug sich ihre Suche nach einer anonymen, objektiven Ästhetik auch auf dem Gebiet der Grafik nieder. Nach und nach entstand in den Zentren Zürich und Basel ein neuer Stil. Die starken Industrieunternehmen der Schweiz, vor allem die Pharmaindustrie, profitierten von der neuen, klaren und informativen Grafik, aber auch das Alltagsdesign von Bahnkarten und Fahrplänen wurde dadurch verbessert. Die sachlich und neutral wirkende Schrift »Akzidenz Grotesk« wurde ihrem Status in der Schweiz entsprechend in den USA unter dem Namen »Standard« bekannt.

Schrift Zitat: »Akzidenz Grotesk«
H. Berthold AG, 1896

Herbert Matter:
Plakat für den Schweizer
Tourismus, 1935

Max Huber war neben dem Ex-Bauhäusler Xanti Schawinsky einer der wichtigsten Schweizer Designer, die in Italien arbeiteten

das neue an dieser grafik ist vor allem ihre fast messbare klarheit

Aus dem Editorial der Zeitschrift »Neue Grafik«, Nr. 1, 1958

Ihre Weiterentwicklung, die »Neue Haas Grotesk« avancierte unter dem Namen »Helvetica« (»die Schweizerische«) zum Exportschlager. Der »Swiss Style«, den die Zeitschrift »Neue Grafik« international bekannt machte, wurde im Ausland bewundert und begeistert adaptiert, beispielsweise für Leitsysteme in den Flughäfen von Paris und Amsterdam oder New Yorks U-Bahn-Stationen. »Schweizer Schule« – darin steckte ein erzieherischer und leicht dogmatischer Aspekt, der oft kritisiert wurde. Viele Gestalter waren überzeugt, dass man die Bevölkerung ästhetisch erziehen müsse.

ulmer schule – Max Bill konzipierte 1949 für den Schweizerischen Werkbund die Wanderausstellung »Die gute Form«, welche schlichte und sachliche Produktgestaltungen besonders hervorhob. 1953 wurde Bill in Deutschland erster Rektor der von Inge Scholl und Otl Aicher gegründeten Hochschule für Gestaltung Ulm. Der Begriff »Ulmer Schule« wurde weltweit zum Synonym für modernes, funktionales Design und die Hochschule zum Vorbild für die Ausbildung von Designern.

der designer übernimmt die verantwortung für die mitgestaltung seiner umwelt, indem er trachtet, seine mitmenschen visuell zu erziehen

Ernst Scheidegger in der Zeitschrift »Neue Grafik«

Schrift Zitat: »Helvetica Bold« Max Miedinger und Edouard Hoffmann, 1957

Max Huber: Selbstportrait, 40er Jahre

Pierre Gauchat: Fotowand in der Presseabteilung der Schweizer Landesausstellung »Landi«, 1939

Schrift Zitat: »Univers 57 Condensed« Adrian Frutiger, 1957

organisches design – Viele Designer, die in den 50er Jahren für Furore sorgten, nahmen bereits an dem 1940 vom »Museum of Modern Art« in New York veranstalteten Wettbewerb »Organic Design in Home Furnishings« teil. Einer der Gewinner war Charles Eames. Er und seine Frau Ray prägten das amerikanische Möbeldesign, indem sie ausgehend von Experimenten mit dem Verbiegen von Schichtholz organisch geformte, leichte und wohnliche Möbel entwarfen und die einflussreichen »Good Design«-Ausstellungen mitorganisierten.
In der Nachkriegszeit wuchs in den USA der Wohlstand der gesamten Bevölkerung rapide an. Das führte nicht nur dazu, dass der »American Way of Life« mit Coca-Cola, Kaugummi, Rock 'n' Roll und Filterzigaretten zum weltweiten Ideal wurde, sondern auch zu einem Boom im Hausbau. Massenweise bezogen nun Familien ihr Häuschen in der Vorstadt und der Bedarf an neuen Möbeln stieg rasant an. So wenig die breite Bevölkerung die zeitgenössische Kunst als Kunst akzeptierte, so sehr liebte sie diese in der Innendekoration. Teppiche und Vorhänge wurden mit organischen Ornamenten dekoriert. Der Avantgarde-Künstler Isamu Noguchi entwarf einen Nierentisch, der zahlreiche Nachahmer fand und sich so zum Symbol der Epoche entwickelte. Doch obwohl die USA in Wirtschaft und Design eine Führungsrolle einnahmen, waren auch andere Länder für das Design der 50er Jahre sehr wichtig. Das von der Natur inspirierte, dennoch moderne skandinavische Design von Gestaltern wie Arne Jacobsen oder Alvar Aalto boomte. In Italien entwickelte sich das funktionale und elegante Bel Design. Und in Großbritannien kam es spätestens mit dem »Festival of Britain« von 1951, einer Veranstaltung, auf der die Leistungen Großbritanniens auf dem Gebiet der Wissenschaft, der Technik und der Künste gefeiert wurden, zu einer größeren Akzeptanz für das moderne, zeitgenössische Design, den Contemporary Style. Beim »Festival of Britain« herrschten organische Formen vor, die aus der mikroskopischen Untersuchung von Kristallstrukturen abgeleitet worden waren. Auch die

Diese Illustration zeigt, neben dem Bild einer typischen Familie aus den 50er Jahren, den »Womb-Chair« von Eero Saarinen

Kugelform wurde immer beliebter, da man im anbrechenden Atomzeitalter das Molekül verehrte. Das »Atomium«, das zur Weltausstellung 1958 in Brüssel gebaut worden war, ist dafür das beste Beispiel. Insgesamt entwickelte sich in der Nachkriegszeit – bedingt durch den wirtschaftlichen Aufschwung – ein neues Designbewusstsein, was sich durch die Neugründung der Zeitschriften »Domus« (1948) und »Design« (1949) ausdrückte.

Our people had never had it so good

Der britische Prime Minister Harold McMillan, 1957

Charles & Ray Eames:
»Lounge Chair & Ottoman«,
1956

Norman Rockwell:
Illustration »Easter Morning«,
1959

Schrift Zitat:
»Streamline Light Extended«
Leslie Cabarga, 1995

Art is a noun, and design is a noun and also a verb

Paul Rand, 1960

new york school – New York City wurde in den 50er Jahren zum Zentrum modernen Designs. Einer der Gründe für diese Entwicklung war, dass die Stadt in den 30er und 40er Jahren zum Zufluchtsort für europäische Emigranten geworden war. Unter diesen gab es auch viele talentierte Grafiker. Herbert Bayer, Herbert Matter, Alexey Brodovitch und Ladislav Sutnar übernahmen direkt nach ihrer Ankunft eine führende Rolle im amerikanischen Grafikdesign.

Sie führten europäische Designkonzepte der Moderne in die USA ein und entwickelten sie weiter. US-amerikanische Designer sogen diese Einflüsse auf, ergänzten sie aber um pragmatische und intuitive Aspekte. Vor allem die moderne, abstrakte Kunst von Jackson Pollock, Hans Arp, Joan Mirò oder Alexander Calder war eine wichtige Inspiration. Und so ähnelten die Entwürfe Paul Rands, der den Archetyp des modernen Art-Direktors darstellte, abstrakten Kunstwerken. Freie Formen, Scherenschnitte, Farbspritzer, Pinselstriche und bildhafte Typografie lockerten Anzeigen, Plakate und Buchcover auf. Sie strahlten auch eine gewisse Fröhlichkeit und Naivität aus. Die Arbeiten von Paul Rand und anderer wichtiger Protagonisten wie Alvin Lustig, Alex Steinweiss, Bradbury Thompson, Saul Bass, Robert Brownjohn, Ivan Chermayeff, Thomas Geismar und der Werbeagentur Doyle Dane Bernbach sorgten für die Vormachtstellung des New Yorker Grafikdesigns. Herb Lubalin führte den New Yorker Stil mit seinen spielerischen Typo-Kreationen in Richtung Pop-Kultur.

Im direkten Vergleich zu konventionellen Filmplakaten wirkten Paul Rands Entwürfe avantgardistisch

Paul Rand:
»24-sheet poster« für den Film »no way out«,
Twentieth Century Fox, 1950

Schrift Zitat: »Banco Heavy«
Roger Excoffon, 1951

Der »American Dream« als Ideal der 50er Jahre spiegelte sich auch in der Werbung wider

Anonym:
Plakat für Lucky Strike,
50er Jahre

BEAM ME UP, SCOTTY!

Captain Kirk, »USS Enterprise«

space age – Die Weltraumeuphorie erreichte in den 60er Jahren ihren Höhepunkt. Schon zuvor hatte der optimistische Blick in die Zukunft zu einer Begeisterung für Science-Fiction und Raumfahrt geführt. Das Styling von Autos, z. B. der »Cadillac«-Modelle der 50er und 60er Jahre, erinnerte an Raumschiffe und das der Jukeboxen an Raketen. Doch der Wettlauf um die Eroberung des Weltraums hatte einen ernsten Hintergrund. Er war ein symbolischer Ausdruck des Kalten Krieges zwischen den Westmächten unter Führung der USA und dem Ostblock, geführt von der Sowjetunion. Zu Beginn hatte die UdSSR in der Raumfahrt die Nase vorn. 1957 schoss sie »Sputnik«, den ersten Satelliten, in die Erdumlaufbahn. Mit Juri Gagarin war 1961 auch der erste Mensch im Weltraum ein Russe. Erst 1969 triumphierten die USA, als mit dem Amerikaner Neil Armstrong der erste Mensch einen Fuß auf die Oberfläche des Mondes setzte. So erschreckend das Wettrüsten im Kalten Krieg war, so faszinierend wirkten die Raumfahrtprogramme dennoch auf die Menschen. Fernsehserien wie »USS Enterprise« und Stanley Kubricks Film »2001 – Odyssee im Weltraum« oder die Abenteuer der »Barbarella« steigerten diese Begeisterung noch.

Aus dem All ins Wohnzimmer – so stellte sich Joe Colombo 1969 bei der »Visiona«-Ausstellung die »Wohnlandschaft« der Zukunft vor

Neil A. Armstrong: Fotografie des Astronauten Edwin E. Aldrin auf der Oberfläche des Mondes, 1969

Schrift Zitat: »OCR-A« European Computer Manufacturers Association, 1966

Joe Colombo: »Wohnmodell 1969« für die »Visiona«-Ausstellung der Bayer AG, 1969

Modeschöpfer wie André Courrèges, Pierre Cardin oder Paco Rabanne entwarfen aus modernen Materialien futuristische Kleidung, die an Raumfahrtanzüge erinnerte. Nicht nur der Designer Eero Aarnio entdeckte die Kugelform der Astronautenhelme für seinen berühmten »Ball Chair«, sondern von Lampen über Fernseher bis hin zu Lautsprecherboxen wurde alles zur Kugel. Joe Colombo und Verner Panton entwarfen utopische »Wohnlandschaften« für die »Visiona«-Ausstellungen der Firma Bayer. Auch die zur Zeit des Kalten Krieges üblichen Spionage-Aktivitäten fanden mit der Reihe der »James Bond«-Filme ihr stilprägendes Pendant in der Populärkultur. Das Grafikdesign der 60er Jahre wurde von Willy Fleckhaus revolutioniert. Als Art-Direktor des Lifestyle-Magazins »twen« scharte er nicht nur die begabtesten jungen Fotografen wie z. B. Will McBride um sich, sondern entwickelte auch ein radikal modernes Layout. Die plakative Verwendung von fetten Groteskschriften, ein kreativer Umgang mit dem Gestaltungsraster und der großflächige Einsatz von Fotografien prägten die Zeitschrift. Das britische Gegenstück zur »twen« bildete die zukunftsweisende Frauenzeitschrift »Nova«.

Tomorrow's girl creates what's new

Aus einer Anzeige in der Zeitschrift »Nova«, 1966

exkurs op art – Charakteristisch für diese Kunstrichtung, die in den 60er Jahren einen starken Einfluss auf Mode, Design und Innenarchitektur hatte, sind optische Täuschungen. Bilder von Op-Art-Künstlern wie Bridget Riley oder Victor Vasarely zeigen vorwiegend in Schwarz-Weiß gehaltene grafisch-geometrische Muster, die vor den Augen flirren, sich scheinbar bewegen und die Illusion von Räumlichkeit erzeugen. Sogar das gesamte Corporate Design der Olympischen Spiele von 1968 in Mexiko und der Film »Qui êtes-vous, Polly Magoo« waren von der Op-Art-Ästhetik bestimmt.

Willy Fleckhaus (Art-Direktor): »twen«, Heft Nr. 12, 1966

Schrift Zitat: »Ad Lib« Freeman Craw, 1961

1. Ausgabe der Zeitschrift »Nova«, 1964

Bridget Riley: »Blaze 1«, emulsion on board, 109 x 109 cm, 1962

Eero Aarnio: Sessel »Ball«, 1966

Einige Designer, wie das Team »Hapshash and the Coloured Coat«, nutzten Konzertposter als Medium des künstlerischen Ausdrucks

Patric Ward: Fotografie für das Magazin »Observer«, 1967

pop – »We all live in a yellow submarine«. Spätestens in den 70er Jahren bewahrheitete sich dieses Statement der Beatles. Als hätte jemand ein Corporate Design für die ganze Welt entworfen, war nahezu alles in die Farben Gelb, Orange und Braun eingetaucht. Egal ob Mann oder Frau, fast jeder trug Schlaghosen und lange Haare. inspirierten Postern eines Wes Wilson, Peter Max oder Martin Sharp. In der Musik gesellte sich zu Folk und Beat das »Saturday Night Fever« der Disco-Musik und der Glamrock. Es begann ein regelrechter Jugendkult, in dem die Darstellung der »befreiten« Sexualität in Werbung, Film und Fernsehen allgegenwärtig wurde.

Sexy-mini-super-flower-pop-op-cola-(„alles ist in AFRI-COLA...")

Slogan von Afri-Cola 1968

Schrift Zitat: »ITC Bottleneck« Tony Wenman, 1972

Muster wurden immer beliebter, vor allem solche mit Wabenstrukturen, Kreisen oder abgerundeten Rechtecken. Verschiedenste Strömungen, die in den 60er Jahren noch zur Avantgarde gehört hatten, waren in den Mainstream übergegangen, wie die »Flower Power«-Bewegung der Hippies mit den psychedelischen, durch das Art nouveau Ein Beispiel dafür war David Hamiltons kitschig-schwüle »Mädchenfotografie«. Gleichzeitig zogen Pop-Art-Charakteristika in die Werbung ein. Auch die Begeisterung für Zukunft und Raumfahrt war in das neue Jahrzehnt mitgenommen worden. Die geometrischen Formen der Op Art blieben aktuell, während die weichen, biomorphen

exkurs pop art – Werbung bzw. Grafikdesign der 70er Jahre waren stark von der Pop Art beeinflusst. Die Pop Art selbst enstand Ende der 50er Jahre dadurch, dass sich Künstler von der Alltags- bzw. Populärkultur inspirieren ließen: von Kitsch, Comics, Werbung, Verpackungen und Müll. Pop-Künstler machten aus alltäglichen Gebrauchsgegenständen Kunst. Andy Warhol schuf Ikonen aus einer einfachen Suppendose und einer Banane, Roy Lichtenstein vergrößerte Comic-Panels zu monumentalen Ölgemälden, Robert Indiana und Ed Ruscha spielten mit der Ästhetik von Straßenschildern. So spiegelte ihre Kunst den »American Dream«, aber auch seine Schattenseiten, etwa die »Wegwerfgesellschaft« wider.

Andy Warhol: Cover des Albums »The Velvet Underground & Nico«, 1967

Möbel von Verner Panton oder Luigi Colani den Formenkanon bereicherten. Beeinflusst durch preisgünstige und unkomplizierte Möbelhäuser wie Ikea oder Habitat, in denen Shopping zu einer neuen Freizeitbeschäftigung geworden war, wagten die Menschen Experimente in ihrer Wohnungseinrichtung, wobei neben kuscheligen Flokatiteppichen und Cordsofas die »poppigen« Plastikprodukte eine große Rolle spielten. Doch schon im Jahr 1973 kam die Ernüchterung. Die Ölkrise bestätigte, dass – wie der »Club of Rome« 1972 in der Studie »Limits to Growth« vorhergesagt hatte – die naturlichen Ressourcen der Erde zu Ende gehen, und dämpfte so den euphorischen Glauben an Fortschritt, Technik und Zukunft.

In den 70er Jahren entwickelte sich ein plüschiger »Lounge«-Look

Pop up into a new world

Überschrift eines Artikels in der Zeitschrift »Archigram« Nr. 4, 1964

Die knallrote Reiseschreibmaschine »Valentine« ist eine Ikone des Pop-Designs

Walter Dorwin Teague Associates (damals geleitet von Frank del Guidice): »Tiger Lounge« in einer Attrappe der Boeing 747, 1972

Schrift Zitat: »ITC Souvenir« Ed Benguiat, 1972 basierend auf der »Souvenir«, Morris Fuller Benton, 1914

Ettore Sottsass, Perry King: Schreibmaschine »Valentine« für Olivetti, 1969

punk – »Hey Ho, Lets Go«. Los ging es mit dem Punk mitten in New York City. Im legendären Club »CBGB« traten Bands auf. Mit Röhrenjeans und Lederjacke gekleidet, wie die Ramones und The Stooges, oder als Transvestiten geschminkt, wie die New York Dolls. Sie hatten genug von der bunten Hippie-Welt und spielten rohen, primitiven, ungeschliffenen Rock. Zur wirklichen Bewegung wurde Punk aber erst in London. Hier trafen die Bands The Clash und Sex Pistols den Nerv der Zeit. Mit ihrem Titel »No Future« sprachen die Sex Pistols vielen Jugendlichen in England aus der Seele, die von dem starren Klassensystem an den Rand der Gesellschaft gedrängt wurden. Mit ihrem Manager Malcolm McLaren hatten die Sex Pistols einen cleveren Vermarkter gefunden. Zusammen mit Vivienne Westwood machte McLaren die Punk-Mode populär, die auf die meisten Menschen erst einmal erschreckend hässlich wirkte: Sicherheitsnadeln und Hundehalsbänder als Schmuck, dazu zerschlissene Anzüge. McLaren sagte über Sex-Pistols-Frontmann Johnny Rotten: »Er kam in meinen Laden mit grünen, kurzrasierten Haaren und einem zerrissenen Pink-Floyd-T-Shirt, über das er eigenhändig ›I Hate‹ gekritzelt hatte.« Einige Punks druckten zur Provokation sogar Hakenkreuze auf ihre T-Shirts. Provozieren konnte man zu dieser Zeit noch. Als sich die Sex Pistols in ihrem Hit »God save the Queen« über die britische Königin lustig machten, mussten sie vor »Royalisten« – also Anhängern der Monarchie – flüchten, die sie verprügeln wollten. Doch obwohl die normale, bürgerliche Gesellschaft mehrheitlich entsetzt war von den Alkohol und Drogen konsumierenden Punks in ihrer Kleidung aus dem Altkleidercontainer, wurde auch diese Rebellion in den 80er Jahren weltweit vom Mainstream und Kommerz vereinnahmt. Vor allem die »Do-it-yourself«-Idee und die typische zerfetzte und collagierte Typografie und Grafik blieben noch lange aktuell, nachdem sich der Punk schon in die verschiedensten Richtungen, wie Anarcho-Punk, Oi!/Streetpunk, Ska-Punk, Skatepunk und zuletzt Fun-Punk, aufgespalten hatte.

i AM The ANARChiST
I Am tHE ANTi-CHrIst

Sex Pistols

Fotograf anonym:
Das Geschäft »Sex« von Vivienne Westwood und Malcom McLaren in London

Schrift Zitat: »Vandalism«
Jeremy Dean, 1993–1997

Fotograf anonym:
Punks, Mitte der 70er Jahre

DON·T ACCEPT THE OLD ORDER GET RID OF IT

Johnny Rotten

Schrift Zitat: »FF Inner City«
James Closs, 1994

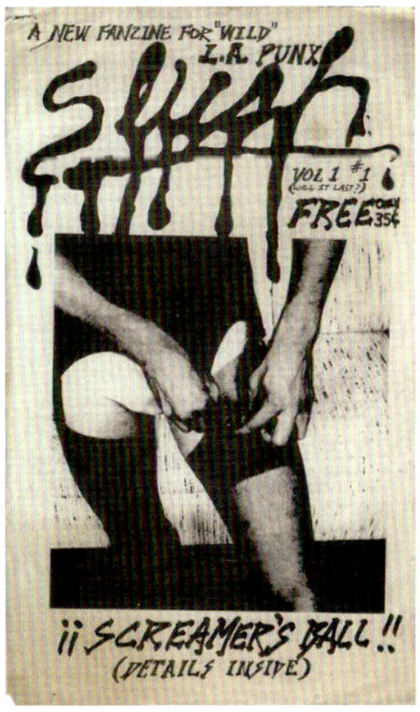

Brendan Mullen (zugeschrieben):
Fanzine »Slush«, 1978

radical design – Mit den Studentenrevolten Ende der 60er Jahre begann es, auch im Designbereich zu rumoren. Vor allem in Italien, das bis dahin Zentrum des Bel Design war, also der eleganten, funktionalen, italienischen Designprodukte, die zu regelrechten Statussymbolen geworden waren. Mit der Kommerzialisierung waren viele junge Gestalter nicht mehr einverstanden. Sie bildeten Gruppen mit Namen wie Superstudio, Gruppo Strum oder Archizoom Associati, die teilweise vollkommen darauf verzichteten Produkte zu entwerfen und stattdessen in Skizzen, Collagen und Installationen alternative Lebensentwürfe visualisierten. Oder sie experimentierten mit ganz neuen Materialien wie Polyurethanschaum, der in seiner Verformbarkeit illusionistische, ironische und figurative Entwürfe ermöglichte, etwa die stachelig aussehende Schaumgummi-Liegewiese »Pratone«. Mit aufblasbaren Möbeln oder Sitzsäcken stellten sie die konventionellen Vorstellungen von Sitzmöbeln in Frage. Besonders radikal war die Gruppe Studio Alchimia um Alessandro Mendini, der behauptete, dass Designer nur noch dekorieren könnten, weil schon alles geschaffen worden sei. Er schmückte demonstrativ Designklassiker des Bauhauses mit bunten Fähnchen und wurde auf diese Weise zu einem Wegbereiter der Postmoderne.

Piero Gatti, Cesare Paolini,
Franco Teodoro:
Sitzsack »Sacco«, 1968

Fotograf anonym:
U-Bahn-Aufzug, München,
1986

exkurs street art – Als erster Street Artist gilt Gérard Zlotykamien, der bereits in den 60er Jahren illegal als Künstler im öffentlichen Raum tätig war. Zu einer wirklichen Street-Art-Welle kam es in den 70er Jahren in New York, als Graffiti bzw. »Writing« zum wichtigen Ausdrucksmittel der Hip-Hop-Kultur wurde. Während die amerikanischen Graffiti-Künstler Spraydosen als Medium entdeckten und ihre »Styles« perfektionierten, hinterließen in Europa nur einige Punks mit Filzstiften »Tags« und Kritzeleien in ihrer Umgebung. Erst als Mitte der 80er Jahre Filme wie »Style Wars« die Graffiti-Kultur dokumentierten, verbreitete sich diese in Europa rasant. Einige Street Artists, z. B. Keith Haring oder Banksy, der mit Schablonen arbeitet, entwickelten sich zu Kunststars.

postmoderne – »Die moderne Architektur starb in St. Louis, Missouri am 15. Juli 1972 um 15.32 Uhr.« Genau zu diesem Zeitpunkt ist die Hochhaussiedlung »Pruitt-Igoe« in die Luft gesprengt worden. Der Architekt Charles Jencks postulierte dieses Ereignis als das »Ende der Moderne«. Er war der Meinung, dass mit dieser Sprengung bewiesen sei, dass die Ideen der Moderne ausgedient hatten. Der Architekt des Hochhauskomplexes hatte die Utopien des Designgurus der Moderne Le Corbusier aufgegriffen. Doch da die Bewohner das Gebäude nicht akzeptiert hatten, war es im Laufe der Jahre verwahrlost und zu einem Hort der Kriminalität geworden. Jencks meinte, dass man die Architektur nun stärker als eine Sprache sehen müsse. »Learning from Las Vegas« war die Idee von Robert Venturi. Postmoderne Architekten sollten sich von den populären Bauten in Las Vegas inspirieren lassen und ihre »Codes« zitieren. Eine weitere Inspiration für die Postmoderne war der Blick zurück auf historische Stile. Philip Johnson, der schon ein Hochhaus mit Mies van der Rohe gebaut hatte, machte es vor. Das »AT&T Building«, das er 1978 entwarf, hat ein Dach, welches an einen Schrank von Chippendale erinnert. Thomas Chippendale war ein Möbelentwerfer, der Mitte des 18. Jahrhunderts aktiv war! Doch auch in anderen Ansätzen sollte sich die postmoderne Architektur von der modernen unterscheiden. Während z. B. die Moderne möglichst international, wenn nicht gar universell sein wollte – ein modernes, würfelförmiges Hochhaus konnte überall auf der Welt stehen – wollten postmoderne Architekten auch regionale Eigenheiten und Traditionen berücksichtigen. Nicht nur in der Architektur kam es zu solchen Brüchen mit der Moderne, sondern in nahezu allen künstlerischen Bereichen, von der bildenden Kunst über Literatur und Film bis hin zum Design.

Die bunte und dekorative Architektur in Las Vegas wurde zu einem Vorbild für postmoderne Architekten

Geoff Smythe:
Foto »Neon Lighting, Las Vegas«, 70er Jahre

Wolfgang Weingart:
Ausstellungsplakat, 1982

Ornament ist kein Verbrechen

Ettore Sottsass

Schrift Zitat: »Emigre Fif Teen«
Zuzana Licko, 1985

Der Beginn des Desktop Publishings, vor allem die Software auf dem Apple Macintosh führte zu neuen Ausdrucksformen im Design

Communication should be entertaining

Neville Brody

california new wave – Der Ursprung für die Welle avantgardistischen Grafikdesigns, die in den 80er Jahren über Kalifornien und den Rest der Welt einbrach, war ausgerechnet die Schweiz. Genauer gesagt der Typografiekurs von Wolfgang Weingart an der Hochschule für Gestaltung Basel. Weingart inspirierte seine Schüler nämlich dazu, mit den Regeln der klassischen Schweizer Schule, die inzwischen international zum alles dominierenden Stil geworden war, zu brechen. So befreiten sie die Schrift aus dem Raster, arbeiteten collageartig und schichteten Bild- und Textebenen übereinander, bis eine räumliche Wirkung entstand. Und da bei diesen Gestaltungsexperimenten auch einige Gaststudenten aus Kalifornien teilnahmen, breitete sich das neue Gedankengut in deren Heimat aus. Neu entwickelte Grafikprogramme gaben Designern wie z. B. April Greiman zusätzliche Freiheit, auch wenn die Qualität, die sich mit dem Computer erzielen ließ, noch nicht so hoch war. Diese frühe »Pixel-Ästhetik« wurde jedoch in Zeitschriften wie »Emigre« zelebriert.

memphis – 1980 kam es zum Streit zwischen den Designern Alessandro Mendini und Ettore Sottsass, beide Mitglieder der Radical Design-Gruppe Studio Alchimia. Mendini nutzte seine Entwürfe, um zu kritisieren und provozieren. Sottsass dagegen wollte beim Gestalten Spaß haben und seine Produkte gewinnbringend verkaufen. Daher gründete er sein eigenes Designkollektiv und nannte es »Memphis Milano«. Diese Gruppe, der sich immer mehr namhafte Gestalter anschlossen, entwarf bunte, symbolhafte, oft kitschige Objekte, von denen einige an Kinderspielzeug erinnerten: Einzelstücke und Kleinserien, meist aus billigen Materialien, aber dennoch mit einem extrem hohen Preis. Ihre Objekte konnten sich meist nur reiche Sammler leisten. Ein bekanntes Beispiel ist Karl Lagerfelds Apartment im Memphis-Stil. Doch da die Memphis-Designer mit ihrer »neuen Ornamentik« und vor allem mit ihrer neuen Lust am Gestalten einen ungeheuren Designboom auslösten, wurden die 80er Jahre von vielen schlechten Nachahmungen im Memphis-Look geprägt.

Zur Gruppe Memphis gehörten ehemalige Alchimia-Mitglieder wie Michele de Lucchi, aber auch »Newcomer« wie Mattheo Thun oder Nathalie du Pasquier

Schrift Zitat: »Industria Inline«
Neville Brody, 1989

Apple Computer, Inc.:
»Macintosh 128k«, 1984

Masanori Umeda:
»Tawaraya«-Boxring für
Memphis, 1981

dekonstruktivismus – Dieser Begriff beschreibt eine Strömung in Architektur und Design der 90er Jahre, die bis heute von weltbekannten Designern praktiziert wird. Sein Ursprung liegt in einem neuen philosophischen Ansatz, den der Franzose Jacques Derrida in den 70er Jahren entwickelt hat. Es handelt sich dabei um eine Art der Textanalyse, bei welcher der zu untersuchende Text »auseinandergenommen«, seziert, »dekonstruiert« wird. Ein entscheidender Wegbereiter des Dekonstruktivismus war das »Museum of Modern Art«, New York, das bereits 1988 eine vielbeachtete Ausstellung unter dem Titel »Deconstructivist Architecture« mit Werken von Coop Himmelb(l)au, Zaha Hadid, Frank O. Gehry, Rem Koolhaas, Peter Eisenmann, Daniel Libeskind und Bernard Tschumi zeigte. Sowohl die Philosophie Jacques Derridas als auch der durch Architektur und Grafikdesign visualisierte Dekonstruktivismus mit seinen fremdartigen, futuristischen, verzerrten und zersplitterten Formen stellen alles in Frage und wollen so deutlich machen, dass es keine absoluten Wahrheiten gibt.

They twist constructivism

Mark Wigley im Katalog der Ausstellung »Deconstructivist Architecture« im MoMA, 1990

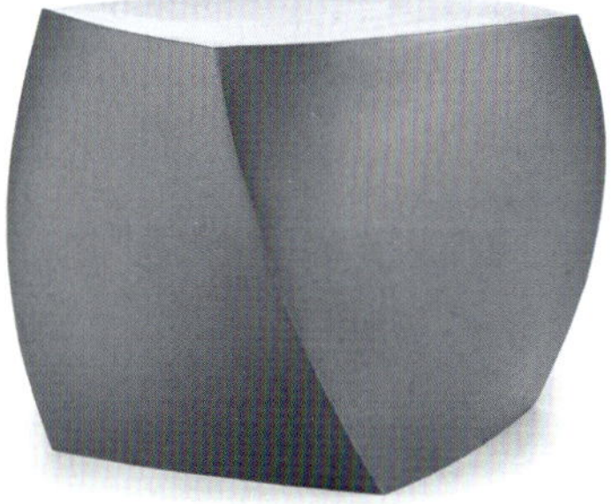

Coop Himmelb(l)au: Anwaltskanzlei (Falkestraße, Wien), 1984–1989

Schrift Zitat: »FF Beowolf« Erik van Blokland und Just van Rossum, 1990

Frank O. Gehry: »Right Twist Cube«, »Frank Gehry Furniture Collection«, 2004

David Carsons außergewöhnlicher Umgang mit Typografie führte zu spannungsvollen, spektakulären Layouts

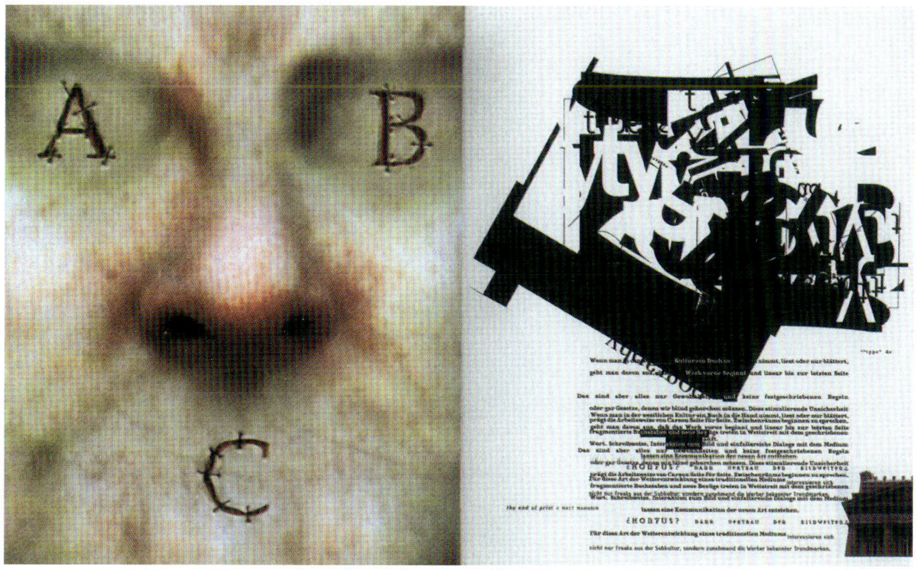

Carson provoziert unsere Augen

Lewis Blackwell

Viele dekonstruktivistische Werke erinnern an die asymmetrischen, diagonalen, instabilen Kompositionen aus den frühen Arbeiten der Russischen Konstruktivisten um 1915. Die Architekten und Designer der 90er Jahre entwickelten diese ersten dekonstruktiven Ansätze allerdings noch viel weiter.

Dabei halfen ihnen auch die Fortschritte auf dem Gebiet der Baumaterialien und in der Computertechnik. Beispielsweise erlaubte es nun neue Software im Bereich des Grafikdesigns, Schriften und Bilder zu verzerren und überlappen zu lassen. Das Destruktive war aber auch bezeichnend für den Zeitgeist der 90er Jahre, deren Soundtrack die neue Musikrichtung Grunge war. Diese Musik, vor allem die der Band Nirvana, wirkte fast depressiv und selbstzerstörerisch. Da passte es gut, dass der wichtigste Grafikdesigner dieser Jahre mit seiner Gestaltung einer Musikzeitschrift berühmt wurde. Die Zeitschrift »Ray Gun« gab es nur ein paar Jahre, doch ihr Art-Direktor David Carson wurde zur Ikone. Seine Entwürfe ähnelten eher denen eines Künstlers als denen eines Typografen, er »malte« mit Schrift. Dabei waren ihm und den Lesern der Zeitschrift die expressive, bildliche Kommunikation wichtiger als die Lesbarkeit der Texte. Das Buch »The End of Print«, welches Arbeiten von Carson präsentierte, wurde zum meistverkauften Grafikdesignbuch aller Zeiten.

Einige Architekten übertrugen die dekonstruktiven Formen auf das Produktdesign. Frank O. Gehrys »Right Twist Cube« erinnert stark an seinen »Gehry Tower« in Hannover

Schrift Zitat: »Template Gothic« Barry Deck, 1990

David Carson: Doppelseite aus dem Buch »The End of Print«, Bangert Verlag, 1995

Studio Daniel Libeskind: 18.36.54 Einfamilienhaus, Connecticut, USA, 2007–2009

II

RETRO BASIS

REVIVALS

GESELLSCHAFT

EREIGNISSE

DESIGN

STILE

STRÖMUNG
REVIVAL
STIL

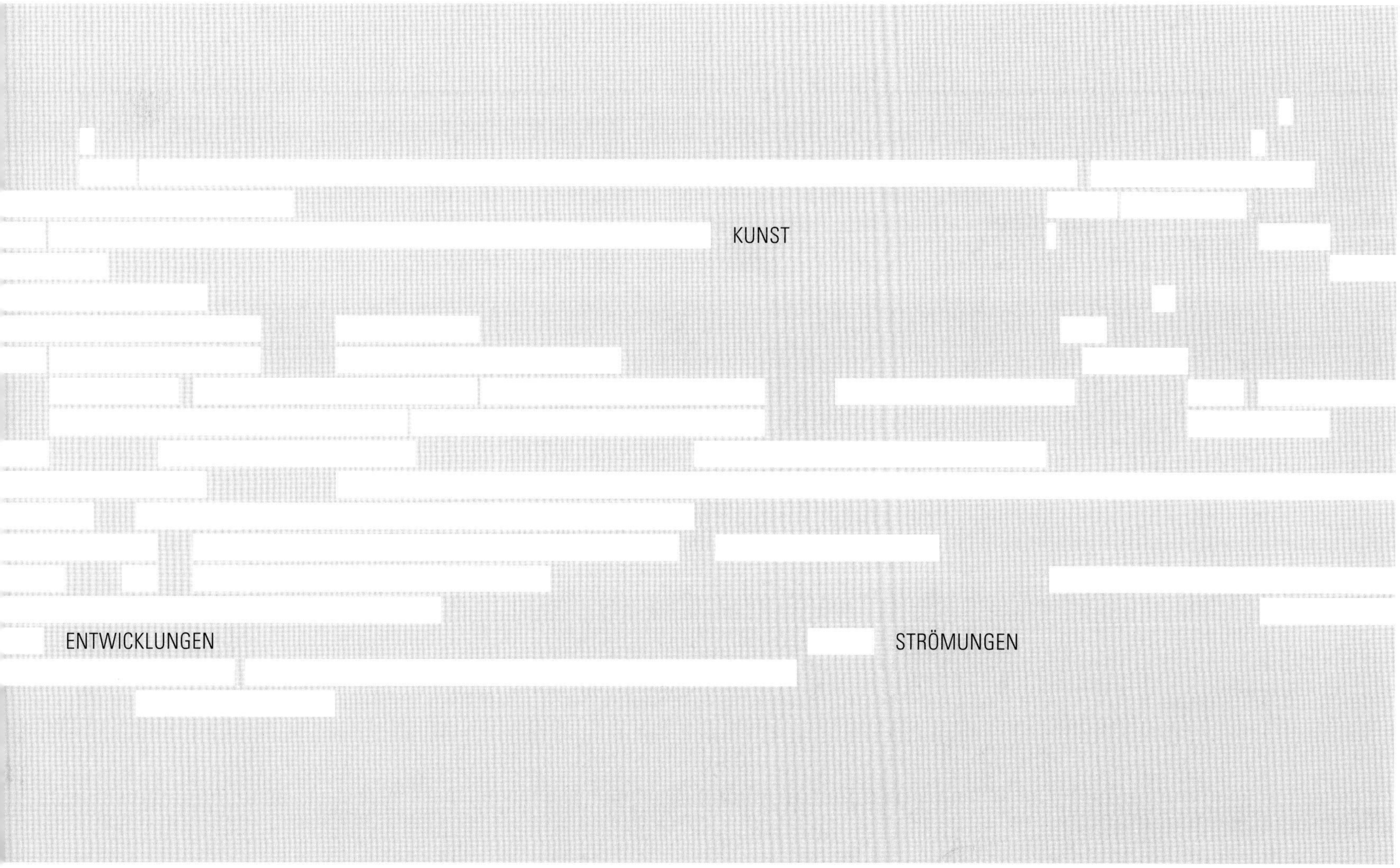

MITTELALTER

(bis 1500)

NEUZEIT

(ab 1500)

Einwanderung griechisch sprechender Gelehrter von Byzanz/Konstantinopel nach Italien leitet Renaissance ein

v

Mit der Trennung von Entwurf und Produktion entsteht der Begriff Design

v

Historisches Dekor verhüllt technische Neuentwicklungen

v

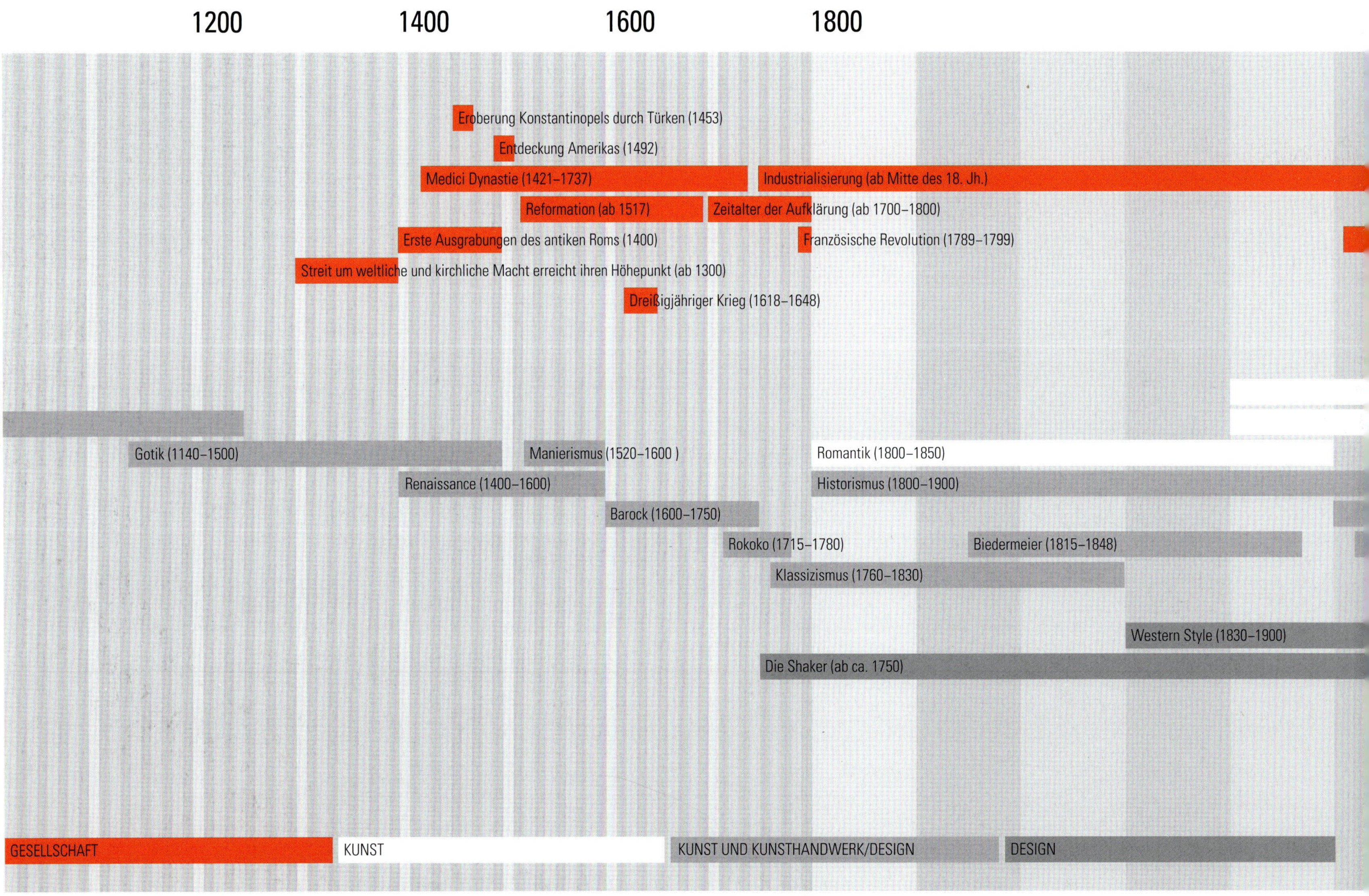

50ER JAHRE
Carlo Mollino: Tisch »Arabesco«, 1949

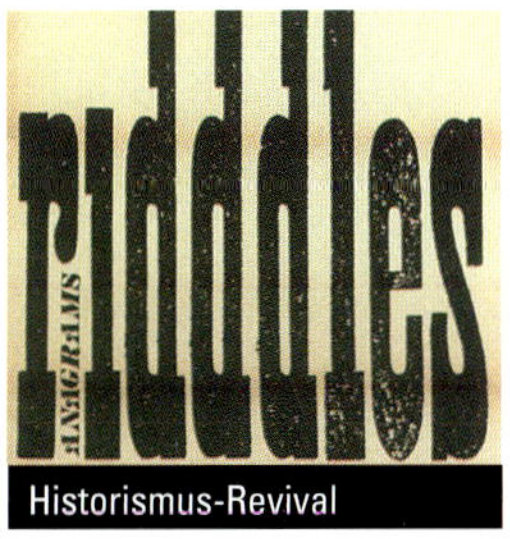

60ER JAHRE
Herb Lubalin: Cover von »The Push Pin Monthly Graphic«, Nr. 24, 1959 (Ausschnitt)

70ER JAHRE
Peter Jones: Tapete »Sikhara«, 1971 (Ausschnitt)

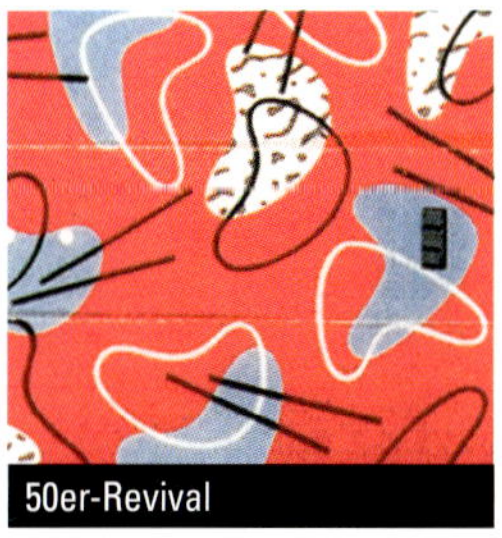

80ER JAHRE
Sony Design Team: »Gotta Watch«, Muster einer Digitaluhr, späte 80er Jahre (Ausschnitt)

90ER JAHRE
A.S. Création Tapeten AG: Musterabbildung aus der Kollektion »Retro Vision«, 2003

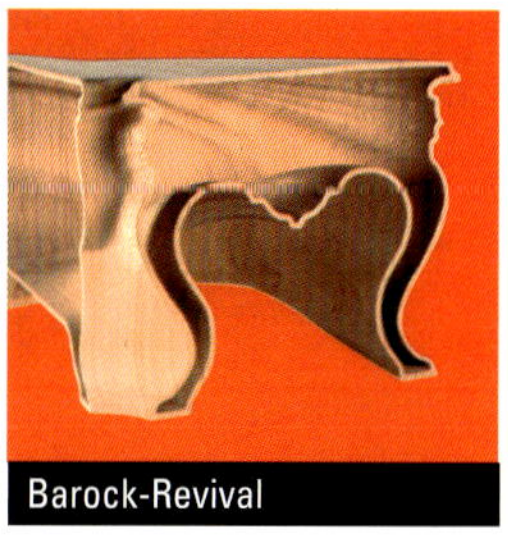

2000 +
Demakersvan, Jeroen Verhoeven: Tisch »Cinderella«, 2004

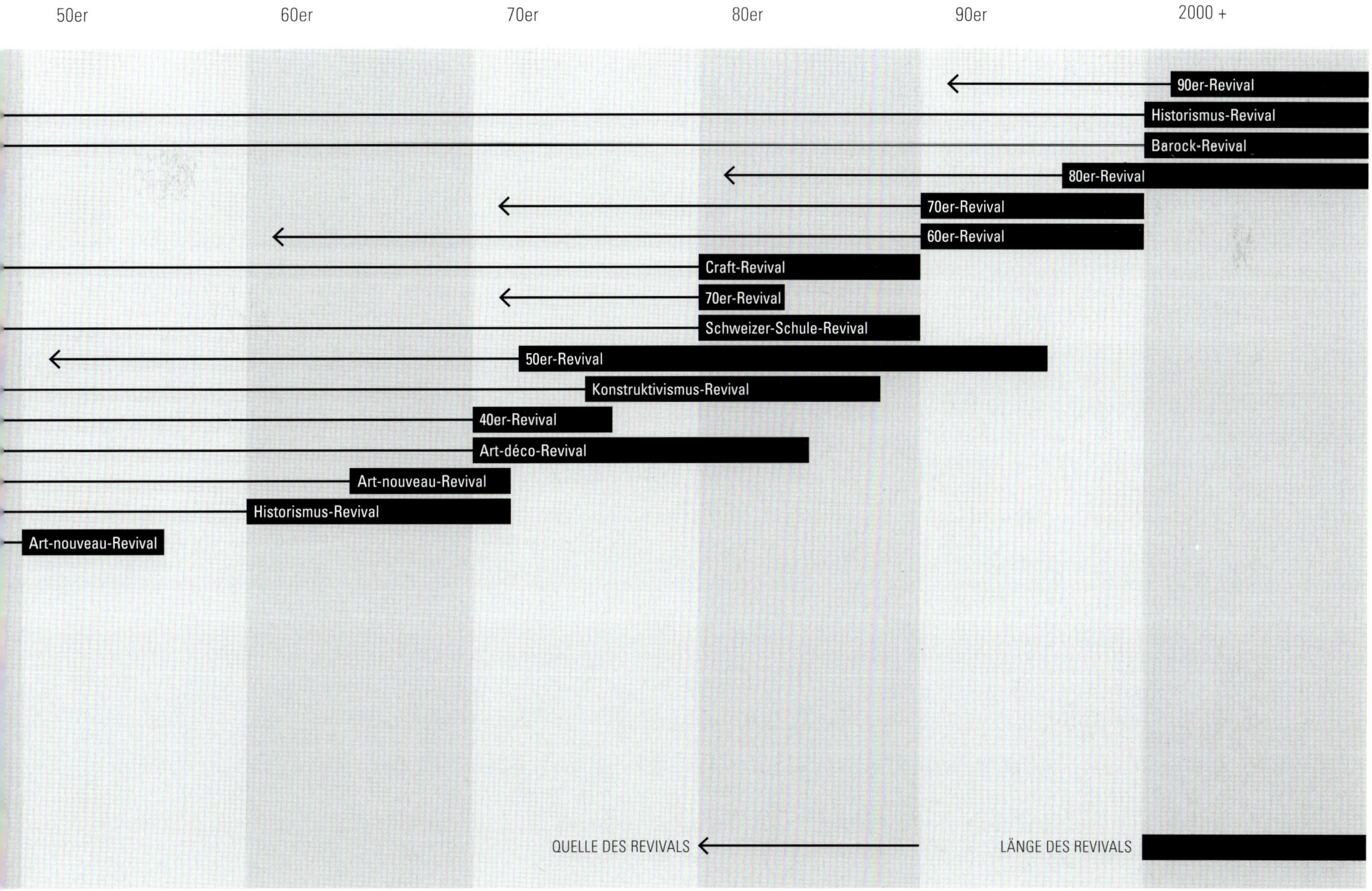

abstrakter expressionismus – (1940–1960) Von New York ausgehende ungegenständliche Kunst, z.B. Action Painting, bei der die Künstler ihre Subjektivität im Medium Malerei ausdrückten.

aesthetic movement – (1870–1910) Von japanischer Kunst inspirierte Bewegung in England, die alle Lebensbereiche ästhetisch durchgestalten wollte.
S. 150–155, S. 238–239, S. 258–259

art déco – (1920–1939) Luxuriöser, internationaler Dekorationsstil, der sich besonders durch die Kombination floraler, figurativer und geometrischer Motive auszeichnete.
S. 086–095, S. 224–225, S. 272–273

art nouveau – (1890–1914) Internationaler Stil, der sich in das floral-organische Hoch-Art-nouveau (»Nudelstil«) und das kristallin-geometrische Spät-Art-nouveau (»Quadratlstil«) aufgliederte.
S. 132–145, S. 228–229, S. 236–237, S. 260–263

arts and crafts – (1850–1914) Reformbewegung in England, die kunsthandwerklich arbeitete und einen floral-organischen Stil entwickelte.
S. 156–165, S. 240–241, S. 256–257

barock – (1600–1750) Stil in Kunst und Kunsthandwerk Europas, dessen Werke durch Dynamik und Theatralik die Macht des Absolutismus und der Kirche ausdrückten.
S. 180–187, S. 244–245, S. 250

bauhaus – (1919–1933) Diese Hochschule für Gestaltung in Deutschland prägte mit ihrem funktional-geometrischen Stil die Architektur und das Design der Moderne.
S. 106–109, S. 214–215, S. 268–271

beaux-arts – (1885–1920) Der neoklassizistische Stil der Pariser Kunsthochschule »Ecole des Beaux-Arts« hatte starken Einfluss auf Architektur und Stadtplanung in den USA (»City Beautiful Movement«).

bel design – (1946–1968) Bezeichnung für das aus dem Stromliniendesign entstandene elegante und konsumorientierte italienische Produktdesign der Nachkriegszeit.

biedermeier – (1815–1848) Deutscher Kunststil, der in idyllischen Gemälden und schlichten Möbeln zum Ausdruck kam.
S. 253

biomorphismus – (1934–1955) Als biomorph bezeichnet man Design, das Formen aus der Natur aufgreift und hauptsächlich für dekorative Zwecke einsetzt.
S. 070–071, S. 234–235, S. 276–277

california new wave – (ab 1979) Postmodernes Grafikdesign aus Kalifornien. Oft bereits am Computer gestaltete, bunte, wilde und collagenartige Kompositionen.
S. 034–041, S. 202–203, S. 285

chap book style – (ab 1890) Plakativer, holzschnittartiger Stil im amerikanischen Grafikdesign. Hauptvertreter Will Bradley.

contemporary style – (1945–1960) Organisches Produktdesign, das beim »Festival of Britain« 1951 in Großbritannien dem Publikum vorgestellt wurde (»Festival-Style«).
S. 070–071, S. 074–075, S. 234–235, S. 276–277

dadaismus – (1916–1925) Kunststil, bei dem das Chaos zum Prinzip wurde. Besonders einflussreich durch experimentelle Typografie und die Entwicklung der Fotomontage.
S. 114–123, S. 206–207, S. 266–267

dekonstruktivismus – (ab 1988) Strömung in Architektur und Design, für die asymmetrische Kompositionen und zersplitterte, verzerrte Formen typisch sind.
S. 028–033, S. 200–201, S. 296–297

de stijl – (1917–1931) Auf Waagerechte und Senkrechte sowie die Grundfarben beschränktes Gestaltungskonzept, das sich von Piet Mondrians Neoplastizismus ableitete.
S. 104–105, S. 216–217, S. 268–270

deutscher werkbund – (ab 1907) Vereinigung Deutscher Gestalter, die sich für eine stärkere Zusammenarbeit von Kunst und Industrie sowie sachlich gestaltete Produkte einsetzte.
S. 226–227, S. 265

elementare typographie – (1925–1933) Rationale Art der typografischen Gestaltung mit Schriften, die auf die elementaren geometrischen Formen reduziert waren.
S. 110–113, S. 212–213, S. 268–271

empire – (1760–1830) Französische Form des Spätklassizismus, s. Klassizimus.

expressionismus – (ab 1905) Kunstrichtung, vertreten durch die Gruppen »Die Brücke« und »Der Blaue Reiter«, die Gefühle durch Formen und Farben ausdrücken wollten.
S. 264

fauvismus – (1905–1920) Französische Form des Expressionismus. Wilde, flächige, sehr farbenfrohe Malerei, z.B. von Henri Matisse.

fluxus – (ab 1962) Internationale Form der Aktionskunst, die auch als Neo-Dada bezeichnet wurde.

frühe moderne – (1900–1914) Vertreter des Spät-Art-nouveau bereiteten mit einer reduzierten, von japanischer Kultur beeinflussten Formensprache die Moderne vor.
S. 144–145, S. 228–229, S. 260–263

futurismus – (ab 1909) Die Künstler dieser Bewegung verherrlichten mit ihren radikalen, experimentellen Entwürfen die Geschwindigkeit und den Krieg.
S. 266

glasgow school of art – (ab 1890) Vier Studenten der »Glasgow School of Art« bildeten die Gruppe »The Four«, die eine individuelle Form des Spät-Art-nouveau entwickelte.
S. 142–143, S. 228–229, S. 260–263

gotik – (1140–1500) Dieser Stil mit seinen typischen himmelstrebenden gotischen Spitzbögen der Kirchenbauten breitete sich von Frankreich in den Norden Europas aus.

gute form – (1949–1968) s. Ulmer Schule.

historismus – (1800–1900) Gestaltung, bei der historische Stile zitiert und diese auch eklektizistisch vermischt wurden.
S. 166–173, S. 230–231, S. 254–255

impressionismus – (1860–1900) Die Impressionisten malten in der freien Natur und hielten dabei ihren stark vom momentanen Lichteinfall abhängigen Eindruck fest.

the international style – (1920–1980) Das funktional-moderne Design, das sich aus dem »Bauhausstil« entwickelte, setzte sich weltweit durch, wobei es immer eleganter und luxuriöser wurde.
S. 271

international typographic style – (1920–1968) Anderer Begriff für Schweizer Schule.

japonismus – (1854–1910) Einige abendländische Künstler ließen japanische Kunst mit westlicher Kunst zu einem neuen Stil verschmelzen.
S. 146–155, S. 238–239, S. 258–259

jugendstil – Deutsche Form des Hoch-Art-nouveau, s. Art nouveau

klassizismus – (1760–1830) Die Gestalter des Klassizismus ließen sich von den Formen und Ornamenten der griechischen und römischen Antike inspirieren.
S. 174–179, S. 220–221, S. 252–253

konkrete kunst – (1955–1975) Schweizer Stil in der Malerei, bei dem Gemälde aus geometrischen Farbflächen komponiert wurden.
S. 210–211, S. 274–275

konstruktivismus – (1913–1935) Avantgardistische, stark auf Geometrie und Konstruktion beruhende Stile Europas und Osteuropas, wie Russischer Konstruktivismus, De Stijl, Bauhaus und Elementare Typographie.
S. 096–113, S. 212–219, S. 268–271

kubismus – (ab 1907) Kubistische Künstler stellten Objekte gleichzeitig aus verschiedenen Perspektiven dar und zerlegten sie in geometrische Grundformen.
S. 273

liberty style – Englische Form des Hoch-Art-nouveau, s. Art nouveau.

manierismus – (1520–1600) Dekadente, überspitzte Spätform der Renaissance.
S. 249

memphis – (1981–1988) Mailänder Designkollektiv, das postmoderne, ikonenhafte, ornamentale Möbel entwarf.
S. 202–203, S. 285

minimalismus – (1967–1978) Die Minimal Art beschränkte sich auf das absolut Minimale. In der Malerei führte das zum Color Field Painting, in der Plastik zum Rapport reduzierter, meist geometrischer Körper.

mission style – (1890–1920) Für die amerikanische Form des Arts and Crafts sind kunsthandwerklich gefertigte Objekte in einfachen, eckigen Formen typisch.

S. 164–165
S. 240–241
S. 256–257

moderne – (1880–1940) Literatur-, Kunst-, und Designströmungen Anfang des 20. Jahrhunderts, die mit ästhetischen Normen brachen, jegliche Tradition ablehnten und nach ständiger Innovation strebten.

nazarener – (1840–1890) Diese »Lukasbruderschaft« romantischer Maler orientierte sich wie die Präraffaeliten am Mittelalter. Wegen langer Aufenthalte in Rom wurden sie auch »Deutschrömer« genannt.

das neue design – (1980–1990) Experimentelles, emotionales, kurviges Design. Nach einer Teil-Ausstellung der »Documenta 8« 1987 als Neues Design bezeichnet.

neue sachlichkeit – (1920–1933) Strömung sowohl in der Fotografie als auch in der Malerei, deren Ziel eine möglichst sachliche und objektive Bildsprache war.

S. 213
S. 217

new york school – (1940–1978) New Yorker Stil, der in Grafikdesign und Werbung eingesetzt wurde, von moderner Kunst inspiriert war und oft naiv-spielerisch wirkte.

S. 072–073
S. 076–077
S. 234–235
S. 276–277

op art – (1960–1973) Geometrisch-reduzierte grafische Muster, die durch optische Täuschungen die Illusion von Bewegung und Räumlichkeit erzeugten.

S. 062–063
S. 208–209
S. 279

organisches design – (1940–1960) Das Organische Design nutzt weiche, fließende Formen aus der Natur für ergonomische, funktionale Möbelentwürfe.

S. 068–077
S. 234–235
S. 276–277

pittura metafisica – (1911–1920) Gemälde, v. a. von Giorgio de Chirico, die puppenhafte Gestalten in übernatürlich wirkenden, extrem perspektivischen Kulissen zeigen.

plakatstil – (1895–1925) Plakatmaler entwickelten diesen flächigen Stil von Reklameplakaten. Beim Sachplakat wurde oft nur ein Produkt und der Firmenname dargestellt.

S. 124–131
S. 226–227
S. 264–265

pop art – (1958–1972) Bunte, plakative, von Alltagsdesign und Populärkultur, z.B. Comics, inspirierte Werke von Künstlern aus Großbritannien und den USA.

S. 280

pop design – (1964–1976) Von Pop Art und Psychedelia beeinflusstes, sehr populäres Design mit weichen, abgerundeten Formen und leuchtenden Farben.

S. 050–059
S. 222–223
S. 280–281

postindustrialismus – (1978–1984) Designer kreierten Einzelstücke und Kleinserien, um unabhängig und experimentell arbeiten zu können. Diese Strömung wurde auch als »Das Neue Design« bezeichnet.

postmoderne – (ab 1970) In Literatur, Kunst, Architektur und Design kam es zum Bruch mit der Rationalität der Moderne. Tradition und Individualität wurden wichtige Themen.

S. 034–041
S. 202–203
S. 284–285

präraffaeliten – (1840–1890) Die Maler der Präraffaelitischen Bruderschaft orientierten sich an der mittelalterlichen Kunst vor Raffael und beeinflussten so die Arts-and-Crafts-Bewegung.

S. 256

psychedelia – (ca. 1960–1970) Kunst der Hippie-Bewegung in Amerika. Bildmotive erinnerten an die des Art nouveau, die extrem leuchtenden Farben an den Drogenrausch unter LSD.

punk – (ab Mitte der 70er Jahre) Von New York und London ausgehende provokative und destruktive Bewegung in Musik, Mode und Grafikdesign.

S. 042–049
S. 204–205
S. 282–283

radical design – (1965–1976) Gesellschafts- und konsumkritische Bewegung vor allem im italienischen Design.
S. 204–205 S. 283

renaissance – (1400–1600) Dieser Stil, der auf einer Wiederbelebung des Denkens und der Kunst der Antike beruhte, verbreitete sich von Italien aus über ganz Europa.
S. 188–197 S. 232–233 S. 248–249

rokoko – (1715–1780) Spätform des Barock, die vom üppig-verspielten, kleinteiligen, an Muscheln erinnernden »Rocaillen«-Ornament und Pastellfarben geprägt war.
S. 180–181 S. 242–243 S. 251

romantik – (1800–1850) Die Romantiker versuchten über die naturalistische Darstellung der Natur ihre Gefühle auszudrücken.

russischer konstruktivismus – (1913–1935) Russische Kunstbewegung, die mit ihren radikal modernen Entwürfen die kommunistische Propaganda unterstützte.
S. 098–103 S. 218–219 S. 268 269

schweizer schule – (1920–1968) In der Schweiz entwickelter, klarer und sachlicher Stil im Grafikdesign, der weltweite Dominanz erlangte.
S. 078–085 S. 210–211 S. 274–275

sezessionsstil – Österreichs Bezeichnung für Art nouveau, s. Art nouveau.

swiss style – s. Schweizer Schule.

shaker – (ab ca. 1750) Religionsgemeinschaft in den USA, die aufgrund ihrer Ideale »Ordnung« und »Bescheidenheit« formal schlichte Gebrauchsgegenstände schuf.

space age – (1960–1969) Die Begeisterung für Weltraum und Raumfahrt führte im Design zu einer Vorliebe für die Kugelform und die Farben Weiß und Silber.
S. 060–067 S. 208–209 S. 278–279

stromlinienform – (1930–1950) Amerikanischer Beitrag zum Art déco. Die Form des geringsten Strömungswiderstands ließ Produkte dynamisch und fortschrittlich wirken.
S. 273

suprematismus – (1913–1935) Von Kazimir Malevich entwickeltes Kunstsystem, das auf die reine Abstraktion, also geometrische Elementarformen reduziert war.
S. 218–219 S. 269

surrealismus – (1924–1945) Surrealisten setzten sich mit dem Überwirklichen und Unbewussten auseinander und schufen Bilder, die an Szenen aus Träumen erinnerten.

symbolismus – (1880–1900) Die Symbolisten versuchten innere Empfindungswelten darzustellen und Sinnbilder bzw. Symbole mit mystischem Charakter zu schaffen.
S. 261

ulmer schule – (1953–1968) Die »Hochschule für Gestaltung Ulm« sah sich in der Nachfolge des Bauhauses und verfolgte einen rationalen, funktionalen Ansatz im Design.
S. 210–211 S. 274–275

ukiyo-e – (1953–1968) Die japanische Kunst der Gestaltung von Holzdrucken, die durch Linie, Fläche, Weißraum und den Verzicht auf Plastizität geprägt war.
S. 238–239 S. 258–259

victorian style – (1830–1900) Der Stil des Viktorianischen Zeitalters, der Regentschaft Königin Victorias in Großbritannien. Historische Stilzitate wurden vermischt mit neuen Schriftentwicklungen, s. Historismus.
S. 168–169 S. 230–231 S. 254–255

vortizismus – (1912–1915) Britische Avantgarde-Bewegung, deren dynamische Kompositionen aus scharfen geometrischen Formen, wie z.B. in ihrem Journal »Blast«, denen von Kubismus und Futurismus ähnelten.

wiener werkstätte – (1903–1932) Kunsthandwerkliche Manufaktur in Wien, in der im Spät-Art-nouveau-Stil gehaltene Entwürfe hergestellt wurden.
S. 144–145 S. 228–229 S. 263

western style – (1830–1900) Amerikanisches Grafikdesign zur Zeit des Wilden Westens. Poster wurden meist mit den neuartigen Holzlettern in großen Schriftgrößen rein typografisch gestaltet.
S. 170–171 S. 230–231 S. 254–255

RETRO SUPPORT

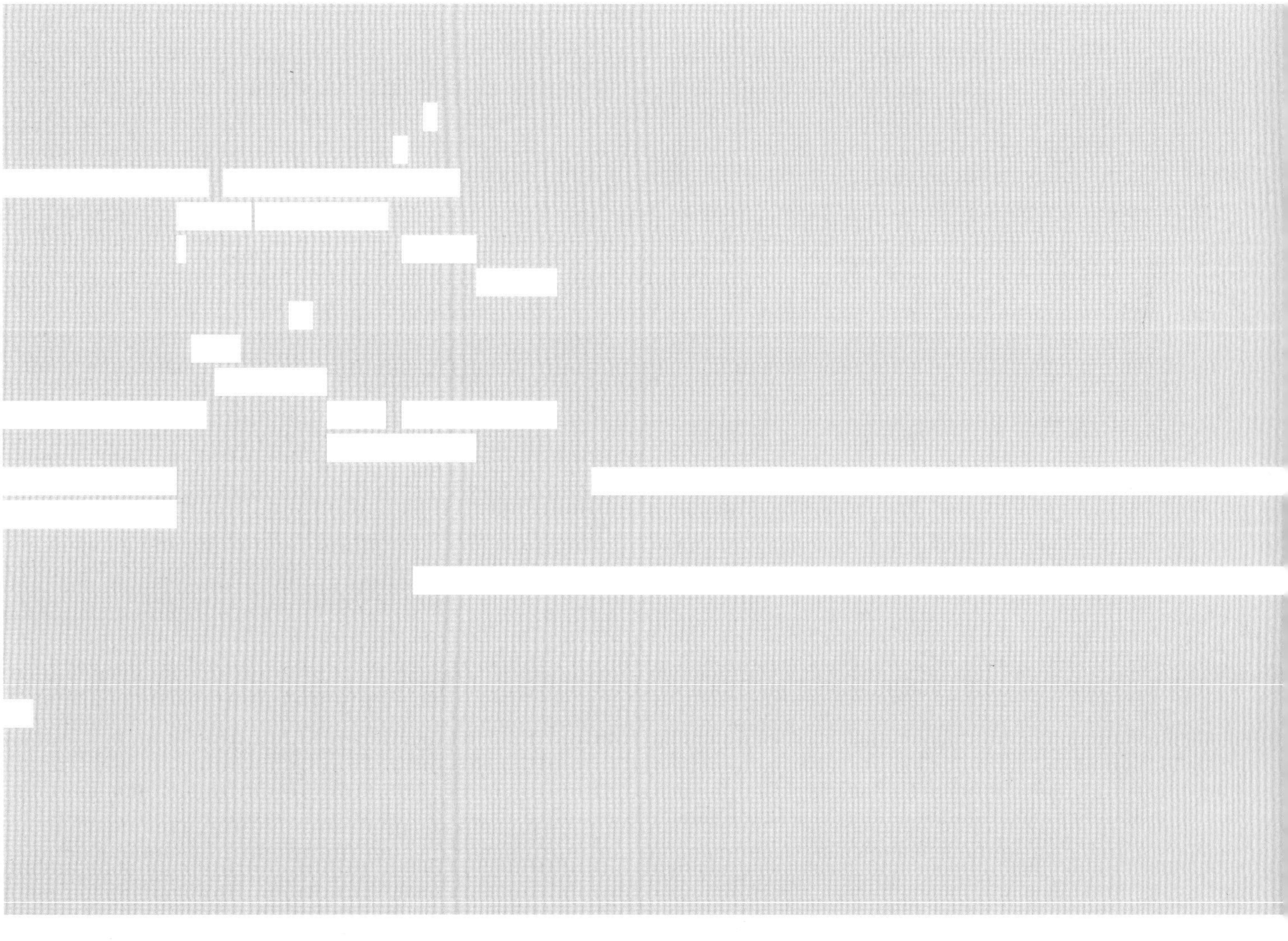

BIBLIOGRAFIE
REGISTER
BILDNACHWEIS

QUELLEN

allgemein

Abendroth, Uta; Phillips, Karin Beate; Pixis, Christian; Polster, Bernd (Ed.); Steinbach, Volker, das designbuch. 1 Jahrhundert, 400 Designer, 1000 Objekte, Augsburg: Battenberg 1999.

Albus, Volker; Kras, Reyer; Woodham, Jonathan M. (Ed.), Design! Das 20. Jahrhundert, München: Prestel 2000.

Baatz, Wilfried, Geschichte der Fotografie. Schnellkurs, 4. Aufl., Köln: DuMont Literatur und Kunst Verlag 2004.

Baines, Phil, Penguin by Design, A Cover Story 1935–2005, London: Penguin Books 2005.

Bhaskaran, Lakshmi, Designs of the Times. Using Key Movements and Styles for Contemporary Design, Mies: RotoVision 2005.

Blackwell, Lewis, 20th Century Type, revised edition, London: Laurence King 2004.

Bos, Ben & Elly (Ed.), Alliance Graphique Internationale, Graphic Design Since 1950, London: Thames & Hudson 2007.

Boucher, François, 20,000 Years of Fashion. The history of costume and personal adornment, Expanded edition, New York: Harry N. Abrams 1987.

Breuer, Gerda, Die Erfindung des Modernen Klassikers. Avantgarde und ewige Aktualität, Ostfildern-Ruit: Hatje Cantz Verlag 2001.

Bürdek, Bernhard E., Design. Geschichte, Theorie und Praxis der Produktgestaltung, Basel: Birkhäuser Verlag 2005.

Chwast, Seymour; Heller, Steven, Graphic Style. From Victorian to Post-Modern, New York: Harry N. Abrams 1988.

Conran, Terence, Design, Köln: DuMont Buchverlag 1997.

Couturier, Élizabeth, le design hier, aujourd'hui, demain. mode d'emploi, Levallois-Perret: HFA/Éditions Filipacchi 2006.

Davanzo Poli, Doretta, Twentieth Century Fabrics, European and American Designers and Manufacturers, Milano: Skira Editore 2007.

Eskilson, Stephen J., Graphic Design. A new history, London: Laurence King 2007.

Fiell, Charlotte & Peter (Ed.), Contemporary Graphic Design, Köln: Taschen Verlag 2007.

Fiell, Charlotte & Peter, Design des 20. Jahrhunderts, Köln: Taschen Verlag 2000.

Fiell, Charlotte & Peter, Design Handbook. Konzepte, Materialien, Stile, Köln: Taschen Verlag 2006.

Fiell, Charlotte & Peter, Graphic Design for the 21st Century, Köln: Taschen Verlag 2003.

Friedl, Friedrich; Ott, Nicolaus; Stein, Bernard (Ed.), Typography. when who how, Köln: Könemann Verlagsgesellschaft 1998.

Guidot, Raymond, Die Entwicklung der modernen Gestaltung, Stuttgart: Deutsche Verlags-Anstalt 1994.

Guffey, Elizabeth E., Retro. The Culture of Revival, London: Reaktion Books 2006.

Hauffe, Thomas, Design. Schnellkurs, 6. Aufl., Köln: DuMont Literatur und Kunst Verlag 2002.

Heller, Steven, Merz to Emigre and Beyond. Avant-Garde Magazine Design of the Twentieth Century, London: Phaidon 2003.

Heller, Steven; Anderson, Gail, New Vintage Type, London: Thames & Hudson 2007.

Hillier, Bevis, The Style of the Century. 1900–1980, London: Herbert 1983.

Honour, Hugh; Fleming, John, Weltgeschichte der Kunst, 6. Aufl., Prestel 2000.

Jones, Owen, The Grammar of Ornament, London: 1856.

Klant, Michael, Bildende Kunst 3. Sehen. Verstehen. Gestalten, Hannover: Schroedel Schulbuchverlag 1995.

Krauße, Anna-Carola, Geschichte der Malerei von der Renaissance bis heute, Köln: Könemann Verlagsgesellschaft 1995.

Kuhl, Isabel, Epochen der Kunst. Schnellkurs, Köln: DuMont Literatur und Kunst Verlag 2007.

Kurlansky, Mervyn, Masters of the 20th century. The Icograda Design Hall of Fame, New York: Graphics 2001.

Lampugnani, Vittoria Magnago (Ed.), Lexikon der Architektur des 20. Jahrhunderts, Stuttgart: Verlag Gerd Hatje 1983.

Le Coultre, Martijn F.; Purvis, Alston W., A Century of Posters, The Netherlands: V+K Publishing 2003.

Lehnert, Gertrud, Geschichte der Mode des 20. Jahrhunderts, Köln: Könemann Verlagsgesellschaft 2000.

Lewandowsky, Pina, Grafikdesign. Schnellkurs, Köln: DuMont Buchverlag 2006.

Livingston, Alan & Isabella, The Thames & Hudson Dictionary of Graphic Design and Designers, London: Thames & Hudson 2003.

Lupton, Ellen, thinking with type, New York: Princeton Architectural Press 2004.

McDermott, Catherine, Design A–Z. Designmuseum London, München: arsEdition 1999.

Meggs, Philip B., A History of Graphic Design, 3. Aufl., New York: John Wiley & Sons 1998.

Meyerson, Jeremy; Vickers, Graham (Ed.), Rewind. Forty Years of Design & Advertising, London: Phaidon 2002.

Mollerup, Per, Marks of Excellence. The history and taxonomy of trademarks, London: Phaidon 1997.

Pevsner, Nikolaus, Wegbereiter moderner Formgebung von Morris bis Gropius, Köln: DuMont Buchverlag 2002.

Plazy, Gilles, Geschichte der Kunst in Bildern, München: Prestel 2000.

Purvis, Alston W.; de Jong, Cees W., Dutch Graphic Design. A century of innovation, London: Thames & Hudson 2006.

Racinet, Albert Charles Auguste, L'Ornement Polychrome. Cent planches en couleurs or et argent contenant environ 2.000 motifs de tous les styles. Art ancien et asiatique, Moyen Age, Renaissance, XVII et XVIII siècle. Recueil historique et pratique. Avec des notices explicatives, Paris: Librairie de Firmin Didot 1869.

Raizman, David, History of Modern Design. Graphics and Products since the Industrial Revolution, London: Laurence King 2003.

Riley, Noel, The Elements of Design. The Development of Design and Stylistic Elements from the Renaissance to the Postmodern Era, London: Mitchell Beazley 2003.

Ruhrberg, Schneckenburger, Fricke, Honnef (Ed.), Kunst des 20. Jahrhunderts, Köln: Taschen Verlag 2000.

Ryan, David, Letter Perfect. The Art of Modernist Typography 1896–1953, The Minneapolis Institute of Arts 2001.

Schepers, Wolfgang; Schmitt, Peter (Ed.), Das Jahrhundert des Design. Geschichte und Zukunft der Dinge, Frankfurt am Main: Anabas Verlag 2000.

Schmidt, Petra; Tietenberg, Annette; Wollheim, Ralf (Ed.), Patterns. Muster in Design, Kunst und Architektur, Edition Form, Basel: Birkhäuser Verlag 2005.

Schneider, Beat, Design – Eine Einführung. Entwurf im sozialen, kulturellen und wirtschaftlichen Kontext, Basel: Birkhäuser Verlag 2005.

Tambini, Michael, Designklassiker des 20. Jahrhunderts, Starnberg: Dorling Kindersley 2000.

Tietz, Jürgen, Geschichte der Architektur des 20. Jahrhunderts, Köln: Könemann Verlagsgesellschaft 1998.

Walther, Ingo F. (Ed.), Kunst des 20. Jahrhunderts. Malerei. Skulpturen und Objekte. Neue Medien. Fotografie, Köln: Taschen Verlag 2000.

Weidemann, Kurt, Wo der Buchstabe das Wort führt, Ostfildern: Cantz Verlag 1994.

Wichmann, Heinrich, Deutsche Ornamentfibel, Leipzig: Staackmann Verlag 1950.

Wlassikoff, Michel, The Story of Graphic Design in France, Gingko Press 2005.

Woodham, Jonathan M., Twentieth-Century Ornament, London: Studio Vista 1995.

renaissance

Brauchitsch, Boris von, Renaissance. Schnellkurs, Köln: DuMont Buchverlag 1999.

Conti, Flavio, Wie erkenne ich Renaissance Kunst? Architektur Skulptur Malerei, Bindlach: Gondrom Verlag 1991.

Gruber, Alain (Ed.), The History of Decorative Arts. The Renaissance and Mannerism in Europe, Paris: Abbeville Press 1994.

Marani, Pietro C., Leonardo. Das Werk des Malers, München: Schirmer/Mosel 2005.

Toman, Rolf (Ed.), Die Kunst der italienischen Renaissance, Köln: Tandem Verlag 2005.

barock/rokoko

Friedrich, Verena, Rokoko in der Residenz Würzburg, Forschungen zur Kunst- und Kulturgeschichte Band IX, München: Bayerische Verwaltung der staatlichen Schlösser, Gärten und Seen 2004.

Hoffmann, Thomas R., Wie erkenne ich? Die Kunst des Rokoko, Stuttgart: Belser Verlag 2006.

Kammerlohr, Epochen der Kunst. Band 3: 15.–18. Jahrhundert. Von der Frührenaissance zum Rokoko, München: Oldenbourg 1996.

Panofsky, Erwin: Was ist Barock?, Berlin: Philo & Philo Fine Arts 2005.

Scott, Katie, The Rococo Interior. New Haven: The University Press 1995.

Toman, Rolf (Ed.), Die Kunst des Barock. Architektur Skulptur Malerei, Köln: Tandem Verlag 2004.

klassizismus

Gruber, Alain (Ed.), L'art décoratif en Europe. Du Néoclassicisme à l'Art Déco, Paris: Éditions Citadelles & Mazenod 1994.

Kammerlohr, Epochen der Kunst. Band 4: 19. Jahrhundert. Vom Klassizismus zu den Wegbereitern der Moderne, München: Oldenbourg Verlag 1994.

Lucius, Wulf D. & Akka v. (Ed.), Anmut und Würde, Bücher und Leben um 1800, Niedersächsische Staats- u. Universitätsbibliothek Göttingen/Württembergische Landesbibliothek Stuttgart 2006.

Ottomeyer, Hans; Schröder, Albrecht; Winters, Laurie (Ed.), Biedermeier. Die Erfindung der Einfachheit, Ostfildern: Hatje Cantz Verlag 2006.

historismus

Cooper, Nicholas, The opulent eye. Late Victorian & Edwardian Taste in interior design, London: The Architectural Press 1976.

Gray, Nicolete, Nineteenth Century Ornamented Typefaces, London: Faber and Faber 1976.

Hornung, Clarence P., Handbook of Early Advertising Art, New York: Dover Publications 1956.

Jervis, Simon, High Victorian Design, Suffolk: Boydell Press 1983.

Kelly, Rob Roy, American Wood Type. 1828–1900, Reprint of the ed. published by Van Nostrand Reinhold, New York 1969.

Mclean, Ruari, Victorian Publisher's Book-Bindings in Paper, London: The Gordon Fraser Gallery 1983.

Mundt, Barbara, Historismus. Kunstgewerbe zwischen Biedermeier und Jugendstil, München: Keysersche Verlagsbuchhandlung 1981.

Schaefer, Herwin, Nineteenth Century Modern. The functional tradition in Victorian Design, New York: Praeger Publishers 1970.

Technisches Museum Wien, Massenware Luxusgut. Technik und Design zwischen Biedermeier und Wiener Weltausstellung 1804–1873, Wien 2004.

The Crystal Palace Exhibition. Illustrated Catalogue. London 1851, an unabridged republication of the Art Journal Special Issue, New York: Dover Publications 1970.

Tiggesbäumker, Günter (Ed.), Prachteinbände des Historismus aus der fürstlichen Bibliothek zu Corvey, Münster: Aschendorff 1995.

arts and crafts

Cumming, Elizabeth; Kaplan, Wendy, The Arts and Crafts Movement, London: Thames & Hudson 1991.

Naylor, Gillian (Ed.), William Morris by himself. Designs and writings, London: Macdonald & Co 1998.

Naylor, Gillian: The arts and crafts movement. London: Studio Vista 1971.

Parry, Linda (Ed.), William Morris, London: Philip Wilson Publishers 1996.

Peterson, William S., William Morris. Das ideale Buch, Göttingen: Steidl Verlag 1986.

Waggoner, Diane, The Beauty of Life. William Morris and the Art of Design, London: Thames & Hudson 2005.

japonismus

Feller Ives, Colta, The Great Wave. The Influence of Japanese Woodcuts on French Prints, New York: The Metropolitan Museum of Art 1974.

Kirsch, Karin, Die neue Wohnung und das alte Japan. Architekten planen für sich selbst, Stuttgart: Deutsche Verlags-Anstalt 1996.

Mehrmann, Bruno (Ed.), Aubrey Beardsley. Der Bauchtanz. 422 Zeichnungen, Frankfurt: Verlag Zweitausendeins Schauberg 1979.

Néret, Gilles, Aubrey Beardsley, Köln: Taschen Verlag 1998.

Starke, Ottmar, Japanische Farbenholzschnitte, Berlin: Deutsche Buch-Gemeinschaft 1961.

Wichmann, Siegfried, Japonismus. Ostasien – Europa. Begegnungen in der Kunst des 19. und 20. Jahrhunderts, Herrsching: Schuler Verlagsgesellschaft mbH 1980.

art nouveau

Buffet-Challié, Laurence, The Art Nouveau Style, London: Academy Editions 1982.

Dewiel, Lydia L., Jugendstil. Schnellkurs, Köln: DuMont Literatur und Kunst Verlag 2002.

Fahr-Becker, Gabriele, Wiener Werkstätte 1903–1932, Köln: Taschen Verlag 1994.

Hansen, Traude, Wiener Werkstätte. Mode Stoffe Schmuck Accessoires, Wien/München: Edition Christian Brandstätter 1984.

Hofstätter, Hans H., Jugendstil Druckkunst, Baden-Baden: Holle-Verlag 1968.

Lieb, Stefanie, Was ist Jugendstil? Eine Analyse der Jugendstilarchitektur 1890–1910, Darmstadt: Wissenschaftliche Buchgesellschaft 2000.

Schmutzler, Robert, Art Nouveau. Jugendstil, Stuttgart: Verlag Gerd Hatje 1977.

Spielmann, Heinz, Jugend 1896–1940. Zeitschrift einer Epoche, Dortmund: Harenberg Kommunikation 1988.

Sterner, Gabriele, Kunstformen zwischen Individualismus und Massengesellschaft, Jugendstil, Köln: Verlag M. DuMont Schauberg 1975.

Wallis, Mieczyslaw, Jugendstil, München: Keysersche Buchhandlung 1974.

Warren, Geoffrey, Jugendstil, Wiesbaden: Emil Vollmer Verlag 1972.

Weisberg, Gabriel P., Art Nouveau Bing. Paris Style 1900, New York: Harry N. Abrams Publishers, in association with the Smithonian Institution Traveling Exhibition Service 1986.

Wichmann, Siegfried, Jugendstil Floral Funktional in Deutschland und Österreich und den Einflussgebieten, Herrsching: Schuler Verlagsgesellschaft 1984.

Wilhide, Elisabeth, The Mackintosh Style, London: Pavilion Books Limited 1998.

Zahn, Eva (Ed.), Facsimile Querschnitt durch die Jugend, Bern: Scherz Verlag o. J.

plakatstil

Burckhardt, Lucius (Ed.), Der Werkbund. In Deutschland, Österreich und der Schweiz. Form ohne Ornament, Stuttgart: Deutsche Verlags-Anstalt 1978.

Gallo, Max, Geschichte der Plakate, Herrsching: Verlag Manfred Pawlak 1975.

Heller, Steven; Fili, Louise, German Modern. Graphic Design from Wilhelm to Weimar, San Francisco: Chronicle Books 1998.

Junghanns, Kurt, Der Deutsche Werkbund. Sein erstes Jahrzehnt, Berlin: Henschelverlag Kunst und Gesellschaft 1982.

Meißner, Jörg (Ed.), Strategien der Werbekunst 1850–1933, Berlin: Deutsches Historisches Museum 2004.

Nerdinger, Winfried (Ed.), 100 Jahre Deutscher Werkbund. 1907–2007, München: Prestel 2007.

Rademacher, Hellmut, Das deutsche Plakat. Von den Anfängen bis zur Gegenwart, Dresden: VEB Verlag der Kunst 1965.

Schindler, Herbert, Monografie des Plakats. Entwicklung Stil Design, München: Süddeutscher Verlag 1972.

Schneck, Adolf G., Neue Möbel vom Jugendstil bis heute, München: Verlag F. Bruckmann 1962.

dada

Dickermann, Leah (Ed.), Dada. Zurich Berlin Hannover Cologne New York Paris, Washington: National Gallery of Art 2006.

Kuenzli, Rudolf (Ed.), Dada, London: Phaidon 2006.

Museo Nacional Centro de Arte Reina Sofía, Hannah Höch, Madrid: Ediciones Aldeasa 2004.

Roters, Eberhard, Artikel »Dada. Von jedem Affen gebissen« in art 4/94, S. 30–39.

konstruktivismus

Anikst, Mikhail, Sowjetisches Reklamedesign der zwanziger Jahre, München: Bangert Verlag 1982.

Arts Council of Great Britain, Art in Revolution. Soviet Art and Design since 1917, London: Hayward Gallery 1971.

Bauhaus-Archiv, Sammlungs-Katalog 1981, 3. Aufl., Berlin: Gebr. Mann Verlag 1987.

Bauhaus-Heft der Zeitschrift Offset-Buch- und Werbekunst, München: Kraus Reprint München 1980.

Bois, Yve-Alain; Rudenstine, Angelica Zander (Ed.); Piet Mondrian. 1872–1944, Bern: Benteli Verlag 1995.

Borchardt-Hume, Achim, Albers and Moholy-Nagy. From the Bauhaus to the New World, London: Tate Publishing 2006.

Brüning, Ute (Ed.) für das Bauhaus-Archiv Berlin, Das A und O des Bauhauses. Bauhauswerbung: Schriftbilder, Drucksachen, Ausstellungsdesign, Edition Leipzig 1995.

Bürgi, Bernhard (Ed.), Rot Gelb Blau. Die Primärfarben in der Kunst des 20. Jahrhunderts, Stuttgart und Sulgen: Verlag Gerd Hatje, Verlag Arthur Niggli 1988.

Dabrowski, Magdalena; Dickerman, Leah; Galassi, Peter, Aleksandr Rodchenko, New York: The Museum of Modern Art 1998.

De Stijl. 1917–1932. De Stijl Art and Environment of Neoplasticism, Tokyo: Kawade Shobo Shinsha 1998.

Droste, Magdalena, bauhaus. bauhaus archiv. 1919–1933, Köln: Taschen Verlag 1998.

Duncan, Alastair, modernism. modernist design 1880–1940. The Norwest Collection, Minneapolis: Norwest Corporation 1998.

Fiedler, Jeannine; Feierabend, Peter (Ed.): Bauhaus, Köln: Könemann Verlagsgesellschaft 1999.

Finkeldey, Bernd; Hemken, Kai Uwe; Stommer, Rainer (Ed.), K.I. Konstruktivistische Internationale 1922–27. Utopien für eine europäische Kultur, Stuttgart: Verlag Gerd Hatje 1992.

Fleischmann, Gerd (Ed.), bauhaus. drucksachen typographie reklame, Stuttgart: Oktagon Verlag 1995.

Friedman, Mildred (Ed.), De Stijl. 1917–1931. Visions of Utopia, 3. Aufl., Oxford: Phaidon 1988.

Herzogenrath, Wulf (Ed.), bauhaus utopien. Arbeiten auf Papier, Stuttgart: Edition Cantz 1988.

Khan-Magomedov, Selim O., Vhutemas. Moscou 1920–1930, Volume 2, Paris: Editions du Regard 1990.

Khan, Hasan-Uddin; Jodido, Philip (Ed.), International Style. Architektur der Moderne 1925–1965, Köln: Taschen Verlag 2001.

Lawrentjew, Alexander; Khan-Magomedow, Selim O.; Stepanowa, Warwara, Rodchenko. Spatial Constructions. Raumkonstruktionen, ed.: galerie gmurzynska, Köln, Ostfildern-Ruit: Hatje Cantz 2002.

Lissitzky, El; Arp, Hans, Die Kunstismen, Nachdruck der Ausgabe von 1925, New York: Arno Press 1968.

Lissitzky-Küppers, Sophie, El Lissitzky. Maler Architekt Typograf Fotograf, Dresden: Verlag der Kunst 1992.

Noever, Peter (Ed.), Alexander M. Rodtschenko. Warwara Stepanowa. Die Zukunft ist unser einziges Ziel, München: Prestel 1991.

Otto, Elizabeth, Tempo, Tempo! Bauhaus-Photomontagen von Marianne Brandt, Berlin: Bauhaus-Archiv, Jovis Verlag 2005.

Overy, Paul, De Stijl, London: Thames & Hudson 1991.

Papanikolaou, Miltiades (Ed.), Licht und Farbe in der Russischen Avantgarde. Die Sammlung Costakis aus dem Staatlichen Museum für zeitgenössische Kunst Thessaloniki, Köln: DuMont Literatur und Kunst Verlag 2004.

Rothenstein, Julian; Gooding, Mel, abz. im bann der buchstaben. typografische fundstücke aus der zeit der elementaren typographie, Verlag Hermann Schmidt Mainz 2003.

Rowell, Margit; Wye, Deborah, The Russian Avantgarde Book 1910–1934, New York: The Museum of Modern Art, Harry N. Abrams 2002.

Tschichold, Iwan, typographische mitteilungen. sonderheft elementare typographie, oktoberheft 1925, Nachdruck: Verlag Hermann Schmidt Mainz 1986.

Tschichold, Jan, Die neue Typographie, Faks.-Nachdr. der 1. Aufl. von 1928, Berlin: Brinkmann & Bose 1987.

Wingler, Hans M., Das Bauhaus. 1919–33 Weimar Dessau Berlin und die Nachfolge in Chicago seit 1937, 3. Aufl., Verlag Gebr. Rasch & Co., Köln: M. DuMont Schauberg 1975.

Zhadow, Larissa A., Malevich. Suprematism and Revolution in Russian Art 1910–1930, London: Thames & Hudson 1982.

art déco

Benton, Charlotte & Tim, Art deco 1910–1939, London: V&A Publications 2003.

Duncan, Alastair, Encyclopedia of Art Deco, London: Quantum Books 1998.

Hillier, Bevis; Escritt, Stephen, Art deco, Stuttgart: Deutsche Verlags-Anstalt 1997.

Mouron, Henri (Ed.), Cassandre. Plakatmaler, Typograph, Bühnenbildner, München: Schirmer/Mosel 1985.

schweizer schule

Hollis, Richard, Schweizer Grafik. Die Entwicklung eines internationalen Stils. 1920–1965, Basel: Birkhäuser Verlag 2006.

Krampen, Martin, Otl Aicher. 328 Plakate für die Ulmer Volkshochschule, Berlin: Ernst & Sohn 2000.

Moos, Stanislaus von; Campana, Mara; Bosoni, Giampero, Max Huber, London: Phaidon 2006.

Odermatt & Tissi Graphic Design, Zürich: Waser-Verlag 1993.

organisches design

Borngräber, Christian, Stil Novo. Design in den 50er Jahren. Phantasie und Phantastik, Frankfurt: Verlag Dieter Fricke 1979.

Fiell, Charlotte & Peter, Scandinavian Design, Köln: Taschen Verlag 2005.

Heller, Steven, Paul Rand, Verlag Hermann Schmidt Mainz 1999.

Marcus, George H. (Ed.), Design in the Fifties. When Everyone Went Modern, München: Prestel 1998.

Rand, Paul, A Designer's Art, New Haven and London: Yale University Press 1985.

space age

Garner, Philippe, Sixties Design, Köln: Taschen Verlag 1996.

Jackson, Lesley, The Sixties. Decade of Design Revolution, London: Phaidon 1998.

Koetzle, Michael (Ed.), twen. Revision einer Legende, München: Klinkhardt & Biermann 1995.

Topham, Sean (Ed.), Where's my Space Age? the rise and fall of futuristic design, München: Prestel 2003.

pop

Caspers, Markus, 70er. Einmal Zukunft und zurück. Utopie und Alltag 1969–1977, Köln: DuMont Buchverlag 1997.

Faulstich, Werner (Ed.), Die Kultur der Siebziger Jahre, München: Wilhelm Fink Verlag 2004.

Grunenberg, Christoph, Summer of Love. Psychedelische Kunst der 60er Jahre, Ostfildern-Ruit: Hatje Cantz 2005.

Lemke, Gayle, The Art of the Fillmore 1966–1971, Petaluma: Acid Test Productions 1997.

Snyder, Gertrude; Peckolick, Alan (Ed.), Herb Lubalin. Art Director, Graphic Designer and Typographer, New York: American Showcase 1985.

Vegesack, Alexander von (Ed.), Airworld, Weil am Rhein: Vitra Design Museum 2004.

punk

Burkhardt Seiler & Friends (Ed.), The Album Cover Art of Punk, Zürich: Edition Olms 1998.

Kunsthalle Wien; Matt, Gerald; Mießgang, Thomas (Ed.), Punk. No one is innocent. Kunst – Stil – Revolte, Nürnberg: Verlag für moderne Kunst 2008.

Poynor, Rick (Ed.), Communicate: Independent British Graphic Design since the Sixties, London: Laurence King 2004.

Schluttenhafner, Pit; Klaußenborg, Rainer (Ed.), Graffiti Art. Deutschland. Germany, Berlin: Schwarzkopf & Schwarzkopf 1994.

Turcotte, Bryan Raymond (Ed.), Punk is dead Punk is everything, Berkeley: Gingko Press 2007.

postmoderne

Collins, Michael; Papadakis, Andreas (Ed.), Post-Modern Design, New York: Rizzoli International Publications 1989.

Jencks, Charles, Die Sprache der postmodernen Architektur, Stuttgart: Deutsche Verlags-Anstalt 1978.

Pauser, Susanne (Ed.), Neon, Pacman und die Yuppies. Ein Bilderbuch der achtziger Jahre, Wien: Böhlau Verlag 2001.

Poynor, Rick, No More Rules. Graphic Design and Postmodernism, London: Laurence King 2003.

Wozencroft, Jon (Ed.), The Graphic Language of Neville Brody 2, London: Thames & Hudson 1994.

dekonstruktivismus

Blackwell, Lewis (Ed.), David Carson. The end of print, München: Bangert Verlag 1995.

Blackwell, Lewis (Ed.), David Carson. The end of print. phase 2, München: Bangert Verlag 1997.

Blackwell, Lewis; Brody, Neville (Ed.), G1. Trendbuch für neue Grafik 1996/97, München: Bangert Verlag 1996.

Engelmann, Peter (Ed.): Postmoderne und Dekonstruktion, Stuttgart: Reclam 1999.

Fontana-Giusti, Gordana; Schumacher, Patrik (Ed.), Zaha Hadid. Das Gesamtwerk, Basel: Birkhäuser Verlag 2005.

Johnson, Philip; Wigley, Mark, Dekonstruktivistische Architektur, Stuttgart: Verlag Gerd Hatje 1988.

Schneider, Bernhard, Daniel Libeskind. Jüdisches Museum Berlin, München: Prestel 1999.

von links nach rechts

RETRO PREVIEW

002–003 > © Luc Merx, Torsten Bodschwinna, Supported by fonds BKVB, Amsterdam; www.rokokorelevanz.de **004–005** > © Eduard Cehovin; www.cehovin.com **006–007** > © LivaLike, Phoebe Helmbold; www.livalike.com; photo: Lea Lin Böhmer **008–009** > © Raphaël Garnier; www.raphaelgarnier.com **010–011** > © Mads Berg; www.madsberg.dk **012–013** > © achta design **020–021** > © Grundig Intermedia GmbH > © Fiat Automobil AG; www.fiat.de > © Valerio Cometti, V12 Design; Brionvega; www.brionvega.tv > © Valerio Cometti, V12 Design; Brionvega > © Wolfgang's Vault; www.wolfgangsvault.com > © Creme 21 GmbH, Bad Homburg; www.creme21.com > © Paula Scher; www.pentagram.com **022–023** private collection > © Belén Mena; www.belenmena.com; Verlag Hermann Schmidt Mainz > © Uwe Loesch; www.uweloesch.de > © photo: Martin Kvamme > © The Unit Delta Plus™, Martin Kvamme; www.unitdeltaplus.com; photo: Observatoriet > © Zaha Hadid Architects; www.zaha-hadid.com > © Luc Merx, Stefan Rinnebach, TU Kaiserslautern, Gagat international; www.rokokorelevanz.de > © Zaha Hadid Architects > The Metropolitan Museum of Art; Purchase, Theodore R. Gamble Jr. Gift, in honor of his mother, Mrs. Theodore Robert Gamble, 1986 (1986.413.2) Image © The Metropolitan Museum of Art > © Zaha Hadid; Sawaya & Moroni; www.sawayamoroni.com

RETRO DESIGN

028–029 > © achta design **030–031** > © Daniel Libeskind; www.daniel-libeskind.com > © Keren and Golan Graphic Design; www.01kg.com > © Non-Format; www.non-format.com **032–033** > © Tomato; www.tomato.co.uk > © Jeehwan Yeo **034–035** > © achta design **036–037** > © April Greiman; www.madeinspace.la; Warner Records > © Martin Lambie-Nairn; www.lambie-nairn.com > © Hugh Frost, Samuel Bebbington > © Circleculture Cc: GmbH; www.circleculture.com **038–039** > © Jayme Odgers: www.jaymeodgers.com; April Greiman; www.madeinspace.la > © Steven Harrington; www.stevenharrington.com **040–041** > © Colin Forbes; www.pentagram.com > © serial cut™; www.serialcut.com > © Alain Rodriguez; www.pipiparade.com > © serial cut™; www.serialcut.com **042–043** > © achta design **044–045** > From PUNK is DEAD PUNK is EVERYTHING! By Bryan Ray Turcotte © Kill Your Idols, Inc./Gingko Press ISBN 978-1-58423-108-0 > © Frank Höhne; www.frankhoehne.de **046–047** > From PUNK is DEAD PUNK is EVERYTHING! By Bryan Ray Turcotte © Kill Your Idols, Inc./Gingko Press ISBN 978-1-58423-108-0 > © Julian House; www.intro-uk.com > © Büro International London, Oliver Klimpel; www.burointernational.co.uk **048–049** > © Mark Perry; www.markperry.freeuk.com > © Scott King; www.scottking.co.uk; Images appear courtesy of Galleria Sonia Rosso, Turin and Herald St, London **050–051** > © achta design **052–053** > Guy Monreals, Alalas Fernseh-Spiel, Verlag Sauerländer Aarau und Frankfurt/Main > © Steve Scott; www.stevescott.com.au > © Airside; www.airside.co.uk **054–055** > © Milton Glaser; www.miltonglaser.com > congstar GmbH **056–057** > © Verner Panton Design, Basel; www.vitra.com, photo: Hans Hannsen > © Martin Sharp > © Non-Format; www.non-format.com > © Satyendra Pakhalé; www.cappellini.it > © Karim Rashid; www.ferlea.com **058–059** > photo: achta design > © Verner Panton Design, Basel; www.verner-panton.com > © Rinzen; www.rinzen.com **060–061** > © achta design **062–063** > © Pirelli > © ralph richter/archenova **064–065** > private collection > © Thormar Melsted **066–067** > © William Klein; private collection > © Christian Ghion; www.christianghion.com **068–069** > © achta design **070–071** > © Vitra Collections AG > private collection > © Tokujin Yoshioka; www.tokujin.com; photo: Tom Vack > © Fabio Novembre; www.novembre.it > © Joris Laarman; www.jorislaarman.com **072–073** > private collection > © SAKO Architects; www.sksk.cn > © SAKO Architects, photo: Minoru Iwasaki **074–075** > © Frei Otto Atelier Warmbronn > © Knoll, Inc. > © Ronan & Erwan Bouroullec; photo: Paul Tahon > © www.vitra.com **076–077** > © Designmuseum, London > © Tina Berning; www.tinaberning.de > © HendersonBromsteadArt; www.hendersonbromsteadart.com **078–079** > © achta design **080–081** > © Ernst Hiestand; www.hiestanddesign.ch > © Sigi Odermatt, Designer AGI, Odermatt & Tissi, Schipfe 45, CH-8001 Zürich > © Claus Koch™; OC Oerlikon Management AG **082–083** > © Franco Grignani > © Ken Garland; www.kengarland.co.uk > © Boros; www.boros.de > © Marc S. Levitt, Sheri L. Koetting; www.mslk.com **084–085** > private collection > © The Estate of Herbert Matter/Fotostiftung Schweiz, Winterthur > © Paula Scher; www.pentagram.com > © Rafael Esquer; www.alfalfastudio.com **086–087** > © achta design **088–089** > photo: Les Arts Décoratifs, Paris/Jean Collas (UAM) > © KMS TEAM, München; adidas AG, Herzogenaurach; photo: Johannes Marburg, Genf **090–091** MOURON. CASSANDRE. Lic2009-26-01-01; www.cassandre.fr > © Ricky Tillblad; www.ziongraphics.com > © Steve Scott; www.stevescott.com.au **092–093** > MOURON. CASSANDRE. Lic2009-26-01-01; www.cassandre.fr > © Why Not Associates; www.whynotassociates.com > © LOGO Projektagentur; www.logo-projektagentur.de **094–095** > © VG Bild-Kunst, Bonn 2009; Collezione Davide Campari, Milano > © Takenobu Igarashi; www.igarashistudio.com > © agence marc praquin; www.praquin.com > © Zaha Hadid Architects; www.zaha-hadid.com **096–097** > © achta design **098–099** > © VG Bild-Kunst, Bonn 2009; Museum Folkwang Essen > Dextro; www.dextro.org **100–101** > photo: achta design > © VG Bild-Kunst, Bonn 2009; private collection > © Lutz Widmaier; www.schmidwidmaier.de **102–103** > © VG Bild-Kunst, Bonn 2009; private collection > © VG Bild-Kunst, Bonn 2009; private collection > © Domino Records > © Paula Scher; www.pentagram.com > © Hendrik Hellige, Tom Hulan, Art Direction: Robert Klanten, Die Gestalten Verlag GmbH & Co KG **104–105** > © VG Bild-Kunst, Bonn 2009; photo: Frank den Oudsten; www.frankdenoudsten.nl > © SuperPotato; www.superpotato.jp; photo: Nacasa & Partners **106–107** > © The Josef and Anni Albers Foundation/VG Bild-Kunst, Bonn 2009; Bauhaus-Archiv Berlin, Inv. 11315/1-3 > © Achim Böhmer; www.logo-projektagentur.de **108–109** > © Bauhaus-Archiv Berlin > © Fellow Designers; www.fellowdesigners.com **110–111** > © VG Bild-Kunst, Bonn 2009; Bauhaus-Archiv, Berlin, Inv. 748 > © VG Bild-Kunst, Bonn 2009; private collection > © Ruedi Baur; www.integral.ruedi-baur.com > © Martin Woodtli; www.woodt.li **112–113** > © VG Bild-Kunst, Bonn 2009; Bauhaus-Archiv, Berlin, Inv. 3987/1; photo: Lepkowski > © Ruedi Baur; www.integral.ruedi-baur.com **114–115** > © achta design **116–117** > © VG Bild-Kunst, Bonn 2009; private collection > © summa; www.summa.es **118–119** > © VG Bild-Kunst, Bonn 2009; private collection > © achta design; www.achta.de **120–121** > © VG Bild-Kunst, Bonn 2009; Kunstarchiv Arntz, Den Haag > © HendersonBromsteadArt; www.hendersonbromsteadart.com; © Garrett Anderson Williams; www.gawrpott.de; photo: achta design **122–123** > © VG Bild-Kunst, Bonn 2009; private collection > © Manuel Duboe; www.duboedesign.com **124–125** > © achta design **126–127** > private collection > © VG Bild-Kunst, Bonn 2009; private collection > © Ames Design; www.amesbros.com > © Justin Hampton; www.justinhampton.com **128–129** © VG Bild-Kunst, Bonn 2009; private collection > © Vår (Karl Grandin and Björn Atldax); www.vaar.se **130–131** > © Olaf Gulbransson/VG Bild-Kunst, Bonn 2009; private collection > © Andrew Lewis Design; www.alewisdesign.com > © EXTRACT; www.extract.jp **132–133** > © achta design **134–135** > private collection > photo: Dominique Genet > Design and Art Direction: Francesca Granato; Illustration: Ross Stirling > © Hernán Díaz Alonso; www.xefirotarch.com **136–137** > © VG Bild-Kunst, Bonn 2009; photo: Bastin & Evrard, Brussel > © Projekttriangle Design Studio; www.projekttriangle.com **138–139** > private collection > © Florence Manlik; http://florencemanlik.com > © Non-Format; www.non-format.com **140–141** © VG Bild-Kunst, Bonn 2009; private collection > photo: Nicolas Borel **142–143** © August Storck KG in Zusammenarbeit mit der Pahnke Markenmacherei; photo: achta design > Cassina; www.cassina.it; photo: Ruy Teixeira > Cassina; photo: Mario Carrieri > Cassina; photo: Mario Carrieri > © Shuji Hisada; photo: Bin Asakawa **144–145** > private collection > Courtesy of Sotheby's Picture Library > © Philippe Starck; www.baccarat.com > © Rune Mortensen; www.runemortensen.no **146–147** > © achta design

148–149 > © Gianni Sarto; Aloys Cremers; photo: achta design > Kunstindustrimuseet, Kopenhagen; photo: Ole Woldbye > Gray, Nicolete, Nineteenth Century Ornamented Typefaces, 1976. > © Michael Want; Adobe Systems Incorporated > keren & golan graphic design; www.01kg.com **150–151** > private collection > © Wolfgang's Vault; www.wolfgangsvault.com > © Thomas Barwick; www.thomasbarwick.com > © Monsieur Z; www.monsieurz.com **152–153** > private collection > © Jan Oksbøl Callesen/Gulstue; www.jancallesen.dk **154–155** > private collection > © Ed Tsuwaki **156–157** > © achta design **158–159** > © William Morris Gallery, London > © Michael Lin Minghong; Shanghai Gallery of Art, Three on the Bund **160–161** > © The Morgan Library, New York > © William Morris Gallery, London > © Maja Sten; www.majasten.se > © Fellow Designers; www.fellowdesigners.com **162–163** > By permission of The Society of Antiquaries of London; Kelmscott Manor Collection > © Victoria and Albert Museum, London; T.70-1953; Given by Mrs Winifred Nicholson > © Klaus Haapaniemi; www.klaush.com > © Rinzen; www.rinzen.com > © Betti Fiegle; www.bettifiegle.com **164–165** > © Treadway Toomey Galleries; www.treadwaygallery.com > The Museum of Fine Arts, Houston; Museum purchase with funds provided by the Alice Pratt Brown Museum Fund > © Treadway Toomey Galleries; www.treadwaygallery.com > © www.b3designers.co.uk > www.e15.com; photo: Martin Url **166–167** > © achta design **168–169** > © Tiger Brands Limited; photo: achta design > private collection > © Daniel Pelavin; www.pelavin.com **170–171** > private collection > © Tony Owen > © The Typography Workshop, Alan Kitching > © Jim Sherraden, Hatch Show Print; www.uppercasegallery.ca > photo: achta design **172–173** > Fürstliche Bibliothek Corvey > © The Unit Delta PlusTM, Martin Kvamme; www.unitdeltaplus.com; photo: Observatoriet **174–175** > © achta design **176–177** > Manuale Tipografico > © Giorgio Baravalle, de.MO; www.de-mo.org **178–179** > nachgezeichnet von achta design > © achta design **180–181** > © achta design **182–183** > Schloss Augustusburg, Brühl; photo: achta design > photo: achta design **184–185** > Courtesy of The Cleveland Museum of Art, Leonard C. Hanna, Jr. Fund 1977.182 > © Luc Merx, Gagat international; www.rokokorelevanz.de **186–187** > Gift of Walter P. Chrysler, Jr., © Chrysler Museum of Art, Norfolk, VA 71.2043 > © Evan Douglis Studio; www.evandouglis.com **188–189** > © achta design **190–191** > © V&A Images/Victoria & Albert Museum, London > © Under permission by V&S Vin & Sprit AB (publ) ABSOLUT®VODKA. ABSOLUT COUNTRY OF SWEDEN VODKA & LOGO, ABSOLUT, ABSOLUT BOTTLE DESIGN AND ABSOLUT CALLIGRAPHY ARE TRADEMARKS OWNED BY V&S VIN & SPRIT AB (publ). © 2006 V&S VIN & SPRIT AB (publ). **192–193** > private collection > private collection > © Hannes Binder **194–195** > private collection > © raphaël garnier **196–197** > Windsor Castle, Royal Library (Inv. Nr. 12601); The Royal Collection © 2008, Her Majesty Queen Elizabeth II ® > © Lifelong Friendship Society; www.lifelongfriendshipsociety.com

RETRO STYLE

200–201 > 02–03) © The Designers Republic; Warp Records; www.thedesignersrepublic.com > 04) Baseline 34, 2001; Cover illustration: internal – external image; Designers: Peter Black, Hans Dieter Reichert; Art Direction: HDR Design; Publisher: Bradbourne Publishing Ltd; www.baselinemagazine.com > 05–06) © David Carson; www.davidcarsondesign.com > 07) © Tomato; www.tomato.co.uk > 08) www.fontshop.com > 09) © Erik van Blokland, Just van Rossum; www.fontshop.com > 10) © Lucas de Groot; www.fontshop.com > 11) © Moira Bogue, Photograph: Moira Bogue and Tim Hopgood, Art Direction: Terry Jones; www.i-dmagazine.co.uk > 12) © David Carson > 13) © Ed Fella; www.edfella.com > 14) © David Carson; photos: Steve Sherman > 15) © David Carson; photo: John Ritter > 16) © Bek; www.masa.com.ve > 17) Entwurf: Coop Himmelb(l)au; Wolf D. Prix, Helmut Swiczinsky; Projektarchitekt: Markus Pillhofer; photo: Manfred Rieker Studio > 18) photo: Jack Flesher > 19) © Daniel Libeskind **202–203** > 02–04) © Nathalie du Pasquier; www.nathaliedupasquier.com; Studio Azzurro > 05) © MTV Networks Germany GmbH > 06) © Neville Brody; www.researchstudios.com > 07) © Memphis, Mailand; www.memphis.milano.it > 08) © Emigre Graphics; www.emigre.com > 09) © Susan Kare > 10) © Neville Brody; www.linotype.com > 11) © Michael Vanderbyl; www.vanderbyldesign.com > 12) © Skolos-Wedell; www.skolos-wedell.com > 13) © John Hersey; www.hersey.com > 14) © Emigre Graphics > 15) © Neville Brody > 16) © April Greiman; www.madeinspace.la > 17) © Alessandro Mendini; Cappellini > 18) © Archivio Ettore Sottsass; www.ettoresottsass.it > 19) © Daniel Weil; www.pentagram.com > 20) photo: Norman McGrath Photography > 21) photo: David Shankbone > 22) © Michael Graves; www.michaelgraves.com **204–205** > 02–04) © Stoffhaus Kepper > 05) private collection > 06) © Jamie Reid > 07) © John Holmstrom; www.johnholmstrom.com > 08) private collection > 09) © Mark Perry; www.markperry.freeuk.com > 10) private collection > 11) From PUNK Is DEAD PUNK is EVERYTHING! By Bryan Ray Turcotte © Kill Your Idols, Inc./Gingko Press ISBN 978-1-58423-108-0 > 12) Design & Art Direction: Malcolm Garrett (Arbitrary Images); Montage: Linder > 13) © John Holmstrom > 14) © private collection > 15) © Mark Perry > 16) From PUNK Is DEAD PUNK is EVERYTHING! By Bryan Ray Turcotte © Kill Your Idols, Inc./Gingko Press ISBN 978-1-58423-108-0 > 17) © Alessandro Mendini; www.ateliermendini.it > 18) HfG Offenbach > 19) © Georg Kohlmaier; www.kplusb-architekten.de > 20) © Archivio Superstudio, Firenze **206–207** > 02) © L & M Services B. V. The Hague 20090203 > 03) © VG Bild-Kunst, Bonn 2009; Collection Merrill C. Berman; photo: Jim Frank > 04–05) private collection > 06) © VG Bild-Kunst, Bonn 2009; private collection > 07) © VG Bild-Kunst, Bonn 2009 > 08) © VG Bild-Kunst, Bonn 2009; private collection > 09) © VG Bild-Kunst, Bonn 2009; private collection > 10) © The Heartfield Community of Heirs/VG Bild-Kunst, Bonn 2009; private collection > 11) © VG Bild-Kunst, Bonn 2009; private collection > 12) private collection > 13) © Succession Marcel Duchamp/VG Bild-Kunst, Bonn 2009; Marcel Duchamp (France, 1887–1968); FOUNTAIN, 1917/1964; Edition Schwarz, Milan; Ceramic compound 14 x 19 5/16 x 24 5/8 inches; Copyright 2008, Indiana University Art Museum: Partial gift of Mrs. William Conroy, #71.37.7; photographers: Michael Cavanagh and Kevin Montague > 14) © Man Ray Trust, Paris/VG Bild-Kunst, Bonn 2009; Man Ray, U.S.A, 1890–1976; Indestructible Object, 1923/1963; Assemblage: metronome and photograph, 22,3 x 11,3 x 11,3 cm; The Vera and Arturo Schwarz Collection of Dada and Surrealist Art; B98.0525; The Israel Museum, Jerusalem; Photo © Israel Museum Jerusalem by Avshalom Avital > 15) © VG Bild-Kunst, Bonn 2009; Raoul Hausmann: »Der Geist unserer Zeit (Mechanischer Kopf)«, Assemblage, H. 32,5 cm (13 in), 1919; photo: bpk/RMN/Musée national d'art moderne, Centre Georges Pompidou, Paris/CNAC/MNAM, Dist. RMN/Droits réservés > 16–17) © VG Bild-Kunst, Bonn 2009 **208–209** > 02) © Polymer Montecatini Edison > 03) © www.vitra.com > 04) © Haydon Williams; private collection > 05) © Francesco Saroglia; Australian Wool Innovation Limited; www.wool.com > 06) © Lance Wyman; www.lancewyman.com > 07) © Colin Brignall > 08) © Milton Glaser > 09) © www.linotype.com > 10) © Peter Knapp; private collection > 11–13) private collection > 14) © Eero Aarnio; Adelta International, Dinslaken > 15) © Artemide GmbH > 16) © Environment Canada's Biosphère > 17) The Architectural Press **210–211** > 02–03) otl aicher rotis e.v. > 04) Designer/Design Director: Dietmar R. Winkler; Office of Publications; MIT Massachusetts Institute of Technology, Cambridge, Massachusetts, USA > 05) © private collection > 06) © Heidi Soland > 07) © Karl Gerstner; www.karl-gerstner.de > 08–09) private collection > 10) Monotype Imaging > 11) © The Estate of Herbert Matter/Fotostiftung Schweiz, Winterthur > 12) private collection > 13) © Karl Gerstner > 14–16) private collection > 17) © Westermann AG > 18) private collection > 19) © VG Bild-Kunst, Bonn 2009; www.vitra.com, photo: Andreas Sütterlin > 20) © HfG-Archiv, Ulmer Museum, Ulm; photo: Ernst Fesseler, Berlin > 21) © Stiftung Deutsches Technikmuseum Berlin **212–213** > 02–03) © VG Bild-Kunst, Bonn 2009; Bauhaus-Archiv Berlin > 04) © Lilo Tschichold-Link > 05) © The Estate of Paul Renner > 06) private collection > 07) © The Estate of Edward Johnston > 08) © VG Bild-Kunst, Bonn 2009; private collection > 09) © Bauhaus-Archiv Berlin > 10) © VG Bild-Kunst, Bonn 2009; private collection > 11) private collection > 12) © Lilo Tschichold-Link > 13–14) © VG Bild-Kunst, Bonn 2009; private collection > 15) © VG Bild-

Kunst, Bonn 2009; Bauhaus-Archiv Berlin > 16) © VG Bild-Kunst, Bonn 2009; Bauhaus Archiv Berlin, Inv. 3257/I **214–215** > 02) © Archiv Alfred und Gertrud Arndt; Bauhaus-Archiv Berlin > 03) © Bauhaus-Archiv Berlin > 04) © VG Bild-Kunst, Bonn 2009; Bauhaus-Archiv Berlin > 05) © Archiv Alfred und Gertrud Arndt; Bauhaus-Archiv Berlin > 06) © VG Bild-Kunst, Bonn 2009; Bauhaus-Archiv Berlin > 07) © VG Bild-Kunst, Bonn 2009 > 08) © VG Bild-Kunst, Bonn 2009; Bauhaus-Archiv Berlin > 09) © The Josef and Anni Albers Foundation/VG Bild-Kunst, Bonn 2009; Bauhaus-Archiv Berlin > 10–11) © VG Bild-Kunst, Bonn 2009; Bauhaus-Archiv Berlin > 12) © VG Bild-Kunst, Bonn 2009; Museum Folkwang Essen, Inv. 27/95 > 13) © VG Bild-Kunst, Bonn 2009; Bauhaus-Archiv Berlin, Inv. 2434 > 14) © VG Bild-Kunst, Bonn 2009 > 15) © VG Bild-Kunst, Bonn 2009; Bauhaus-Archiv Berlin > 16) © VG Bild-Kunst, Bonn 2009; Bauhaus-Archiv, Berlin, Inv. 3880 > 17) Bauhaus-Archiv Berlin, Inv. 2925 > 18) © Bauhaus-Archiv Berlin > 19) © VG Bild-Kunst, Bonn 2009; Bauhaus-Archiv Berlin > 20) © VG Bild-Kunst, Bonn 2009; Bauhaus-Archiv Berlin, Inv. 3640 **216–217** > 02) Collection Wellesley College Museum, Gift of Judith Rothschild > 03) Collection Dienst Verspreide Rijkskollekties > 04) private collection > 05) © VG Bild-Kunst, Bonn 2009; Collection of the Gemeentemuseum Den Haag > 06) Stedelijk Museum Amsterdam > 07–11) private collection > 12) Kröller-Müller-Museum, Otterlo > 13–14) © VG Bild-Kunst, Bonn 2009; private collection > 15) © VG Bild-Kunst, Bonn 2009; private collection > 16) private collection > 17) Georges Vantongerloo (1886–1965); Composition émanante de l'ovoide, Mahagoni, bemalt, 16,5 X 6,5 X 6,5 cm, 1917 © VG Bild-Kunst, Bonn 2009; sammlung angela thomas schmid © angela thomas schmid, pro litteris > 18) © VG Bild-Kunst, Bonn 2009; Stedelijk Museum, Amsterdam > 19) © VG Bild-Kunst, Bonn 2009; Stedelijk Museum, Amsterdam > 20) © VG Bild-Kunst, Bonn 2009; Netherlands Architecture Institute, Rotterdam > 21) © VG Bild-Kunst, Bonn 2009 > 22) © VG Bild-Kunst, Bonn 2009 **218–219** > 02–03) private collection > 04) Archiv L. Raitser > 05–08) private collection > 09) © VG Bild-Kunst, Bonn 2009 > 10) private collection > 11) © VG Bild-Kunst, Bonn 2009; The Pushkin State Museum of Fine Arts, Department of Private Collections > 12) © VG Bild-Kunst, Bonn 2009; A. Rodchenko and V. Stepanova Archive > 13–14) © VG Bild-Kunst, Bonn 2009; private collection > 15) © VG Bild-Kunst, Bonn 2009; Greek State Museum of Contemporary Art – Costakis Collection, Thessaloniki > 16) © VG Bild-Kunst, Bonn 2009; The Judith Rothschild Foundation > 17) Bauhaus-Archiv, Sammlungs-Katalog 1981, 3. Aufl., Berlin: Gebr. Mann Verlag 1987. > 18) © VG Bild-Kunst, Bonn 2009; Greek State Museum of Contemporary Art – Costakis Collection, Thessaloniki > 19) © VG Bild-Kunst, Bonn 2009 > 20) Russian State Museums > 21) © VG Bild-Kunst, Bonn 2009 > 22) © VG Bild-Kunst, Bonn 2009 **220–221** > 02) Racinet, Albert Charles Auguste, L'Ornement Polychrome, Paris, Librairie de Firmin Didot 1869. > 03) Collection of the Duke of Cumberland > 04) Manuale Tipografico > 05) private collection > 06–07) Manuale Tipografico > 08–09) private collection > 10) Gestochene, kolorierte Tafel, Magazin für Freunde des guten Geschmacks, Dritter Band: Ideen zur Zimmerverzierung, Leipzig 1796–1799; Sammlung Dr. Wulf D. v. Lucius & Akka v. Lucius > 11) Gestochene Titelvignette aus J.J. Hottinger, Salomon Gessner, Zürich 1796; Sammlung Dr. Wulf D. v. Lucius & Akka v. Lucius > 12–13) Library of Congress, The Rosenwald Collection > 14) photo: bpk/RMN/Malmaison, châteaux de Malmaison et Bois-Préau/Daniel Arnaudet > 15) Wedgwood > 16) © Victoria and Albert Museum, London; M.159-1912 > 17) private collection > 18) Bibliothèque Nationale de France **222–223** > 02) private collection > 03) aboutpixel.de/Frank Zunker > 04) © Barbara Brown; private collection > 05) Richard Danne; www.dannedesign.com > 06) Courtesy of Shell > 07) © Annegret Beier > 08) © www.linotype.com > 09) © International Typeface Corporation > 10) © International Typeface Corporation > 11) © Heinz Edelmann > 12) © Philip Castle > 13) private collection > 14) Creme 21 GmbH, Bad Homburg > 15) © Ignazia Favata, Studio Joe Colombo, Milan > 16) © Nick Roericht, Ulm; Vitra Design Museum > 17) photo: Thomas Klewar; www.klewar-photographie.de > 18) © Pierre Cardin; www.palaisbulles.com **224–225** > 02) © VG Bild-Kunst, Bonn 2009 > 03) © V&A Images/Furnishing fabric designed by Gregory Brown (1887–1941) and made by William Foxton Ltd, England, 1922 > 04) © Angelo Hornak Photograph Library, London > 05) NAC MG (UK) Limited > 06) Courtesy of Nestlé > 07) private collection > 08) St. Bride Printing Library, London > 09–10) MOURON. CASSANDRE. Lic2009-26-01-01; www.cassandre.fr > 11) private collection > 12) Bibliotheque Forney > 13) © Randy Juster/decopix.com > 14) private collection > 15) Bibliothèque Forney, Paris > 16) Collection Merrill C. Berman > 17) © Victoria and Albert Museum, London; CIRC.329:1&2-1967 > 18) ClassiCon > 19) Chanel > 20) © Cooper Hewitt, National Design Museum, Smithsonian Institution > 21) Bo Barker Photo; Courtesy of Rockefeller Center > 22) private collection **226–227** > 02) Musterbuch »Delmenhorster Anker-Inlaid« > 03–04) © VG Bild-Kunst, Bonn 2009; private collection > 05) © VG Bild-Kunst, Bonn 2009; Stiftung Deutsches Technikmuseum Berlin > 06) UFA Film & TV Produktion GmbH > 07) © VG Bild-Kunst, Bonn 2009 > 08) International Typeface Corporation > 09) © VG Bild-Kunst, Bonn 2009 > 10–11) private collection > 12) © VG Bild-Kunst, Bonn 2009 > 13–14) private collection > 15) © VG Bild-Kunst, Bonn 2009; private collection > 16) © VG Bild-Kunst, Bonn 2009 > 17–18) © VG Bild-Kunst, Bonn 2009; Stiftung Deutsches Technikmuseum Berlin > 19) private collection > 20) © VG Bild-Kunst, Bonn 2009; photo: achta design > 21) © VG Bild-Kunst, Bonn 2009; Stiftung Deutsches Technikmuseum Berlin **228–229** > 02) © VG Bild-Kunst, Bonn 2009 > 03–07) private collection > 08) nachgezeichnet von achta design > 09) private collection > 10) photo: achta design > 11) Courtesy of Sotheby's Picture Library > 12) Deutsche Kunst und Dekoration, XXV, 1909/10 > 13–16) private collection > 17–18) Courtesy of Sotheby's Picture Library > 19) private collection > 20) Glasgow School of Art > 21) photo: Hans Wiesenhofer, Pöllau-Wien Maxum Bildarchiv > 22) photo: achta design **230–231** > 02) © Victoria and Albert Museum, London; E.771-1955 > 03) © Victoria and Albert Museum, London; E.158-1934 > 04) private collection > 05) The Crystal Palace Exhibition. Illustrated Catalogue. > 06–08) aus: Kelly, Rob Roy, American Wood Type, New York 1969. > 09–10) private collection > 11) The Crystal Palace Exhibition. Illustrated Catalogue. > 12) Rudolph Ackermann »Repository of the arts« > 13) private collection > 14) Fürstliche Bibliothek Corvey > 15) aus: Gray, Nicolete, Nineteenth Century Ornamented Typefaces, London 1976. > 16) private collection > 17) The Crystal Palace Exhibition. Illustrated Catalogue. > 18) Leeds Museums and Galleries: Lotherton Hall > 19) Technisches Museum Wien > 20) Library of Congress > 21) aus: L'exposition de Paris **232–233** > 02) private collection > 03) Kupferstich-kabinett, Dresden > 04) private collection > 05) Library of Congress > 06–07) private collection > 08) Library of Congress > 09–11) private collection > 12) Bibliothèque Nationale de France > 13) Library of Congress, The Rosenwald Collection > 14) Bibliothèque Nationale de France > 15) Library of Congress, The Rosenwald Collection > 16) © Victoria and Albert Museum, London; 8968-1863 > 18) © Rijksmuseum Amsterdam > 19) © Otto Rosenlecher > 20) photo: Sailko > 21) photo: Daniele Ferrari > 22) photo: Sailko **234–235** > 02) private collection > 03) © V&A Images/Furnishing fabric designed by Elsbeth Kupferoth for Pauser A.G., Germany, 1954 > 04) © Victoria and Albert Museum, London; CIRC.190-1954 > 05) © The Estate of Herb Lubalin > 06) Westinghouse Electric Corporation > 07) CBS Broadcasting Inc. > 08–09) www.linotype.com > 10) Bibliothèque des Arts graphiques, Paris > 11) private collection > 12–13) Marion Swannie Rand/Paul Rand Archives > 14–15) private collection > 16) © Vitra Collections AG, photo: Andreas Sütterlin > 17) © The Isamu Noguchi Foundation and Garden Museum/VG Bild-Kunst, Bonn 2009; www.vitra.com > 18) Jean Royère (1902–1981), Dessin pour le salon des arts ménagers de 1955, France, 1950 (vers), H. cm 48,8 L. cm 65,2; don manuel M. Jean Royère 15 avril 1981; photo: Les Arts Décoratifs, Paris/Laurent Sully Jaulmes (inv. 49086) > 19) photo: Wolfgang Steinborn, Darmstadt **236–237** > 02) Iparmüvészeti Múzeum, Budapest > 03) © VG Bild-Kunst, Bonn 2009; Wandrelief von Henry van de Velde, Interieur des Hohenhofs Hagen; Karl Ernst Osthaus Museum der Stadt Hagen; photo: achta design > 04) Victoria and Albert Museum, London; E.74-1978 > 05) © VG Bild-Kunst, Bonn 2009 > 06–08) private collection > 09) www.lecercleguimard.com > 10) © VG Bild-Kunst, Bonn 2009 > 11) private collection > 12) © VG Bild-Kunst, Bonn 2009 > 13–15) private collection > 16) © Mucha Trust/VG Bild-Kunst, Bonn 2009 > 17) private collection > 18) © Victoria and Albert Museum, London; Given by Sir George Donaldson; 1981–1900 > 19) private collection > 20–22) photo: achta design **238–239** > 02) © Victoria and Albert

Museum, London; E.515-1963 > 03) Image courtesy of The Fine Art Society, London > 04) © Victoria and Albert Museum, London; CIRC.297-1953 > 05–07) private collection > 08–09) nachgezeichnet von achta design > 10–11) private collection > 12) aus: The Grammar of Ornaments > 13) Campari Group > 14–16) private collection > 17) Alessi > 18) © Victoria and Albert Museum, London; W.37-1972 > 19) Image courtesy of The Fine Art Society, London > 20–22) private collection **240–241** > 02) © V&A Images/Victoria & Albert Museum, London > 03–07) private collection > 08–09) William Morris Gallery, London > 10) © Victoria and Albert Museum, London; D.1554-1907 > 11) © V&A Images/Victoria & Albert Museum, London > 12) William Morris Gallery, London > 13) private collection > 14) © Victoria and Albert Museum, London; CIRC.288-1960 > 15–16) private collection > 17) AF Kersting Estate > 18) photo: Tim Street-Porter; http://timstreetporter.com **242–243** > 02–04) Schloss Augustusburg, Brühl; photo: achta design > 05–06) Racinet, Albert Charles Auguste, L'Ornement Polychrome, Paris, Librairie de Firmin Didot 1869. > 07) aus: Hornung, Clarence P., Handbook of Early Advertising Art, New York 1956. > 08) private collection > 09) aus: Kelly, Rob Roy, American Wood Type, New York 1969. > 10) private collection > 11–12) Racinet, Albert Charles Auguste, L'Ornement Polychrome, Paris, Librairie de Firmin Didot 1869. > 13) Library of Congress, The Rosenwald Collection > 14) Victoria and Albert Museum, London; E.571-1976; Bequeathed by Hugh Phillips > 15) Bibliothèque Forney & fonds de la bibliothèque des Arts Graphiques, Paris > 16–17) Schloss Augustusburg, Brühl; photo: achta design > 18) private collection > 19) photo: Christoph Münch; www.dresden.de > 20) Schloss Augustusburg, Brühl; photo: achta design > 21) photo: Patrick Huebgen **244–245** > 02–05) Racinet, Albert Charles Auguste, L'Ornement Polychrome, Paris, Librairie de Firmin Didot 1869. > 06) © Otto Rosenlecher > 07) private collection > 08) Imprimerie nationale, Paris > 09) private collection > 10) Racinet, Albert Charles Auguste, L'Ornement Polychrome, Paris, Librairie de Firmin Didot 1869. > 11–12) private collection > 13–14) Library of Congress, Washington, DC > 15) photo: bpk/RMN/Versailles, châteaux de Versailles et de Trianon/Gérard Blot/Hervé Lewandowski > 16) Rijksmuseum, Amsterdam; BK-16089-B > 17) © Victoria and Albert Museum, London; 239-1881; Given by Mr Henry Durlacher > 18) photo: Chirho > 19) photo: James Anderson, Rom > 20) private collection

RETRO REVIEW

248–249 > © The J. Paul Getty Museum, Los Angeles; Joris Hoefnagel; Butterfly, Marine Mollusk, and Pear; Fols. 1-129 written 1561–1562; illumination added about 1591–1596; Watercolors, gold and silver paint, and ink on parchment and paper bound between pasteboard covered with red morocco; Leaf: 16.7 x 12.4 cm (6 9/16 x 4 7/8 in.); 86.MV.527.118 > © The Ashmolean Museum, University of Oxford > © The National Gallery, London; bought 1844 > private collection > © Alinari Archives, Florence; Photographer: Domingie, Serge for Alinari; Image ID AGC-F-000605-0000; Florenz, Santa Felicità, Cappella Barbadori (Capponi) **250–251** > St James's Square Publishing Ltd., London > Bibliothèque Nationale de France > Schloss Augustusburg, Brühl; photo: achta design > Birnau, Klosterkirche **252–253** > photo: Landesarchiv Berlin; Nr. 196152 > © Museo Glauco Lombardi, Parma; photo: Giovanni Amoretti > Sammlung Dr. Wulf D. v. Lucius & Akka v. Lucius > private collection **254–255** > British Crown Copyright. Science Museum, London > © Victoria and Albert Museum, London; 19625 > © Technisches Museum Wien, Inv. Nr. 19294 > Library of Congress, Washington DC; The Alfred Whital Stern Collection of Lincolniana; photo: Edward Owen **256–257** > © National Portrait Gallery, London > © Tate, London 2009; N05064; Presented by W. Graham Robertson 1940 > © William Morris Gallery, London > © Chicago History Museum **258–259** > © Victoria and Albert Museum, London; CIRC.38:1 to 5-1953 > private collection > private collection > Sammlung Winzinger, Regensburg > © V&A Images/Victoria and Albert Museum, London **260–261** > private collection > © Victoria and Albert Museum, London; 512-1896 > private collection > photo: achta design > private collection **262–263** > © Mucha Trust/VG Bild-Kunst, Bonn 2009; private collection > aus: »Kunstformen der Natur« > private collection > private collection > Courtesy of the Frances Loeb Library, Graduate School of Design, Harvard University > private collection > private collection > Courtesy of Sotheby's Picture Library **264–265** > private collection > aus: Rademacher, Hellmut, Das deutsche Plakat, Dresden 1965. > private collection > © VG Bild-Kunst, Bonn 2009; Stiftung Deutsches Technikmuseum Berlin > private collection **266–267** > private collection > © VG Bild-Kunst, Bonn 2009; private collection > © VG Bild-Kunst, Bonn 2009; photo: bpk/RMN/Musée national d'art moderne, Centre Georges Pompidou, Paris/CNAC/MNAM, Dist. RMN/Droits réservés **268–269** > © VG Bild-Kunst, Bonn 2009; State Mayakovsky Museum, Moscow > © VG Bild-Kunst, Bonn 2009; Städtische Galerie im Lenbachhaus, München > © VG Bild-Kunst, Bonn 2009 > private collection **270–271** > © VG Bild-Kunst, Bonn 2009; Misawa Home Company, Tokyo > © VG Bild-Kunst, Bonn 2009; Knoll International Ltd. > photo: achta design > © Lilo Tschichold-Link **272–273** > © picture-alliance/dpa > © Victoria and Albert Museum, London; W.14:1 to 6-1980 > New York Bound Bookshop > © Succession Picasso/VG Bild-Kunst, Bonn 2009; photo: bpk/Berlin, Nationalgalerie, Museum Berggruen (SMPK)/Jens Ziehe **274–275** > © The Estate of Herbert Matter/Fotostiftung Schweiz, Winterthur > Archivio Max Huber.Kono, Novazzano, Schweiz > private collection **276–277** > © www.vitra.com > Printed by permission of the Norman Rockwell Family Agency; © 1959 Norman Rockwell Family Entities; photo: Knoll, Inc. > Marion Swannie Rand/Paul Rand Archives > Courtesy of British American Tobacco GmbH **278–279** > © NASA archive > © Ignazia Favata, Studio Joe Colombo, Milan > private collection > private collection > © Bridget Riley 2009 All right reserved. Courtesy Karsten Schubert, London. > Adelta International, Dinslaken **280–281** > John Calmann and King Archives > © 2008 The Andy Warhol Foundation for the Visual Arts, Inc./Artists Rights Society (ARS), New York; Universal Music GmbH > Teague, Seattle > Archivio Ettore Sottsass; photo: Davide Casali, Alessandro Gabbiadini, Marcello Mainardi **282–283** > private collection > John Calmann and King Archives > From PUNK Is DEAD PUNK is EVERYTHING! By Bryan Ray Turcotte © Kill Your Idols, Inc./Gingko Press ISBN 978-1-58423-108-0 > Schwarzkopf & Schwarzkopf > Zanotta **284–285** > © Geoff Smythe/Architectural Association > Wolfgang Weingart; www.weingartarchive.com > Mit freundlicher Genehmigung von Apple > Memphis, Mailand; www.memphis-milano.com **286–287** > © Gerald Zugmann/www.zugmann.com > Heller; www.helleronline.com > © David Carson; Bangert Verlag > © Studio Daniel Libeskind; www.daniel-libeskind.com

RETRO BASIS

293–295 > photo: Raffaello Bencini, Florenz > Racinet, Albert Charles Auguste, L'Ornement Polychrome, Paris, Librairie de Firmin Didot 1869. > photo: bpk/RMN/Sèvres, musée national de Céramique/Martine Beck-Coppola > © Victoria and Albert Museum, London; T. 459-1993 > private collection > Zanotta > private collection > private collection > © Sony Design Team; private collection > A.S. Création Tapeten AG > Jeroen Verhoeven; www.demakersvan.com

VIELEN DANK

Wir bedanken uns bei allen Designern, Fotografen, Museen und Institutionen für die freundliche Unterstützung.

IMPRESSUM

Erste Auflage
Herausgeber: Achim Böhmer
& Sara Hausmann
Konzept, Text und Gestaltung:
Achim Böhmer & Sara Hausmann,
achta design, www.achta.de

ACHTA

Litho: City-Repro Medien- und
Datentechnik, Mainz
Basisschriften: Bembo, Univers Condensed
Druck: Universitätsdruckerei H. Schmidt
Mainz
Papier: Dacostern, holzfrei, seidenmatt,
Bilderdruck, 150 g/m², PEFC
Buchbinderei: Schaumann, Darmstadt

Wir übernehmen Verantwortung.
Nicht nur für Inhalt und Gestaltung,
sondern auch für die Herstellung.

Die Abwärme, die beim Drucken dieses Buchs entstand, wurde konsequent zur Klimatisierung der Büroräume von Druckerei und Verlag genutzt.
So können wir weitgehend auf fossile Brennstoffe verzichten – ein kleiner Beitrag zum besseren Klima.
Das Papier für dieses Buch stammt aus sozial, wirtschaftlich und ökologisch nachhaltig bewirtschafteten Wäldern und trägt deshalb das PEFC-Siegel.

Die Zukunft sollte man nicht vorhersehen wollen, sondern möglich machen.

Antoine de Saint-Exupéry

Verlag Hermann Schmidt Mainz
Robert-Koch-Straße 8
55129 Mainz
Tel. 06131/506030
Fax 06131/506080
info@typografie.de
www.typografie.de

ISBN 978-3-87439-726-1
Printed in Germany with love.

Vielen Dank an

Lea Lin Böhmer
Wera Hausmann

Karin Schmidt-Friderichs
Bertram Schmidt-Friderichs

Benjamin Rill
Sonja Kligge
Rosa Rühling

Vielen Dank an unsere Kooperationspartner

FontShop International (FF)
Emigre (E)
Font Bureau (FB)
FUSE (F)
House Industries (HI)
Letter Perfekt (LP)
Lucas Fonts (LF)
P 22

Linotype
ITC
Monotype Imaging

für die Unterstützung mit den Schriften

FF Beowulf
FF BerlinSans 1
FF Humanist
FF Innercity
LF JesusLovesYouAll
E Dead History
E Fif Teen
E Template Gothic
FB Magneto
FB Streamline
F Tape Type
HI Vandalism
LP Kolo
P22 Arts and Crafts
P22 Constructivist
P22 Dada
P22 De Stijl
P22 FLLW Exhibition
P22 Koch Neuland
P22 Morris
P22 Vienna

Ad Lib™
Algerian™
Banco™
Bauer Bodoni®
Baskerville™ LT
Bembo®
Bernhard Bold Condensed
Broadway™
Candice™
Caslon™ #3
Cottonwood™
Countdown™
Eckmann™
F2F El Dee Cons™
F2F Entebbe™
Fournier™
Franklin Gothic™ No. 2
Fusaka™
Futura®
Ginko
Helvetica®
Industria®
ITC American Typewriter™
ITC Bauhaus®

ITC Bottleneck™
ITC Golden Type®
ITC Souvenir®
Kabel®
Kismet™
Linotype CMC-7™
Linotype® Didot
Linotype Tiger™ Tame
Matra
Metropolitaines
Mistral®
Monotype Egyptian™
OCR A™
Octopuss™
Optima®
Parisian™
Plaza™
Stempel Garamond™
Stop™
Univers®
Venus®

Vertrieb durch FontShop Berlin,
www.fontshop.de

Vertrieb durch Linotype GmbH,
www.linotype.com

LOOKING BACK»
«TO THE FUTURE